河南省"十四五"普通高等教育规划教材

小学教育研究方法

主　编　孟宪乐　徐艳伟
副主编　张香敏　孟凡芹
　　　　张献伟
参　编　曹丽乐　王姣姣

南京大学出版社

图书在版编目(CIP)数据

小学教育研究方法 / 孟宪乐,徐艳伟主编. —— 南京：南京大学出版社,2020.12(2024.10 重印)
ISBN 978-7-305-23135-3

Ⅰ.①小… Ⅱ.①孟… ②徐… Ⅲ.①小学教育—教育研究—高等学校—教材 Ⅳ.①G620

中国版本图书馆 CIP 数据核字(2020)第 137327 号

出版发行	南京大学出版社		
社　　址	南京市汉口路 22 号	邮　编	210093

书　　名　**小学教育研究方法**
　　　　　　XIAOXUE JIAOYU YANJIU FANGFA
主　　编　孟宪乐　徐艳伟
责任编辑　钱梦菊　　　　　　　　编辑热线　025-83686756
照　　排　南京南琳图文制作有限公司
印　　刷　丹阳兴华印务有限公司
开　　本　787 mm×1092 mm　1/16　印张 11.25　字数 265 千
版　　次　2020 年 12 月第 1 版　2024 年 10 月第 6 次印刷
ISBN 978-7-305-23135-3
定　　价　38.00 元

网址：http://www.njupco.com
官方微博：http://weibo.com/njupco
官方微信号：njupress
销售咨询热线：(025) 83594756

* 版权所有,侵权必究
* 凡购买南大版图书,如有印装质量问题,请与所购
　图书销售部门联系调换

编 委 会

编委会主任　刘济良（郑州师范学院）

总 主 编　陈冬花（郑州师范学院）　　　李跃进（郑州师范学院）

　　　　　　刘会强（河南财政金融学院）　李社亮（河南师范大学）

副总主编　段宝霞（河南师范大学）　　　李文田（信阳师范大学）

　　　　　　晋银峰（洛阳师范学院）　　　郭翠菊（安阳师范学院）

　　　　　　井祥贵（商丘师范学院）　　　丁新胜（南阳师范学院）

　　　　　　田学岭（周口师范学院）　　　侯宏业（郑州师范学院）

　　　　　　聂慧丽（焦作师范高等专科学校）

编　　委　（以姓氏笔画为序）

　　　　　　丁青山　马福全　王　立　王　娜　王铭礼
　　　　　　王德才　王　璟　田建伟　冯建瑞　权玉萍
　　　　　　刘雨燕　闫　冉　李文田　肖国刚　吴　宏
　　　　　　宋光辉　张杨阳　张厚萍　张浩正　张海芹
　　　　　　张鸿军　周硕林　房艳梅　孟宪乐　赵丹妮
　　　　　　赵文霞　赵玉青　荆怀福　袁洪哲　贾海婷
　　　　　　徐艳伟　郭利强　郭　玲　黄宝权　黄思记
　　　　　　董建春　薛微微

前　言

为全面促进河南省高等院校小学教育专业高质量发展，省教育厅组织策划了小学教育专业系列教材。《小学教育研究方法》是该系列教材之一。

教育研究是教育发展的核心竞争力，它与教育决策和实践共同构成完整的教育工作体系，不仅具有较强的理论性，而且具有较强的实践特征，其在促进教育知识拓展和教育理论创新、指导教育实践深化和教育质量提高等方面的价值作用也日益凸显。当前，我们提倡"教师成为研究者"，教育研究过程作为教师素养提升的重要方式，其不仅是教师取得专业地位的关键，也是个体专业成长的途径。2019年10月24日，《教育部关于加强新时代教育科学研究工作的意见》正式印发，这是新中国成立以来教育部印发的首个教育科研规范性文件，对做好新时代教育科研工作具有重大的开创性意义，是指导新时代教育科学研究工作的纲领性文件，其明确指出教育科研作为教育事业的重要组成部分是教育改革的重要支撑力、驱动力和引领力。《小学教师专业标准（试行）》明确指出，小学教师要具有"针对教育教学工作中的现实需要与问题，进行探索和研究"的专业能力。教育研究能力成为小学教师的必备素质，小学教育研究方法作为小学教育专业的专业基础课程，是小学教育专业学生的必修内容，能够正确运用小学教育研究方法从事教育科学研究是小学教育学习者必备的素质。

本书撰写力图满足小学教育专业的本科生、学科教学（小学教育）教育硕士专业学位研究生教学的需要；满足小学教师提升自身素养，成长为卓越教师的实际需求。

本书是集体智慧的结晶，作者是长期从事教育科学研究、教学研究，具有丰富教学和研究经验的教师和研究者。在本书写作过程中，我们广泛学习并研究了近几年出版的相关著作以及发表的相关文章,对许多观点和材料进行借鉴、分析、比较,使研究具有理论的价值。我们与许多优秀小学教师、名师合作研究,把他们的教育研究案例呈现在本书中,加强教材对教学实践的指导性,使理论与实践相结合。全书由孟宪乐、徐艳伟、张香敏设计编写体例、拟定编写提纲,各章书稿完成之后,由孟宪乐教授负责全面审阅。全书共分十章,第一章和第七章由张香敏撰写,第二章和第三章由孟凡芹撰写,第四章和第五章由孟宪乐撰写,第六章和第十章的第二节由徐艳伟撰写,第八章由曹丽乐撰写,第九章和第十章的第一节由张献伟撰写。研究生王姣姣负责全书统稿核对工作。

由于水平所限,书中难免出现疏漏和错误,恳请读者、学者、专家、同仁不吝赐教,以便我们进一步修改完善。本书在编写过程中曾参考和借鉴了诸多研究者的论著资料及科研成果,选用了一些优秀案例,无法一一列出,在此谨向有关作者致以诚挚的谢意。

在书稿出版之际,非常感谢南京大学出版社相关人员为本书的策划、编写、出版提供的支持和帮助,感谢编辑曹森为本书的出版所做的工作。

孟宪乐
2020 年 6 月于洛阳

目 录

第一章　教育研究概述	1
第一节　教育研究的内涵	1
第二节　教育研究的类型	5
第三节　教育研究的一般过程及教育价值	13
第二章　教育研究的选题与开题	20
第一节　教育研究的选题	21
第二节　教育研究的开题	27
第三章　文献研究法	40
第一节　文献研究法的含义、特点及类型	40
第二节　文献研究法的设计	46
第三节　文献研究法的应用	49
第四章　教育观察法	56
第一节　教育观察法的定义	56
第二节　教育观察法的基本记录方法	61
第三节　教育观察法的应用	69
第五章　教育调查法	74
第一节　教育调查法的定义	74
第二节　问卷调查	81
第三节　访谈调查	86
第六章　教育实验研究法	92
第一节　教育实验研究法的基本问题	92
第二节　教育实验设计的基本规范	97

第三节　教育实验设计的操作模式……………………………………… 104
　　第四节　教育实验设计的标准…………………………………………… 108

第七章　教育个案研究法……………………………………………………… 113
　　第一节　个案研究法的含义及意义……………………………………… 114
　　第二节　个案研究法的一般步骤………………………………………… 118
　　第三节　教育个案研究法的具体方法及基本要求……………………… 122

第八章　教育行动研究法……………………………………………………… 125
　　第一节　教育行动研究概述……………………………………………… 125
　　第二节　教育行动研究法的特点………………………………………… 129
　　第三节　教育行动研究的基本步骤……………………………………… 131

第九章　教育叙事研究法……………………………………………………… 143
　　第一节　教育叙事研究的定义…………………………………………… 143
　　第二节　教育叙事研究的特征…………………………………………… 152
　　第三节　教育叙事研究的过程…………………………………………… 154
　　第四节　教育叙事研究案例与分析……………………………………… 156

第十章　教育研究成果的表述与规范………………………………………… 160
　　第一节　教育研究成果的表述形式……………………………………… 160
　　第二节　教育研究成果的学术规范……………………………………… 165

参考文献………………………………………………………………………… 168

微信扫一扫

　✓ 课件申请
　　　　　✓ 教学资源

教师服务入口

　✓ 学习资源拓展
　　　　　✓ 加入学习交流圈

学生服务入口

第一章
教育研究概述

※ 学习目标

1. 了解教育研究的含义、特点。
2. 了解教育研究的历史发展,理解教育研究的类型。
3. 掌握教育研究的一般过程,了解教育研究的教育价值。

※ 本章导语

某校制定了教科研奖励文件,科研论文的奖励额度远远没有教研论文奖励的额度大,于是一些老师希望自己撰写并发表的论文被认定为教研论文,为此,发生了很多争执。有老师认为"教研论文"和"科研论文"应该是有区别的,是两个不同的概念,如果一致的话,就不会出现不同的说法;有老师认为,两者从本质上是一致的,"科研论文"就是"教研论文",只是称呼上不同而已。不同老师的看法之所以不同,究其原因在于没有理解小学教育研究的含义、特征等问题。

第一节 教育研究的内涵

教育研究是科学研究的下位概念。真正的教育研究必须是科学研究,要科学地认识教育研究,有必要搞清楚几个重要概念。

一、科学研究

(一) 科学研究的含义

"研究"作为一种认识活动,其使用的语境不同,意义所指也有所区别:第一,生活中常用的"研究"。比如"针对该问题我们再研究研究""我们来研究一下"等,更多是指对日常生活中的事情所做的分析和思考。第二,少数人所享有的"特权"。正如郑金洲所言,研究"仿佛只是在具有学术性的大学和研究机构中才能开展的高深活动"①。科学研究中的"研究"有别于日常生活中偶然的认识活动,它是一种系统的探究活动。科学研究是指人们运用科学的理论与方法,有意识、有目的、有计划地探索自然和社会的客观规律的一种认识或实践活动。②科学研究包含了三个基本要素:第一,科学理论,科学研究是人们运用科学理论进行的探究活动;第二,客观事实,科学研究是对自然和社会客观规律的探究;第三,方法技术,在科学方法的指导下,按照一定步骤,遵循一定程序分阶段进行,运用各种方法认识和解决问题。

(二) 科学研究的特点

科学研究活动作为人们探索自然和社会事物真相、性质或规律的创造性活动,其与人类其他活动相比,具有如下特点。

1. 客观性

科学研究要客观地反映客观事物的本质,不能带有任何主观臆想。科学研究的客观性表现为:第一,研究对象是客观的。科学研究的研究对象源于客观,是客观世界中有待解决或发展的问题,有客观现实的需要,是客观存在的。第二,研究过程的客观性。严格遵循一定的研究规范,按照研究方案实施,研究记录做到全面、如实、不任意更改,同时必须防止随意抽取个别典型例子或根据主观意愿取舍资料的现象发生。第三,研究结果的客观性。研究结果要尊重事实,不能随意夸大或者遗漏,其具有可检验性和可重复性。

2. 创造性

科学研究是探索自然和社会事物真相、性质或规律的创造性活动,其主要特点就是创造性,如果研究结果没有新的发现将毫无价值。科学研究的创造性表现为:第一,内容新。一项研究不是重复别人早已解决了的问题,而是在继承前人研究的基础上,解决前人没有解决或没有完全解决或没有被发现的问题,科学研究就是要加深和扩大我们对某一问题或学科的认识程度和范围。第二,方法新。科学研究是通过科学的方法去发现新的规律、发明新的成果。进行科学研究,方法上的革新、突破很重要,新的方法的发现与创造能开拓新的研究领域,深化研究进程,从而获得新的研究成果。第三,视角新。对于前人已经解决的问题,重新赋予新的内涵和价值,从不同于前人的视角对其进行研究。

3. 系统性

科学研究是一项系统性的工程:第一,过程的系统性。科学研究是按照一系列规定好的步骤进行的一种有系统的科学探索,有规范化行为而不是随意、盲目、偶然性的活动,其有明确的目的、严密的计划和科学的方法,还有周密的组织、合理的步骤,在时间上也有一定的连续性和阶段性。第二,研究内容的系统性。科学研究不仅需要研究核心问题,还要

---

① 郑金洲.学校教育研究方法[M].北京:教育科学出版社,2003:16.
② 温忠麟.教育研究方法基础[M].2版.北京:高等教育出版社,2009:2.

研究与该核心问题相关的其他问题,问题与问题之间存在千丝万缕的联系,研究内容本身就是一个系统,具有层次性,有大问题与小问题之分,人们不可能脱离问题系统去研究某一个别对象,而必须通过认识整体与部分之间的联系,从而认识研究的对象。第三,结果的系统性。研究得到的关于事物规律的知识体系内部各个要素之间应该是相互补充、紧密联系的。

4. 继承性

科学研究探究新的问题,它必须要在他人研究的基础上进行,即使是那些填补空白的科学研究,也要借鉴他人的理论、方法、资料,从而进行综合加工。没有他人的研究成果,不可能产生新的科学研究。

二、教育研究

(一) 教育研究的含义

教育研究属于科学研究的范围,其有广义和狭义之分。广义的教育研究主要包括教育现象和教育问题作为研究对象的研究,还包括教育学现象或教育学问题。狭义的教育研究是指在科学教育理论的指导下,以教育现象和教育问题为对象,以探索教育规律为目的的创造性认识和实践活动。教育研究有助于解决教育的实际问题,提高教育活动的质量。

(二) 教育研究的特点

教育研究除了具有科学研究的基本特点,即客观性、创造性、系统性、继承性之外,还具有其独有的特点。

1. 复杂性

教育是人类特有的社会性活动,教育研究以教育现象和教育问题作为研究对象。其具有复杂性,具体表现为:第一,教育作为社会大系统中的一个子系统,它和社会系统中其他子系统(政治、经济、文化、人口等)之间存在密切的联系,在进行教育研究时不可避免地受到各种外部因素的影响。第二,教育的对象是人,教育现象和教育问题与人的生理、心理活动之间存在密切的关系,还可能涉及个体和群体方面的行为,变量复杂。第三,研究方法不容易提供较为精准的工具、量尺,不容易进行直接观察、简化或者控制条件,很难做重复性实验,同时容易受到研究者与实验对象相互作用的影响,抑或研究者主观的左右。

2. 广泛性

教育作为培养人的社会活动,一头连着人,一头连着社会,形成了教育的两大基本关系,即教育和人的关系、教育和社会的关系。教育研究既可以研究教育内部的各种关系,比如教师教学方法与学生学业成绩之间的关系,还可以研究与社会方方面面的各种外部关系,而社会的各个子系统涉及面极宽,因此教育研究具有广泛性。

3. 综合性

随着学科的发展，各学科之间的联系进一步加强，自然科学与社会科学的交叉，社会科学各个构成部分之间的交叉，作为社会研究之一的教育研究需要依据和吸收其他有关学科的研究成果，了解和借鉴其他学科的基本概念、方法和技术手段等，不能运用单一的方法获得结论，而应该综合地运用多种研究方法。具体可根据本学科自身特点选择和设计适宜的研究方法，不仅注重经验思辨、观察、综合描述，同时又需尽可能对量的因素加以关注，将定性和定量相结合，才能获得科学可靠的结论。

4. 伦理性

教育研究的对象是人，研究的目的是完善教育、更好地促进人的全面发展，因此所设计的研究必须具有教育意义，从课题的选择、计划的制订、方案的确定到具体的实施，每个步骤都应考虑对人的身心发展起到正面的促进作用。就是说，教育研究一定要遵循人道主义精神，研究必须是道德的，不能为了收集资料、设计情境使人产生不良行为的方法来获取研究资料。教育研究的伦理规范具体为：

第一，不允许"强制"，要尊重研究对象的意见。研究对象是一个独立的主体，具有决定是否参加或中途退出的自由，任何人不能对其强加干涉，迫使其参与研究。教育研究应征得研究对象同意，具体可以采取：说明意图、尊重研究对象、尊重家长及监护人、注意事后解释、考虑相关人员的权利。

第二，不允许"失责"，要尊重被研究者和参与研究者的权利。研究对象具有的权利主要有：知情权、私人不参加协作权、保持不署名权、保密权、要求实验者承担责任权[①]。避免给研究对象造成伤害，在收集资料或实施某些研究措施时，要避免让研究对象受到人身、社会、心理等方面的伤害，同时不能让他们承担不利的压力和负担。比如，在一个实验班中进行智力测验或其他测验后，应防止测验结果使教师或者学生对某些学生产生偏见或者不良预期。

第三，不允许"证伪"，要保护研究对象身心，避免为了证明不好影响而设计不利于研究对象身心发展的研究。比如，看某种读物对学生学习态度有不好的影响，在实验设计时进行实验组和对照组，实验组进行该读物学习，对照组按照原有方式进行，该实验为了证明某种读物的不良影响，其最终必然会对参加实验组的学生造成不良影响。因此，研究者应该未雨绸缪，在实施实验时谨慎选择研究内容，同时在研究方案中要设计一些防范和补救措施。

第四，不允许"练手"，要审慎解释研究成果。教育研究人员应有一定的专业训练，如职业道德规范训练、研究方法与技能训练、科学态度素养等。尤其是研究者在获得研究结果后，需要向公众做出合理的解释，有时候还需要向被研究者或合作者做出解释，以免造成误会，甚至误导。比如，对一个班上学生进行某项测验后，可能需要对学生、家长、教师解释为什么要对测验结果予以保密，否则可能会引起不必要的误会。

---

① 郝德元,周廉.教育科学研究方法[M].北京:教育科学出版社,1990:16.

第二节 教育研究的类型

一、教育研究的历史发展

任何事物的发展都不是一蹴而就的,都需要一个过程,教育研究也不例外,其也经历了一个漫长的历史发展过程,不同学者在历史发展划分的名称上有所不同,比如,陈时见将教育研究的历史发展分为经验—描述、哲学—思辨、科学—实证和规范—综合四个发展阶段。[①] 我们将教育研究的历史过程分为萌芽期、发展期、体系形成期、多元化时期。

(一)萌芽期(古希腊—近代科学产生前)

教育研究的萌芽期是指教育研究尚未成为独立的专门性探索活动的时期,其无专门的研究方法、研究对象、专业术语,也没有专门从事教育研究的研究者,其成果散见于哲学家、神学家、政治家等阐述其思想时的作品里,主要依靠不充分的观察,使用的是在教育实际经验的总结以及直觉基础上的思辨方法,明显地带有不自觉性、经验性、随意性、自发性、朴素性的倾向。这一时期,教育研究的主要依据与手段是观察和教育实践经验的总结,即研究者主要凭借经验解释教育现象及解决教育问题,同时采用描述的手段对教育现象加以阐释,对研究结论加以说明。例如,中国古代的孔子、孟子、董仲舒、韩愈、朱熹等人从当时社会发展的要求和统治阶级的根本利益出发考察教育问题,以伦理道德教育为主,采用观察、归纳、演绎和类比的思维方式,对教育活动进行总结、提炼,形成了以描述为主,比较分散、零碎、缺乏系统性的教育思想。尽管这一时期的教育研究也含有简单的逻辑推理,但总的来说,当时的教育研究是笼统的、直观的,带有明显的朴素性和自发性。这一特点是由当时的社会生产力水平所决定的。

在古希腊,亚里士多德深化了苏格拉底、柏拉图等人的研究传统,在《工具论》中创立了形式逻辑,提出了科学研究的"归纳—演绎"程序,论证是该程序要遵循的基本途径,即从观察对象出发经过归纳建立一般的解释性原理,再从一般原理通过演绎导出个别结论,并与观察演绎等结论相比较而接受经验的检验。[②]

15世纪以后,随着社会的不断发展,近代自然科学逐渐从哲学中分化出来,并产生了实验方法、逻辑方法、数学方法、假说方法等科学方法,在科学认识问题上分裂出了唯理论和经验论,给教育研究带来了深远的影响。这个时期的教育研究的主要特点具体表现为[③]:第一,没有系统化的研究对象;第二,研究的起点是社会发展的要求以及统治阶级的

---

① 李春萍.教育研究方法[M].长春:东北师范大学出版社,2001:9-16.
② 裴娣娜.教育研究方法导论[M].合肥:安徽教育出版社,1995:22.
③ 陈向明.教育研究方法[M].北京:教育科学出版社,2013:8-9.

根本利益；第三，多采用观察法，归纳、演绎的方法对观察到的事实材料加以概括总结，形成理论，以描述的方法来表述理论观点，理论观点散见于文学、哲学等著作中，缺乏严谨性；第四，对教育现象的研究注重整体而忽略部分，注重综合而忽视分析；第五，不同的学派关于教育研究的观点各异。

（二）发展期(17世纪—20世纪初)

近代科学产生以后，教育研究进入了以分析为主的方法论时期。弗朗西斯·培根(Francis Bacon，1561—1626)认为，科学理论的发现是从经验事实出发，逐步上升到探求现象间因果关系的共同性法则，从而提出了经验论的归纳法。这种方法突出了经验的积累和分析，强调科学方法的经验性质，后来又为洛克所发展。夸美纽斯就是以经验论作为研究教育现象的方法论基础，并逐步形成了他的教育理论体系。在《大教学论》中，夸美纽斯尝试把具体的教学方法变成"教学论"，认为"大教学论"是把一切事物的知识教给一切人类的全部艺术。夸美纽斯的教育学既具描述科学的特点，又含规范科学的内容，是一种事实与价值合一、经验与思辨同在的所谓"完形教育学"。在夸美纽斯之后，教育研究从经验的描述上升到理论的概括，教育开始从哲学中分离出来成为一门独立的学科，与此同时，心理学开始成为教育研究的理论基础，在此背景下，教育心理化运动拉开了序幕。但教育研究仍然同哲学认识论联系在一起，形成了不同哲学理论指导下的两种研究方式：一是归纳法；二是演绎法。18世纪末，德国古典哲学家康德(Immanuel Kant，1724—1804)试图从唯物论立场出发，将经验论与唯理论相结合，把世界统一在思维的基础上。他的哲学思想，尤其是形而上学思维方式的批判精神，以及对教育给予人生的巨大价值的敏锐洞察力，对后来的赫尔巴特、裴斯泰洛齐等人产生了深刻的影响，并给德国的教育研究带来了空前的繁荣，同时也促进了德国教育的发展。瑞士教育家裴斯泰洛齐(Pestalozzi，1746—1827)的教育理论更是在经验教育学和哲学教育学之间架起了一座桥梁。[①]

发展期的教育研究之思想成就突出体现在德国著名的哲学家、心理学家和教育学家赫尔巴特(Johann Friedrich Herbart，1776—1841)的教育理论之中。深受康德的影响，赫尔巴特以批判精神、"反常姿态"重新审视已有的教育理念及教育学理论体系，并对近代教育学体系的建构做出了开创性贡献。赫尔巴特观察并研究受教育者，运用归纳的方法论原则提出其儿童观。他还从实践哲学(伦理学)和心理学出发导出其教育目的论和教育方法论。赫尔巴特继承了夸美纽斯以来的形而上学传统，把定性研究方式确立在哲学思维层次上，他的教育研究不仅给"经验—描述"研究阶段画上了一个圆满的句号，而且创造了"哲学—思辨"研究阶段的辉煌成就，更启迪了其后"科学—实证"研究的新时代。

总的来说，发展期的教育科学研究方法具有四大基本特点：一是从单纯的经验的描述上升为理论的概括；二是心理学研究成为教育研究的理论基础之一；三是教育研究成果不断被运用指导教育实践；四是教育科学研究方法论的体系初见端倪。

---

① 徐红.教育科学研究方法[M].武汉：华中科技大学出版社，2013:21.

(三) 体系形成期(20世纪初—20世纪50年代)

随着教育研究的不断发展,裴斯泰洛齐进行初等教育新方法的实验研究,斯宾塞倡导教育研究的实证科学方法,尤其是到了19世纪下半叶,在自然科学取得许多突破性进展的历史背景下,教育学爆发了一场深刻的革命,一些教育学家倡导在一般科学方法的框架内进行教育研究。教育研究中越来越注重引入实验方法,试图从思辨研究转向实证研究,这一转向促使教育科学的产生。美国实用主义哲学家、教育家杜威(John Dewey, 1859—1952)在其实用主义理论的基础上,对传统教育理论的概念、范畴和体系进行了全面改造。同时,他强调必须从教育实验中构建理论,并亲自主持了长达八年之久的美国芝加哥大学实验学校的教育实验。

新兴科学快速发展,学科内部分工日益精密和专门化,真正使教育研究范式实现格式塔转换的是梅伊曼与赖伊,他们两人共同创立了实验教育学,把心理实验的方法直接应用于教育研究。他们希望给教育学赋予真正科学的性质,研究的基本准则是实验与观察,研究的结果是理论转化为技术和操作模型。这一时期的教育研究不仅有本学科的核心研究问题,也逐渐发掘、确立了相对稳定适宜的研究方法;不仅有众多的研究者投身于教育研究之中,而且还因为研究者各自的背景、研究取向不同形成了不同教育研究学派。比如,实验教育学派、文化教育学派、马克思主义教育学派、实用主义教育学派等。各学派围绕教育学的价值诉求、教育学的性质、教育研究方法等基本问题各有主张、争鸣不断,促使教育研究逐渐形成了体系。

体系形成期的教育科学研究方法之特点有三大表现①:其一,教育科学研究方法的哲学基础具有明显的"科学—实证主义"倾向;其二,其他学科的研究方法被引入教育科学研究中来,如社会科学中常用的调查法、文献法、历史研究法,以及自然科学中常用的实验法、比较法、统计法等,都被学者陆续运用于研究教育问题;其三,教育科学领域内分科的学科科研方法也取得了显著发展。

(四) 多元化时期(20世纪50年代以来)

20世纪下半叶至今是教育研究的多元化发展时期。随着社会的不断发展,人类在科学领域不断创新,教育所面临的问题也愈来愈多,教育研究深入发展并不断深化。解释学、新马克思主义、结构主义等都对所谓"科学化思潮"进行过责难和批判。纵观教育研究的历史发展,这一时期既是传统研究范式在自然科学方法的冲击下逐渐解体的过程,又是人本主义研究范式在新的历史条件下不断深化的过程,教育研究的价值取向趋于多元化。从整体上看,教育研究可分为两大类:一类是以统计、定量为特征的科学主义倾向,另一类是以启发、定性为特征的人文主义倾向。人文主义的研究传统隐含着这样的假设,即不能把教育教学作为工具,而应作为存在着的一种生活方式,在这种生活中,教师与学生之间的关系准则必须符合一系列的伦理范畴,如尊重、自由、民主等。因此,任何教育教学研

---

① 徐红.教育科学研究方法[M].武汉:华中科技大学出版社,2013:22.

究,都应在尊重人的情感、兴趣、爱好的基础上进行,不能以科学主义的工具理性来支配研究。① 实际上,科学主义与人文主义的研究传统在目的、宗旨、任务等方面存在着区别,它们是相互独立的,但同时也是不可替代的。从当前教育研究的动态和发展趋势来看,科学主义与人文主义从纷争正逐步走向融合。②

这一时期的教育研究的特点明显表现为:第一,教育研究不断分化,不同学科中的教育研究、同一学科内部的不同阶段性的教育研究日益独立;第二,研究的课题多样化,各种理论与实践研究成果非常丰富;第三,教育研究的方法多样化,研究方法从理论与实践研究成果各有侧重向综合化方向发展;第四,信息技术被广泛运用于教育研究中;第五,多学科交叉的教育基础与思维方式促使教育研究的多元化;第六,教育研究越来越具有组织性、专业化;第七,私立教育研究机构不断出现,部分教育研究与产业经济之间联系日益紧密。

二、教育研究的类型

从不同侧面出发,教育研究可以分为不同类型,了解和掌握教育研究的不同类型有助于从不同角度、水平去全面认识研究方法。

(一) 按照研究目的来划分

1. 基础研究

基础研究又称基础理论研究或学术研究,是在教育实践的基础上,认识何种教育现象和教育问题,探索其本质和规律,阐明教育的根本原理,获得新知识,形成系统教育基础理论的研究。其回答的是"为什么"的问题,与建立教育科学的一般原理有关。基础研究可以为有关的研究领域直接增添知识内容,其目的在于发展和完善理论,具体在于认识教育领域未知的东西,发现普遍规律,形成和发展教育基本理论,不指向具体的问题或特定的问题;基础研究周期比较长,成果不能"拿来就用"去解决实际问题,但它对教育实际工作具有普遍意义的指导作用。比如,教育起源的研究、教育本质的研究、教育目的的研究等方面的研究、"互联网+"背景下基础教育变革研究、反本质主义与中国教育学研究、权力理解的中西检视及其教育学价值、教育管理学科体系问题等就是基础研究,其需要具有深厚的理论功底,研究过程需要阅读大量的文献资料,需要掌握大量的宏观背景资料和国内外相关的研究信息,研究的难度较大,中小学教师进行这种研究有一定的难度。

2. 应用研究

应用研究是将基础理论研究的成果运用到教育实践中,解决教育工作中的具体问题的研究。其回答的是"是什么"的问题,与解决某些特定的实际问题或提供直接有用的知识有关。应用研究将基础研究具体化,具有直接的实际应用价值,指向某些具体的、现实的、实际的问题。目前,绝大部分教育研究是应用研究,例如,乡村教师流失状况的研究,

---

① 郑金洲,陶保平,孔企平.学校教育研究方法[M].北京:教育科学出版社,2003:48-49.
② 陈时见.教育研究方法[M].北京:高等教育出版社 2009:17-18.

农村留守儿童自信心的培养研究等。应用研究有四种类型[①]：第一，验证性的应用研究。将基础研究的成果直接运用于教育实践，以验证基础研究的理论成果。第二，推广性的应用研究。在小范围验证了理论成果的有效性后，将其广泛运用于教育实践中，以改进教育实践，促进教育发展。第三，普适性的应用研究。直接解决教育实践中某些典型的、具有普遍意义且涉及面广的实践问题，提出普适性的解决方案。第四，具体性的应用研究。直接解决教育实践中的单个实际问题，提出解决该问题的具体方案。

3. 开发研究

开发研究是根据基础研究和应用研究得到的成果，开辟新的应用途径，转化、移植、发展已有成果的研究，其为教育实际工作者提供能够直接运用的教育产品。开发研究不是为了获取知识，而是为了开展知识，将研究成果与经验加以运用、推广和普及，其目的是寻求基础研究与应用研究的具体技术的表现形式，比如教科书、教学软件（雨课堂、课堂派、对分易等）、量表等，具有较强的操作性，可以"拿来能用"。

基础研究、应用研究、开发研究三者具有不同的目的、性质、特点和功能。基础研究的结果是理论知识，提供解决教育问题的理论；应用研究的结果是解决问题，提供事实材料，支持和完善理论或促使新理论的产生；开发研究的结果是教育产品，提供具体操作的中介。基础研究是应用研究和开发研究的依据和指导；应用研究、开发研究是对基础研究的验证和发展；开发研究是应用研究的具体化和操作化。

小学教育研究的目的是改进教育教学，提高教育教学质量，重点是把教育原理转化为具体实践行为，服务于教育教学活动。因此，小学教育研究的重点是应用研究和开发研究。

（二）按照研究范围来划分

1. 宏观研究

宏观研究是指对宏观层面的教育活动所进行的研究，包括对与国家、社会发展密切联系的教育问题做综合性、系统性的研究，具有较强的方向性、指导性和综合性。例如，对教育方针、教育政策、教育结构、教育改革重大理论问题等方面的研究就属于宏观研究。宏观研究可以分为两个方面：第一个方面，主要涉及教育与外部关系方面的研究。教育作为社会的子系统，教育系统与社会其他子系统之间的关系研究，比如教育与政治、教育与经济、教育与文化、教育与人口、教育与生态等之间的研究。第二个方面，主要涉及教育内部全局性问题的研究，比如教育目的、教育制度、教育评价等方面的研究。宏观研究的课题一般较大，涉及层面较多，持续时间较长，研究范围较广，研究结果可为某种决策或政策提供理论依据，因此一般采用多方合作的方式分阶段进行。

2. 中观研究

中观研究是指对中观层面的教育活动所进行的研究，其涉及对某一范围内教育问题做的综合性研究。中观研究把教育活动看作在某种机构所进行的活动，在这些机构中进

---

① 钱兵.教育科学研究：过程与方法[M].徐州：中国矿业大学出版社，2017：8.

行的所有有关教育、教学、管理等方面的活动,便成为中观研究的核心。其介于宏观研究与微观研究之间,比如,城市中小学整体改革的研究、农村小学综合改革的研究、学校的课程设置研究、少数民族地区女童教育的模式研究等,都属于中观研究的范畴。

3. 微观研究

微观研究是对微观层面的教育活动所进行的研究,其涉及对某一问题进行的具体细微研究,一般涉及面较小,具有较强的应用性。比如,小学语文课堂教学中学生阅读能力提升的策略研究、学生课堂发言举手行为的心理分析、课堂教学中师生情感交流的方式研究、学困生的教育问题研究等。

(三) 按照研究方式来划分

1. 历史研究

历史研究法是指通过收集某种教育现象发生、发展和演变的历史事实,加以系统客观的分析研究,从而揭示其发展规律的一种研究方法。其主要涉及对过去发生时间的了解和解释,其主要目的在于对以往事件的原因、结果或趋向进行研究,解释目前事件和预测未来事件。如:孔子的师德思想对新时期师德观的启示、梅贻琦大学定位思想及对当代大学定位的启示、明代书院教学管理思想及当代价值、杜威教育思想对我国20世纪20年代教育改革的影响、中国古代科举制度研究等。

2. 描述研究

描述研究是指通过问卷、调查、访谈、观察以及测验等手段收集资料以验证假设或回答有关现时研究的问题。描述研究的重点在于回答"为什么""是什么"。其分为几个类型:第一,现象型描述研究,重在描述教育事件或问题发生发展的现象,如大学生心理健康状况的调查。第二,案例型描述研究,重在描述教育教学中的案例,如豫南一位学习困难学生的个案调查。第三,统计型描述研究,重在通过统计图表的方式描述现有的数据型研究资料。

3. 相关研究

相关研究是对两个或两个以上变量间是否存在相关以及相关程度进行判断的研究,其目的在于建立相关或用于预测。比如,父母教养方式与学生学业成绩的关系研究等。

4. 比较研究

比较研究是按一定标准对相互有联系的事物进行对比分析,以确定它们之间的共同点和差异点,以及共同规律和特殊本质的研究。比如,中西部农村小学教师心理健康状况的比较研究、小学教育专业公费和自费学生专业认同度的比较研究。

5. 实验研究

实验研究是根据研究目的,通过对某些影响实验结果的无关因素进行合理控制或者创设一定条件,人为地变革研究对象,然后观测与这些实验条件相伴随现象的变化,从而验证假设,探讨现象因果关系的研究。比如,初中数学主题式教学实验研究①。

6. 理论研究

理论研究是对复杂的教育问题的性质和相互关系,从理论上加以分析和综合,抽象和概括,以发现其内在规律或一般性结论。

(四)按照研究分析的方法来划分

1. 定性研究

用文字而不是数字来描述现象,旨在理解、阐释所研究的现象,并不强调在开始研究时对所研究的问题有一个理论假设的研究。传统的定性研究以哲学为基础,通过思辨、逻辑推理等方式,结合主观经验,用演绎的方式对自己的思考进行推理,具有结论性、抽象性和概括性,更多的是研究者个人观点的阐发。其主要有经验总结法、个案法、观察法、访谈法等。

2. 定量研究

用数字和变量来描述现象,指事先建立研究假设,进行严格的研究设计,按照预定程序收集资料并进行数量化分析,并对假设进行检验的一种研究。定量研究关注现象之间的关系和因果效应,更强调通过数据展现说明研究结果。

定性研究与定量研究往往是不可分割的,在定量研究的过程中可以有定性研究的参与,在定性研究中也可以有部分定量研究。定性研究和定量研究各有自己的特征,但在教育研究的运用中,它们的连续性多于它们的两分性。② 一种常见的混合方式是,先用定性研究提出问题,然后用定量研究得到结果,最后用定性研究进行讨论并得出结论。在教育研究中,最典型的定量研究是教育实验法,教育调查法介于定性与定量之间,经验总结法是比较典型的定性研究。

定量研究和定性研究的区别主要表现在以下七个方面③:

(1)理论基础不同:定量研究的理论基础是实证主义哲学;定性研究的理论基础则包括建构主义、后实证主义、解释学、现象学等各种理论流派,这些理论流派都完全不同于实证主义哲学。

(2)研究目的不同:定量研究强调通过对变量严格而精确的操作,来揭示变量之间的因果关系;定性研究更重视对事实的解释性理解,强调"事实"本身必须通过研究者主观的诠释才可能揭示其意义。

(3)研究情境不同:定量研究主张在经过严密控制的情境下展开研究活动,需要研究者预先对实验环境进行控制与安排;而定性研究主张在现存的自然环境下展开研究,不需研究者做预先安排。

(4)研究设计上的不同:定量研究强调制订详尽、完备、周密的研究设计;定性研究则

---

① 张辉蓉,朱德全. 初中数学主题式教学实验研究[J]. 中国教育学刊,2007(12):64-66.
② 袁振国. 教育研究方法[M]. 北京:高等教育出版社,2010:11.
③ 朱德全. 教育研究方法[M]. 重庆:重庆出版社,2006:6.

主张在研究前不对研究问题做详尽的设计,只提出大体的研究思路,在研究过程中根据新情况新问题随时调整自己的研究方向与思路。

(5) 具体研究方法上的不同:定量研究强调采用实验法、调查法、结构化的访谈法、观察法、准实验法等,主要获取的是数据资料;定性研究则更多地采用访谈、观察、档案分析等方法,主要获取的是描述性的文字资料或图片资料。

(6) 资料分析思路上的不同:定量研究多以演绎分析为主;定性研究多以归纳分析为主。

(7) 研究者与被研究者关系上的不同:定量研究主张研究者应持价值中立原则,要和被研究者保持距离;定性研究则反对定量研究的价值中立原则,主张研究者应当积极与被研究者交往。

(五) 按照对研究对象是否干预来划分

1. 描述研究

在按照研究方式划分的类型中对描述研究已经进行了阐述,在按照对研究对象是否干预来划分的类型中,描述研究是对客观事物予以考查,努力反映其客观状态,回答是什么、为什么、怎么样的问题。其不对客观事物施加可以引起改变的影响,会为是否改变和如何改变客观事物提供必要的思路。比如,在第八次基础教育课程改革之前,进行了大规模的调查,调查结果呈现出尽管经过了七次课程改革,但是基础教育依旧存在诸多的问题;"小学生课业负担情况调查研究",其主要回答当下小学生课业负担到底有多重,课业负担表现在哪些方面,学生、老师、家长对小学生课业负担持有什么反应,造成课业负担的根本原因是什么等问题。这些都属于描述的范畴。作为研究,仅仅有描述不能令人完全满意,必须提出可以改变现状的设想或思路,从这种意义上,描述研究又顺理成章地具有间接改变现状的意义。

2. 干预研究

干预研究着力于对客观事物施加可能引起改变的影响,通过这种影响达到改变现状、解决问题的目的,并在对影响结果的考察中寻找或证明事物之间的因果关系,进而掌握事物的内在规律。干预研究最终目的是改进教育现状,促进教育发展。目前我国教育研究中最大的干预研究就是国家主导的基础教育第八次课程改革,通过"新课程"这一因素的干预,达到改进教育教学的目的。

干预研究是在通过描述研究对事物有了深刻认识的基础上,施加影响促使客观事物发生变化。可以说描述研究是干预研究的前提,干预研究是描述研究的深化,二者之间不可分割。

以上分类是根据不同标准、从不同角度对教育研究进行的类型划分,这种划分具有相对性,有时是相互交叉、重复的。了解教育研究的分类,有利于研究者明确研究的目的和要求,确定研究对象,探索每种研究方法的基本特征点、使用条件和范围。

第三节 教育研究的一般过程及教育价值

一、教育研究的一般过程

科学研究是一个系统的探索过程,其有一定的程序、步骤。教育研究作为科学研究的一个重要组成部分,有着复杂而严谨的过程,也包括一系列彼此独立而又密切联系的环节和步骤。

(一)教育研究的基本阶段

教育研究是一项复杂的系统工程,一项具体的教育研究要经过三个阶段:准备阶段、实施阶段、总结与评价阶段。

表1-1 教育研究的基本阶段、内容和要求①

主要阶段	活动内容	基本要求
准备阶段	选择课题;查阅文献;提出假设;制定方案	慎重、周密
实施阶段	搜集资料,形成科学事实;分析事实材料与旧有理论,形成新的理论;撰写研究报告	尊重事实;有批判有突破;观点与材料一致
总结与评价阶段	制定研究工作报告;鉴定和评价成果	总结反思;着眼未来研究

1. 准备阶段

教育研究的准备阶段主要包括四个方面的内容:选择课题;查阅文献、提出假设和制定研究方案。

选择课题即确定研究课题,是从诸多的教育现象中明确研究的问题和要解决的问题,解决"研究什么"的问题。爱因斯坦说:"提出问题往往比解决一个问题更重要。因为解决一个问题可能是一种方法或技能而已,而提出一个新问题、新的可能性、新的假设,则需要想象与创造,它标志着科学的真正进步。"②选择一个好的课题是成功的一半,是教育研究关键性的一步,是教育研究有效开展的前提和基础,是整个研究的起点,决定着整个研究的方向和目的以及研究是否有价值。

确定好课题后,应该着手了解所研究的课题的历史与现状,以及思考先前的研究成果是否还有需要扩充和完善的地方,因此进行查阅文献。

在进一步了解相关内容的基础上,提出假设。对各种教育问题和现象所做的尚且待证明的初步解释都属于假设性质,假设工作主要包括确定研究目标、表述研究假设、确定

---

① 杨小微.教育研究的理论与方法[M].北京:北京师范大学出版社,2008:69.
② 爱因斯坦,英费尔德.物理学的进化[M].上海:上海科技出版社,1962:66.

研究对象、设计研究活动的方法、工具和手段等环节。

为了更好地进行相关研究,在以上准备的基础上需要进一步明确必要的研究假设、与研究问题相关的条件及其如何进行研究等,即制定研究方案。研究方案是教育研究的施工蓝图,它关系到研究成败、价值、效率,研究者在制定研究方案的过程中对研究问题、研究假设、研究内容、研究方法、预期成果等问题进一步明确清晰。研究方案主要涉及四个方面:研究什么、为什么研究、如何研究、成效如何。

2. 实施阶段

实施阶段是按照制定的研究方案进行具体操作,将研究方案变为现实,其主要包括几个方面:第一,控制符合研究目的的研究条件。不同研究目的、不同研究设计对研究条件的控制有所不同,只有创设出符合研究设计要求的条件才能有利于研究的顺利实施。比如,观察需要在自然状态下对研究对象进行,而实验需要对无关变量进行控制,而在实验中由于实验类型不同,对无关变量的控制也有所不同。比如,在实验中,准实验对无关变量控制相对宽松,真实验相对严格。第二,执行基本操作定义(即操作要领)。对于基本操作定义的执行要严格按照操作进行。针对研究设计的要求,在课题研究的对象、事件、地点、强度和顺序等方面,每一项操作都必须严格。第三,监控和调整研究过程。教育研究的实施过程不是一成不变的,需要根据研究的实际情况不断反思、完善,对于偏离研究方案的立即调整,也可以根据实施实际的情况和效果对研究方案进行必要调整与完善。第四,收集、整理、分析研究资料。根据研究方案进行研究资料的收集与整理,收集的资料分为一般数据资料和文字资料,分别采用不同的收集方法,在教育研究中观察、问卷、访谈、测验等,如果涉及数据分析,对收集的资料进行整理分析,并归纳,也是本阶段的工作。第五,撰写研究报告。在课题选择、研究设计、查阅资料、整理分析资料等的基础上,按照规范撰写研究报告或学术论文,以展示研究成果。

3. 总结与评价阶段

教育研究的最后阶段就是总结与评价阶段,该阶段主要对教育研究进行总结、评价,并对教育研究成果进行推广。其中评价是对研究成果的学术水平和应用价值进行假定,对研究活动的科学性进行评估。

(二) 教育研究的主要步骤

教育研究的案例[①]:一位小学数学教师在教学过程中一直有一个困惑:"学生练习的时间是不是越多越好?"于是,他找了一些相关的教育学、心理学、教学法以及小学数学教学论方面的资料,发现一些与他的问题相关的研究,如小学数学练习设计方面的研究,关于学生练习与学习成绩关系的研究,关于计算设计与要求的研究。他将这些研究进行了分析和整理,最后确定一个研究的问题:"小学一年级数学 20 以内加法单元练习时间和学习成绩关系的研究"。参考有关教育实验研究的设计、教育心理学关于学生记忆规律方面的研究,以及数学课程标准关于学生计算方面的要求等方面的资料,设计了一项教学实验

---

① 陈向明. 教育研究方法[M]. 北京:教育科学出版社,2013:26-27.

研究。将学生随机分成三个组,在学习20以内加法的时候,按不同的时间进行练习。第一组每天练习15分钟,第二组每天练习30分钟,第三组每天练习45分钟。一个星期后,对三组学生进行相同的有关20以内加法的测验。对测验结果进行统计分析发现,第一、二组的成绩有显著差异,第二、三组的成绩没有显著差异。将这个研究过程与结果写成研究报告,对小学数学教师有一定的启示作用。

从这个案例可以了解教育研究的基本过程,这位小学数学教师实际上经历了从提出问题、文献整理、确定问题、设计研究、收集研究资料、分析研究结果、撰写研究报告等教育研究步骤。教育研究的主要步骤包括选题,文献检索与文献综述,设计研究方案,收集、整理和分析教育研究资料,教育研究成果的表述。

1. 选题

选题是发现、选择和确定研究课题,是教育研究工作的第一步。研究课题可以来源于教育实践,也可以来源于教育理论。选题的开展需要围绕三个问题进行:什么样的课题是好课题、在哪里可以选择好课题、用什么方法选择好课题。在选择课题时建议处理好两个方面的关系:第一,教育研究方向与个人兴趣的关系。教育研究决不能为兴趣而兴趣,研究兴趣应该在教育研究大方向的指引下培养并发展起来。为了兴趣而偏离了教育研究的正确方向,那是十分错误的。第二,处理好自己所面临的主客观条件。一般说来,初次从事研究工作的人应选择那些范围较窄而且比较具体的课题。

2. 文献检索与文献综述

在教育研究过程中,文献检索是必不可少的步骤,它贯穿研究的全过程。教育研究的最突出特征就是创新,如果不了解前人已有的成果就贸然从事,势必重复别人的老路,不仅浪费精力,而且也毫无研究价值。教育研究工作只有尊重前人已有的宝贵科研成果并加以合理利用,只有站在前面巨人的肩上,才能取得高水平的成果。因此,查阅资料这步工作是万万不可忽视的。

查阅文献资料的途径有很多,不仅可以利用目录、索引、文摘等检索工具,也可以利用联机检索、光盘检索、网络检索等计算机检索方法进行,其中,网络检索是查阅资料最快捷的方法。文献检索的方法主要有顺查法、逆查法、抽查法、引文查找法、综合检索法。

对于比较正规的教育研究或课题研究来说,在完成文献资料阅览之后,还要撰写文献综述,也就是对文献资料在进行整理、阅读、思考、分析、综合、概括的基础上,用自己的语言将与研究课题有关的文献内容叙述出来,在叙述的同时可以根据需要进行评论。文献综述有两种类型:一种是叙述性文献综述,另一种是述评性文献综述。文献综述主要包括四个方面的内容:第一,问题的提出,说明查阅文献资料的目的及研究问题;第二,研究方法,确定文献资料的分析范围、分析维度和分析程序;第三,正文部分,这是文献综述报告的主体部分;第四,主要文献目录,包括专著及论文等。

3. 设计研究方案

教育研究方案是对整个教育研究过程进行全面的规划和安排,其主要包括研究什么、为什么研究、怎样研究和预计成效。具体来讲,研究方案的设计重在研究课题的论证上,它主要包括:第一,课题名称。课题名称应简明具体,反映研究的实质并具有新颖性。第二,教育研究的目的与意义,主要包括课题的提出、情况说明等。第三,课题研究的内容,主要说明课题所研究的具体问题、预期达到的目的、突破难点和重点及研究的创新点。第四,课题研究的方法与设计,应具体说明围绕课题拟采用的方法。第五,课题研究的方案和研究进度计划。第六,研究条件分析,包括研究工作的组织系统。第七,预期成果及适用范围。第八,课题研究的经费预算及其所需仪器设备。在这个方案之下,还可制订更详细的具体工作计划,明确规定所要研究的问题及其范围、研究对象的抽样、研究的时间进度及设备条件的需要等。

4. 收集、整理和分析教育研究资料

收集、整理和分析教育研究资料事实上是教育研究方案的实施,即开展研究工作,也就是将设计好的研究方案付诸实践。实施研究方案时应注意以下几点:一是合理组织研究队伍;二是有效组织开题培训;三是科学收集原始资料;四是严格按方案进行研究。具体为:

(1) 收集教育研究资料

收集研究资料是指研究者在实施研究计划过程中所得到的现实资料。收集资料是研究的主要任务和研究基础。收集资料的方法有定性和定量的方法,定量研究主要有调查、观察、测量、实验、文献分析等;定性研究主要有个案研究、行动研究、叙事研究等。一般来说,教育研究资料的收集主要有两个渠道:① 采用问卷、访谈、测量、个案、观察等方法直接收集资料;② 从现成的文献资料入手,在有关的文件、档案、作品中收集有关资料。

(2) 整理研究资料

资料整理是根据调查、研究的目的,对收集和调查研究所得的资料进行科学的审核、分类、汇总和再加工的过程。资料整理有助于保证资料的可靠性,使研究资料和数据系统化、条理化,便于保存。

(3) 分析研究资料

分析研究资料就是对收集到的教育事实和数据进行整理和分析,做理性的加工处理。资料分析的基本步骤:阅读资料—筛选资料—解释资料。分析研究资料主要有两种方式:定性分析和定量分析。定性分析就是通过分类处理文字描述资料,分析研究对象是否具有某种性质,分析某种现象变化的原因及变化的过程,从而揭示教育现象和规律。定量分析就是将丰富的现象材料,用数量化的形式表现出来,借助教育统计方法进行处理,描述现象中存在的共同特征并对变量间的关系进行假设检验。定量分析是教育研究走向成熟的重要标志,它常常可以消除一些无谓的争论,验证和确认定性的结论。

5. 教育研究成果的表述

教育研究成果是研究过程和结论的逻辑展开和价值阐释,在分析处理资料的基础上,就可以得出研究结论,只有将研究结论表述出来,才能使研究结论的理论意义和价值得以充分的展示、被人们认识和采用。教育研究结论的获得必须实事求是,不能勉强,来不得半点虚假。一般说来,只要在研究工作上下了真功夫,总可以在已有材料的基础上概括出一些东西来,这样的成果都是可贵的。因此,应注意研究资料的收集、研究资料的鉴别、研究资料的整理、研究资料的分析以及研究结论的获得。

教育研究成果必须按照一定规范表述,才能得以认可、交流和应用。教育研究成果的表述是对某一问题进行探讨、研究后写的具有自己独到见解的研究文章,是研究成果的书面表达形式。它可分为两大类:第一种,实证性的研究报告。其主要形式有实验报告、调查报告、观察报告等,常用的研究报告的基本结构形式如下:导言、研究对象和方法、研究结果、结果的分析和讨论、结论、附录。教育研究报告撰写的基本要求有:① 在科学求实的基础上创新;② 观点和材料一致;③ 在独立思考的基础上借鉴吸收;④ 书写格式符合规范,文字精练、简洁,表达准确完整。第二种,理论性的学术论文。常见的形式有案例、综述、评述、理论性的论文等。学术论文的写作采用议论文的形式,一般学术论文的结构由题目、署名、摘要、关键词、前言、正文、结论(或参考文献)等组成,其中前言、正文和结论是论文的主体。

上述教育研究步骤是按研究进程的顺序排列的,研究工作必须一步一步地按部就班来进行。但是,这并不是说各步骤之间不允许有交叉,更不是说一个步骤做过之后就不准再有反复。实际情况往往是这样,即在进行着前一步骤时就要想到后面步骤的有关事项,而在进行到后面步骤时,如发现前一步骤有不足之处,还得再进行补充。只有这样前后照应,才能取得比较圆满的研究成果。

二、教育研究的价值[①]

随着社会的不断发展,教育变革的要求更为紧迫,教育研究探索教育规律,解决教育问题,推动教育改革不断发展。教育研究是教育发展的核心竞争力,它与教育决策和实践共同构成完整的教育工作体系,其不仅具有较强的理论性,而且具有较强的实践特征,其促进教育知识拓展和教育理论创新、指导教育实践深化和教育质量提高等方面的价值作用也日益突显。教育研究具有描述事实、解释现象、预测趋势和改进工作等基本功能,教育研究的教育价值可以从理论价值和实践价值两个方面加以阐述。

(一) 理论价值

1. 解释教育现象

每一种现象背后都有其固有的原因或根源,对现象背后固有的原因或根源的解释进行清楚的认识、理解和解释,才能揭示出教育的本质与规律,促进教育理论的发展和教育实践的深化。对教育现象科学研究的解释就是理论,即就结构系统及其各结构之间相互关系法则对某一系列现象进行观察所做的解释。

2. 建构教育新理论

教育理论是具有某种逻辑结构并经过教育实践检验的由概念、规律等构成的教育知识体系,是对经验事实的本质概括。教育新理论是一个逻辑上升、认识发展、研究方法创新的过程。巴甫洛夫有句名言:科学是随着方法学上获得的成就不断跃进,方法学每前进一步,我们便仿佛上升了一级阶梯,于是我们就展开了更广阔的眼界,看见从未见过的事

---

① 钱兵.教育科学研究:过程与方法[M].徐州:中国矿业大学出版社,2017:5-7.

物。教育研究的历史表明,教育科学理论是随着教育研究的进程不断完善和发展的,有很多新理论就是从教育实践的视角提出新问题、植根于丰厚的教育实践之中,来自对长期的教育实践的洞察与分析。比如,苏联著名教育理论与实践家苏霍姆林斯基,在其担任帕夫雷什中学校长期间,坚持进行教育教学实践改革、坚持在一线上课,同时以实践为基础深入开展教育科学研究,促使其提出的儿童教育理论为苏联教育实践提供了重要的价值。只有进行教育研究,才能产生新的教育理论,否则新理论也会失去自身发展的源泉和基础。

3. 预测教育发展趋势

没有对教育发展的假设,就没有办法实现教育面向未来,教育研究中的假设是人类认识接近客观真理的方式,是现实的必然,在科学上历来有假设先行的主张,是教育研究的核心和灵魂,是理论思维和科学发现的必由之路。没有教育科学的假设,就无法实现教育面向未来的目标,决策者和执行者必须从纷繁复杂的教育现象中明确未来教育发展的方向,以此制定符合教育实际的决策。预测是以事物发展的规律为依据的,根据事物发展具有相关性和连续性的规律,借助教育科学研究可以发现教育发展的大体趋势和主要特点。教育科学研究已经创造出巨大的包含众多因素在内的教育科学的预测知识体系,这些因素的预测必将对教育的改革与发展产生重大且多样化的影响。

(二) 实践价值

1. 增强教育科学决策

从教育管理的角度,教育研究是教育决策的基础,教育决策如果是仅凭个人的知识经验,容易产生视野狭窄、就事论事,从而缺乏前瞻性和战略性。只有进行科学研究,才能做出科学的判断,提出合理有效的解决措施。教育科学研究既可以用直接的方式影响教育决策,也可以依靠间接的方式影响教育决策。正常的顺序是研究在先、决策在后,而不是先有决策,后续为决策寻找合理性的依据。

2. 促进教育发展变革

教育改革的目的是为了教育事业的发展更符合教育发展的规律,以及国家经济和社会发展的需要。教育研究就是要探究人类知识与价值观念传递过程中的教育现象,发挥理论思维的价值作用,创造性地提出在新形势下富有成效的教育模式,从而揭示教育的规律与特点。教育实践充分证明,教育科学研究已经成为推动教育自身变革和发展的科学依据和直接动力。

3. 推动教师专业发展

教师是提高教育质量的核心因素,提高教育质量须提升教师素养。教育研究过程作为教师素养提升的重要方式,其不仅是教师取得专业地位的关键,也是个体专业成长的重要途径。教师在教育研究中要查阅大量资料,学习新的理论、先进的教育思想和观点,不断更新知识,优化自身知识结构,积极设计课题方案进行教育改革实验,进而对所教学科知识体系全面把握和理解透彻,形成批判性反思意识,提高自身发现问题和解决问题的能力。这不仅有助于教师发现自身价值,提高自身教育教学能力和职业成就感与幸福感,而且有助于教师从经验型向学者型、专家型转化。

4. 提高教育质量

教育质量是教育改革与发展的永恒主题。如果教育没有良好的质量保障和检验标准,教育的进步与发展将无从谈起。当下,教育改革朝纵深方向发展,只有不断更新教育理念,提升师资素养、管理水平,改进教育教学行为等多方面因素才能促使教育更好发展,提高教育质量才能有所保障。要想解决教育领域中的问题,需要建立与现代教育制度相适应的教育科学研究制度、多元开放的教育科学研究体制。

思考训练

1. 请联系实际谈谈你对教育研究的意义的理解和认识。
2. 请用思维导图画出本章知识脉络,并将你认为的重点内容标注出来。
3. 简述教育研究的历史发展脉络。
4. 结合实际,谈谈教育研究的一般过程。
5. 向一位名师调查了解他/她是怎样进行教育研究的。

第二章
教育研究的选题与开题

※ 学习目标

1. 了解教育研究的含义、特点及分类。
2. 理解教育研究的选题原则、来源、评价。
3. 学会教育研究选题及评价、撰写开题报告。

※ 本章导语

研究的起点是一个具体的问题,而不是某个方面或领域[①]。教育研究的起点亦始于问题,而这个问题必须是基于教育现象或社会现象彰显出的、跟教育紧密相关的。选题是教育研究之始端。在教育研究中,选题适恰与否往往会直接影响到教育研究之成效。一个成功的选题往往是事半功倍的。那么,教育研究应该如何选题?或者说,哪些问题可以纳入教育研究范畴?

每一项科学研究都是从发现问题、提出问题开始的,教育研究当然也不例外。选题与开题毋庸置疑成为教育研究的首要任务。审视问题的视角、提出问题的能力,始终是一学者不可或缺的学术素养。如若一名教育研究者不具有独特审视问题的视角和独立提出问题的能力这方面的学术素养,不可称其为学者,即便他或她已然是国内甚或国际专家。学者和专家评价维度不同,学者往往是基于学术水平维度评价的,而专家往往是基于社会声誉维度评价的。因此,在教育研究语境下,这里使用学者更为适恰。教育研究的选题和开题这一章学习目标旨在培养师范生如何选题和开题;如何成为未来从事教育研究的优秀学者,而非其他。

---

① 陈学飞.试谈"什么是好的教育研究"[J].现代教育论丛,2016(6):2-5.

第一节 教育研究的选题

教育研究的选题,是基于对教育活动或社会现象的已有认知或已掌握资料分析基础上,发现问题,并完成从社会问题到科学概念的理性超越,从而确定科学研究的方向和目标的过程。如爱因斯坦所言:"提出问题比解决问题更重要,因为解决问题也许仅是一个科学上的或实验上的技能而已,而提出新的问题、新的可能性,从新的角度去看待旧的问题,却需要有创造性的想象力,而且标志着科学的真正进步。"①

一、教育研究概念、特点及分类

(一)教育研究概念

"研究"旨在通过认识或解释自然或社会现象以探究其真相、性质和规律,具有"求真"和"解惑"之双重属性。那么,教育与研究之间关系是什么?教育的本质是什么?这些前提性问题的回答对于一个初学者来说至关重要,将决定其教育研究价值取向。蔡元培认为教育本质就是"帮助被教育的人,给他能发展自己的能力,完成他的人格,于人类文化上能尽一分子的责任,不是把被教育的人造成一种特别器具"。英国学者斯宾塞也曾提出教育本质是"为未来生活做准备"的观点。从此种意义上理解,我们不难得出这样的结论:教育与研究都关照人的存在。基于此,我们提出教育研究概念内涵是对教育活动或社会现象进行的教育学阐释或规律(包括自然规律、教育规律和人的发展规律)认知,其终极目的在于帮助人如何更好地存在,而以其他任何功利主义目的从事教育研究都是对教育研究之异化。需要提醒的是,对教育本质持有不同见解(或观点)的学者,对教育研究概念内涵的理解和阐释也会不同,甚或存在较大差异。因此,认清教育本质是教育研究的逻辑前提和逻辑旨归。试想一个连教育本质都不明了的人如何从事教育研究?

(二)教育研究特点

教育研究特点主要表征为科学性和创新性之二维性。教育研究不完全等同于教育文章或书籍。目前报刊上发表的教育文章、高等学校生产的教育学位论文、出版社出版的教育书籍、网络平台上发布的相关教育的推文等日新月异。"这样大量的成果产出,有多少可以称之为'研究',或者是真正有价值的'好文章'?有多少仅仅是一般议论性的文章?有多少是低水平的重复性工作?有多少纯粹是文字垃圾?这的确是个问题。为什么会出现这种状况?可能有很多原因,但其中一个重要原因可能是在我们这个领域,我们学界中的不少人,包括一些导师和研究生,并没有把什么是教育'研究'弄清楚,或者说没有把'研

---

① 爱因斯坦,茵菲尔.物理学的进化[M].上海:上海科技出版社,1962:66.

究'与文章的不同搞清楚。其实,充斥教育领域的大多是文章,而不是'研究'。"①那么,在当下"互联网+"时代,大量信息涌入,初学者如何评判一篇教育文章或一部教育著作是否归属于教育研究范畴?它的评判标准又是什么?这些问题的回答显得至关重要。

依据教育研究特点之二维特性,评判一篇教育文章或一部教育著作是否归属于教育研究范畴,也有两个衡量标准。即:

- 它是否具有科学性?
- 它是否具有创新性?

在教育研究语境下,科学性评价标准内含两个评价指标:① 它是不是一个真问题;② 它是否使用了科学方法进行研究。所谓创新即创造(或产出)。对教育研究而言,创新主要体现于科学、技术、方法论三个层面,即科学层面的理论创新、技术层面的技术(或产品)创新和方法论层面的方法(或视角)创新。创新性评价标准亦体现于此三个层面:① 在理论创新层面,看它是否有新的科学(包括自然科学和社会科学)理论被发现;② 在技术(或产品)创新层面,看它是否有新的技术或产品被发明;③ 在方法论创新层面,看它是否使用了新的研究方法(或视角)。

(三) 教育研究分类

根据不同的标准,教育研究可以做出不同的分类,这种分类研究对于我们进一步了解教育研究目的、对象、范围、层次、方法等具有重要的意义。

从方法论层面审视,教育研究可以划分为质性研究(qualitative research)和量化研究(quantitative research)。质性研究属于跨学科领域范畴,它不是来自一种哲学思维、一个社会理论或一种研究传统,而是受到不同的社会思潮、学术理论和研究方法的影响。质性研究强调研究者深入社会现象之中,通过亲身体验了解研究对象的思维方式,在收集原始资料的基础之上建立"情境化的""主体间性"(intersubjective)的意义解释。质性研究只要通过归纳法(不排除过程中采用演绎法),从被研究者的视角形成分析的概念和主题。质性研究旨在理解被研究者的社会行动偏好和思维定式,包含惯常使用的概念、术语和分类范式。质性研究需要对被研究者的行为规则和意义解释的理解经过思维的"过滤",是一种对对方解释的"再解释",最终在"文化主位"和"文化客位"之间形成互动张力。②

而量化研究(又称定量研究)是一种对事物可以量化的部分进行测量和分析,以检验研究者自己关于该事物的某些理论假设的研究方法。量化研究有一套完备的操作技术,包括抽样方法(如随机抽样、分层抽样、系统抽样、群体抽样)、资料收集方法(如问卷法、实验法)、数字统计方法(如描述性统计、推断性统计)等。③ 量化研究一般有6步骤:确立假设—识别变量—选择样本—分析数据—建立变量关系—检验假设。

从研究成效视角审视,教育研究分为基础研究和应用研究。基础研究是为了认识现

---

① 陈学飞.试谈"什么是好的教育研究"[J].现代教育论丛,2016(6):2-5.
② 陈向明.教育研究方法[M].北京:教育科学出版社,2013:229.
③ 陈向明.质的研究与社会科学研究[M].北京:教育科学出版社,2000:10.

象,获取关于现象和事实的基本(原理)知识,而不考虑其直接的应用;而应用研究是在获得知识的过程中具有特定的应用目的①。

二、选题原则

教育研究选题,往往给人一种误解:只要有足够的学科知识背景或实践经验储备,无论什么问题都可以研究。实则不然,"不是所有由研究者的内部动机产生的问题都是合适的"②,并非所有问题都具有研究价值和可行性的。因此,在选题时必须遵循教育研究"范式"原则,诸如价值性原则、科学性原则、创造性原则、可行性原则等。

1. 价值性原则

价值性原则(又称必要性原则),是教育研究选题的第一原则。在教育研究中,选择的研究问题应"通过有意义的方式增加现有的知识或有助于教育的发展"③。关键是选题是否具有理论意义或实践价值,是否为技术上或学科上所提出的亟待解决的问题。选题的应用背景和学科背景要有先进性,任何重复他人工作的选题都是毫无意义的。因此,不是所有问题都可以纳入教育研究范畴,除非在教育理论层面或教育实践层面可以找到研究的必要性。衡量一个研究问题是否有价值,主要看两个方面:一是所选择的问题是否具有学术价值,即能否为教育理论的发展提供新观点、新思路、新经验等;二是所选择的问题是否具有应用价值,即是否有利于解决教育改革实践中的焦点、难点与疑点问题。一个有价值的研究问题,往往兼具学术价值与应用价值。在对其进行研究后,在理论层面能丰富相关研究成果,有利于检验、修正、创新和发展教育理论;在实践层面有利于促进教育教学的变革,促进教育教学质量的提高。④

2. 科学性原则

科学依据,是选题的科学性的判断标准。选题的科学性具体体现于两个方面,即选题有无学术意义;能否解决科学问题。因此,在选题过程中,那些伪科学、纯属荒诞的题目不能列入选题范围。例如:永动技术曾经一度让科学界为之疯狂,企图打破物理学能量守恒定律,发明出改变世界的永动机。随着技术发展与科学验证,人们普遍认为永动技术是伪科学。在教育研究领域,"教育理论对选题起到定向、规范、选择和解释的作用"⑤。

3. 创造性原则

选题的创造性原则是指选题应具有先进性、新颖性、独创性或突破性。创造性,也称为创新性。"选题的创新性并不仅仅限于所选的问题前人没有研究过,它包括很多方面。如果对一个'老问题'的研究采用了新理念、新视角、新方法、新途径、新思路,生成了新经验,积累了新知识,都属于创新性。"⑥也就是说,在教育研究选题时,并非一定要选择前人

---

① 陈学飞.试谈"什么是好的教育研究"[J].现代教育论丛,2016(6):2-5.
② [美]威廉·威尔斯马,斯蒂芬·G.于尔斯.教育研究方法[M].袁振国,主译.北京:教育科学出版社,2010:29.
③ [美]威廉·威尔斯马,斯蒂芬·G.于尔斯.教育研究方法[M].袁振国,主译.北京:教育科学出版社,2010:30.
④ 和学新,徐文彬.教育研究方法[M].北京:教育科学出版社,2013:34.
⑤ 和学新,徐文彬.教育研究方法[M].北京:教育科学出版社,2013:34.
⑥ 和学新,徐文彬.教育研究方法[M].北京:教育科学出版社,2013:35.

未涉及的新问题才属于创新,"旧题新做"毋庸置疑也是创新。在此种意义上讲,遵循创造性原则,教育研究的选题应满足以下三个条件之一,即① 用新方法解决新问题;② 用新方法解决旧问题;③ 用旧方法解决新问题。

选题的创造性原则除了方法论层面的创新外,还应关照产出层面的创造点。产出层面的创造点,也就是我们通常所说的"拟创新点"。教育研究的选题,其实质是基于成果导向(OBE)的,遵循反向设计原则。因此,这个"创新点"是前置于选题的(往往很多研究者会认为没有研究,不知道结果是什么)。那么,创造性原则之创造点(或创新点)如何衡量?创造点(或创新点)是指具有创造性的突出贡献,其评价指标包括:

- 提出新的科学概念。
- 建立新的研究模型。
- 提出新的理论假设。
- 提出新的研究方法。
- 采用新的实验手段。

4. 可行性原则

可行性是指研究问题的选择必须考虑一定的主客观条件,确保各种条件是具备的、可行的,从而保证选题一旦确定,研究工作能够顺利开展。主观条件是指研究者自身具备的知识结构、研究能力、科学品格、兴趣爱好及献身精神等。客观条件是指研究对象必须具备相关的文献资料、协作条件、环境条件、经费保障以及相关的科学发展程度等。研究者应该具备有关的教育基础理论,以及教育统计、评价及数据的处理等方法;否则,对在研究过程中所出现的一些现象就很难做出正确的解析。任何时候都有许多重大的教育问题需要研究①。贯彻可行性原则,要充分考虑各方面条件,扬长避短,善于发挥自己的优势,量力而行,选择那些既有价值又切实可行的问题进行研究。②

三、选题来源

对教育研究而言,选题是至关重要的,选择合适的问题等于提出了好问题。那么,这个"好问题"从哪里来?从何处着手选择一个研究问题呢?教育问题是复杂多样的,从不同的层面、不同的角度、不同的利益相关者需要出发,可以发现很多教育问题。

(一) 基于社会需要选择问题

教育是社会发展的一个重要方面,甚至是社会发展的一个重要条件,教育与社会发展紧密联系。因而,教育研究首要从社会发展需要来发现问题,尤其要发现和提出那些迫切需要解决的重大教育问题。例如:中国特色社会主义教育制度优势及转化为治理效能的实现路径研究;新时代爱国主义教育长效机制研究;职业教育类型特征及其与普通教育"双轨制""双通制"体系构建研究;新时代提升中国参与全球教育治理的能力及策略研究;

---

① [美]威廉·威尔斯马,斯蒂芬·G. 于尔斯. 教育研究方法[M]. 袁振国,主译. 北京:教育科学出版社,2010:29.
② 和学新,徐文彬. 教育研究方法[M]. 北京:教育科学出版社,2013:35.

教育现代化背景下学生美育评价研究;等等①。这些问题都是我国当年经济社会发展面临的重大教育理论和实践问题,迫切需要回答和解决,因而被列为国家重大攻关课题。

(二)基于教育实践选择问题

教育研究的基本目标,就是为了改善教育实践。因此,教育实践应该是教育研究问题选择的重要来源。可以通过对教育实践的调查、访谈等,寻找和发现教育研究的问题。在教育教学过程中,教师时常会遇到各种各样的疑难或困惑,如教师的设想、计划与实际效果之间的差距,教育教学情境中不同价值取向间的冲突与对立,教学中的两难情境,不同的人或群体对待同一教育教学行为的不同看法②,等等。如果我们能够敏锐地捕捉到这些现象或问题,对其进行深入的追问和探讨,或者有计划地对一些现象或问题进行调查,就很容易发现和找到许多值得研究的问题。③

(三)基于追"热点"式选择问题

追"热点"式选题,自古有之,中外皆然。早在欧洲中世纪宗教盛行时期,学者们甚至放弃了科学价值理性取向,而沿着非理性价值取向道路越走越远,甚或有学者研究"一个针尖上能站立几个天使"诸如此类的选题。

追"热点"式选题具有一定的时效性。既然叫"热点",就说明它会随着时间的流逝而变冷。正因为追"热点"式选题的历时特性,决定了其研究成果的短效性。换言之,基于追"热点"式选择问题,其研究成果对社会或学术贡献有限。因此,初学者追"热点"选择教育研究问题,在较短时间内就可以见到研究成果之效益(如社会效益),可以增强从事科学研究之信心。基于追"热点"式选择问题,有利亦有弊,其弊端在于不容易形成完整的研究体系。

此外,还可以通过参加学术会议、学术沙龙、学位论文答辩等进行学术交流,通过思想碰撞、专家点拨发现问题、提出问题。

四、选题评价

提什么问题,选什么题目,最终体现的是一个教育研究者对学术、对实践的理解和关切。这就是明代学者唐顺之所谓的学者"本色"(如下文所述)。一般来说,选题评价有两种,一是基于文献综述的选题评价;二是基于评估问卷的选题评价。

> "秦汉以前,儒家者有儒家本色,至如老庄家有老庄本色,纵横家有纵横本色,名家、墨家、阴阳家皆有本色。虽其为术也驳,尔莫不皆有一段千古不可磨灭之见,是以老家必不肯剿儒家之说,纵横必不肯借墨家之谈,各自其本色而鸣之为言。其所言者,其本色也。是以精光注焉,而其言遂不泯于世。"④

---

① 2020年度全国教育科学规划国家重大招标和重点课题指南[EB/OL]. http://www.eol.cn/news/yaowen/202002/t20200211_1711189.shtml,2020-03-30.
② 郑金洲. 教师如何做研究[M]. 上海:华东师范大学出版社,2005:46.
③ 和学新,徐文彬. 教育研究方法[M]. 北京:教育科学出版社,2013:36.
④ 唐顺之. 唐顺之集:上册[M]. 马美信,黄毅,点校. 杭州:浙江古籍出版社,2014:294-295.

(一) 基于文献综述的选题评价

确定选题前,研究者需要做大量文献综述,包括国内外研究现状、述评。我们要非常清楚地掌握:前人已经做了哪些工作?使用了什么方法?取得了哪些成果?还存在哪些欠缺或不足?否则,我们的选题就会成为一个笑话(例如"他发明了雨伞")。

"他发明了雨伞"

钱钟书先生有一篇文章——《诗可以怨》,其中讲了个笑话:"意大利有句嘲笑人的惯语'他发明了雨伞'。据说有那么一个穷乡僻壤的土包子,一天在路上走,突然下起小雨来了。他凑巧拿着一根棒和一方布,人急生智,把棒撑了布,遮住头顶,居然到家没有淋得像落汤鸡。他自我欣赏之余,也觉得对人类做出了贡献,应该公之于世。他风闻城里有一个'发明品专利局',就兴冲冲地拿着棒连布,赶进城去,到局里报告和表演他的新发明。局里的职员听他说明来意,哈哈大笑,拿出一把雨伞来,让他看个仔细。"

【评析】

这也是一般研究者时常会感到的不安,是不是自己也是这样的"土包子"——因为不了解这个世界,不了解前人的创造,不了解人类几千年文明所积累下来的知识成果,常常自鸣得意、妄自尊大,到头来不过是又一次"发明了雨伞"。

(二) 基于评估问卷的选题评价

美国学者查尔斯·蒂利(Charles Tilly,1929—2008)关于选题评估的问卷,如表2-1。通过查尔斯·蒂利选题评估问卷,研究者可以自评选题是否适切。

表2-1 查尔斯·蒂利(Charles Tilly)关于选题评估的问卷

序号	原文	译文
1	What main questions will your study address?	你的研究如何处理这些问题?
2	What form will the evidence take?	研究中的证据采取何种形式?
3	What are some possible conclusions from the evidence?	从这些证据中可以得出哪些可能的结论?
4	What are the main technical problems you will have to solve?	你将必须解决的主要的技术问题是什么?
5	What are the main conceptual problems you will have to solve?	你将必须解决的主要的概念问题是什么?
6	What are the main theoretical problems you will have to solve?	你将必须解决的主要的理论问题是什么?
7	What are the main practical problems you will have to solve?	你将必须解决的主要的实践问题是什么?
8	Where will you start? Why there?	你的切入点在何处?为什么从此处开始?
9	What form will the final product(s) take?	最终成果的形式是什么?

资料来源:https://baijiahao.baidu.com/s? id=1652616537040443271&wfr=spider&for=pc.

需要说明的是,在教育研究中"选题"意识一直在场(如图2-1)。选题并不只是教育研究的初期工作,"选题"意识应贯穿于整个研究过程,要认真对待教育研究中出现的"异常"和"未料到"的现象,往往由此会引出新的研究题目,改变原定研究方案。因此,"选题"意识是教育研究开题的内在逻辑主线。

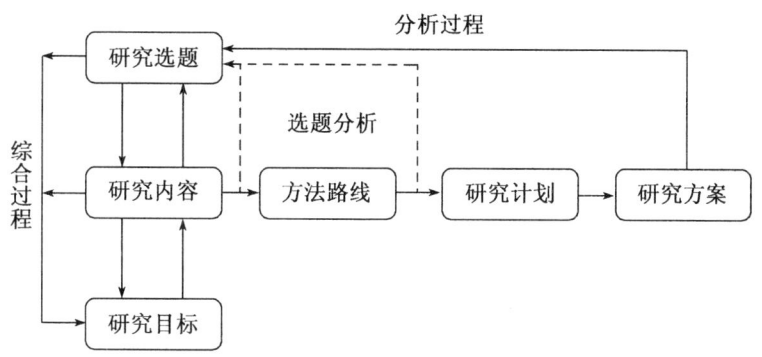

图 2-1 选题在教育研究中的作用

第二节 教育研究的开题

在教育研究中,选题确定后,就可以用书面的形式对问题进行陈述或写开题报告了,即所谓的教育研究的开题。开题是在正式开展研究之前制订的整个课题研究的总体谋划,它初步规划了课题研究各方面的具体内容和步骤,对于整个研究工作的顺利开展起着关键作用。①

一、开题报告的撰写

(一) 开题论证的价值

教育研究开端于选题,一旦选题确定,接踵而来的就是"教育研究的开题"。什么是教育研究的开题? 教育研究的开题是对教育研究选题的逻辑论证。而开题报告作为教育研究开题的载体必不可少。依据教育研究展开的逻辑顺序,接下来要做的任务就是撰写教育研究的开题报告。因学科范式不同,自然学科和人文社会学科研究范式存在较大差别。从宏观层面上看,教育学包含于人文社会科学学科范畴,所以教育研究及其开题报告撰写应遵循人文社会学科研究方式。然而,教育研究的开题也具有其独特学科研究方式,包括开题报告具有自己独特的撰写范式。

---

① 曾小洁. 小学教育研究方法[M]. 北京:高等教育出版社,2015:13.

(二) 开题报告的要素构成

开题报告,又被称为"研究计划"或"研究方案"。因课题要求不同,其开题报告的结构(或程式)也不同。一般来说,一个完整的开题报告应该包括八个要素[①]:① 研究的主题;② 研究的问题;③ 文献综述;④ 研究的假设;⑤ 概念的界定;⑥ 研究设计(包括研究方法、研究视角、研究工作与研究思路);⑦ 研究的时间计划;⑧ 参考文献。在调查研究或实验研究的开题报告中,除了以上八个要素之外,还需要说明有关该研究预期的效度和信度,以及涉及的伦理等。

(三) 开题报告的撰写规范

1. 选题来源说明

选题来源,需要阐释教育研究选题的背景和研究的意义。

(1) 选题的背景

选题背景即提出问题,阐述研究该课题的原因。研究背景包括理论背景和现实需要。

(2) 研究的意义

意义是指通过该课题研究将解决什么问题(或得到什么结论),而这一问题的解决(或结论的得出)有什么理论意义和现实意义。

案例:专业认证背景下基于OBE的师范生能力评价模型及提升路径研究[②]

1. 选题背景

1.1 现实背景

2017年11月教育部印发了《普通高等学校师范类专业认证实施办法(暂行)》,决定开展普通高等学校师范类专业三级监测认证工作。教育部2018年1月在京召开普通高等学校师范类专业认证工作视频会议,部署启动了师范类专业认证工作。河南省教育厅2019年3月下发了《关于成立普通高等学校师范类专业认证专家委员会的通知》(教师〔2019〕127号),启动了师范类专业认证工作。教师专业认证蕴含三重理念,即人才培养以成果为导向、专业发展以学生的真正发展为中心、专业质量的持续改进。因此,在当下师范专业认证如火如荼的大背景下,基于成果导向教育(Outcome-Based Education, OBE)对师范生能力评价及提升路径进行研究是师范院校进行教育教学改革及提升师范生培养质量的最佳契机和着力点。

1.2 理论背景

成果导向教育(OBE)又称为基于学习产出的教育,是美国学者Spady在20世纪80年代提出的,至今已被世界多个国家和地区用于教育实践。成果导向教育注重的是学生

[①] 刘良华. 教育研究方法[M]. 上海:华东师范大学出版社,2014:56-58.
[②] 孟宪乐,孟凡芹等,系省级教改项目(重点项目)之立项课题开题报告。

学完之后能真正做什么,而不是学了什么,强调对学生行为结果的测量。Spady认为:成果导向教育是"对资源和系统的调整,使之清晰聚焦于促使学生在未来生活中获得成功的实质性经验"。成果导向教育的一个重要原则就是反向设计,而反向设计的前提是对成果的清晰界定:我们到底想培养什么样的学生?学生毕业后应当具备哪些技能?学生通过什么样的学习才能成为我们期望的样子?这些都是成果导向教育所要考虑的关键问题。成果导向教育理念中的成果应当是具体、可测量的。也就是说OBE为师范类专业认证背景下师范生能力评价量身定制的立体化范式。

2. 研究的意义

2.1 理论意义

本项目研究在理论层面可为教师教育课程设置与教学改革提供理论支持。

2.2 实践意义

在实践层面可促进教师教育机构完善内部质量控制和提高师范生培养质量。

【评析】

教育研究开端于问题,而这个问题是否合理?选题来源说明(研究背景和意义)即问题存在的合理性依据。如果找不到问题存在的合理性依据,就说明选题是有问题的。这时候可以做几种选择,一是重新选择他题;二是切换视角重新审视问题。

2. 研究进展综述

研究进展综述,又称为文献综述。对教育研究的开题而言,文献综述很重要。只有很清楚别人具体做了哪些研究方面的工作、有哪些创新和不足,我们才清楚自己要做什么、怎么做、为什么这么做。这是我们写文献综述的内在逻辑。文献综述,即查阅相关文章或书籍,将文章或书籍中与本课题相关内容阐述出来。

文献综述应分类阐述。按照研究范围可以划分为国内研究文献综述和国外研究文献综述。按照撰写方式可划分为主题性文献综述和历时性文献综述。主题性文献综述撰写方法,主要包括三个步骤("总—分—总"模式),即首先按照研究主题范围界定文献划分的类别,进而依据主题内容梳理研究进展,最后对现有研究进展进行述评,如前人的研究存有哪些创新、哪些不足,还有哪些空间(或空白)有待进一步研究(或完善)。历时性文献综述撰写方法,也要依循"总—分—总"模式,即首先按照文献发表(或公布)的时间顺序(又称前后顺序)界定文献划分的类别,进而依据历史发展顺序梳理研究进展,最后对现有研究进展做出述评,如前人的研究存在哪些创新、哪些不足,还有哪些空间(或空白)有待进一步研究(或完善)。

案例见第三章第三节文献研究法的应用。

3. 研究假设的提出

在教育研究的早期阶段,洞察力与想象力必定要先发生作用,然后根据事实形成一个初步的假设,这个心理过程就叫作归纳,然后再用数学的或逻辑的推理演绎出实际的推论,并用观察或实验加以检验。如果假设与实验的结果不相符合,我们必定要重新假设,形成第二个假说,如此继续下去直到最后得到一个假说,不但符合于(或如我们常说的能够'解释')最初的事实,而且符合为了检验这个假设而进行的实验的一切结果。这个假说于是可升格到理论的地位,它可以把知识连贯起来或使之简化,也许在许多年内都有用。一个理论很少是符合事实的唯一可能的理论。这不过是一个概然性的问题罢了。事实上,随着新知识的增加,事实本身愈来愈增多,愈来愈复杂,于是理论可能就必须加以修改,甚至由更符合于后来扩大了的眼界的理论所取代。①

案例:高等教育人才培养质量标准体系之研究假设②

众所周知,分析标准化对象是制定标准的逻辑前提,在高等教育标准化系统工程中,标准化对象即高等教育质量。现代标准化理论是以系统论为指导的,认为系统是标准的存在方式。从这种意义上讲,首先系统特性就是标准体系构建应该遵循的基本原则。对高等教育标准化系统而言,除了具有一般系统的基本特性外,还应包含高等教育的发展特性以及标准体系本身的一些特征等。

首先,要确定标准体系构建范式。标准体系结构构建有"自下而上"信息导向和"自上而下"方法论导向两种范式。"自下而上"信息导向范式主要是由下层向上层、由个性标准到共性标准,以此类推,逐层提炼某一层次内的若干标准的共性特征作为上一层次标准。而"自上而下"方法论导向范式是从共性到个性,从总体到部分进行层次分解方法。不难发现,不论哪种构建方法与策略,排在较高层次的标准共性最强,是基础标准;较低层次上的标准个性特征最强,是具体标准。在本书中,主要采用"自下而上"信息导向范式制定高等教育人才培养质量标准体系。

其次,要解决标准体系框架构建的逻辑假设问题。质量标准属于控制范畴,是控制目标的一种表现形式。从控制论视角来看,质量标准可以通过"工作需求和顾客的价值出发来确定"③。美国社会学家默顿(R. K. Merton)认为,社会价值观确定了社会追求的目标,而社会规范界定了为达到目标可采用的手段。在高等教育领域,公众的质量价值观同样确定了公众追求质量的目标,其质量规范界定了为达到目标可采用的手段。

目标是在未来一段时间内要达到的程度,"它既可以从现实出发来预订,也可以根据我们内心的追求来确定"。标准体系是特定组织为实现特定的标准化目标而建立的,属于人造物范畴。对人造体系而言,目标"不仅是它客观存在的根据,而且是它的功能在主观上持续下去的条件"④,因而须使其目的与功能尽量统一。高等教育质量标准体系构建目标在实现之前是一种价值性存在,体现的是一种价值理性。既然目标是标准体系客观存在的根据,"工具"不仅被它的原因所限定,而且通过原因被构造出来。在实践过程中,标准体系的目标通过工具转化为制度性框架即实存的标准体系,这时使标准体系的目标发生了由价值性向工具性转换。

高等教育人才培养质量标准体系目标的确立主要是寻求高等教育人才培养质量的价值取向以及与其相关的事物之间的外在关系。"大学组织的专业特征造成两个相互矛盾的要求,一方面要求增强大学的自主性,减少外界干扰;另一方面要求大学能够有社会良

---

① [英]W. C. 丹皮尔. 科学史及其与哲学和宗教的关系[M]. 李珩,译. 北京:商务印书馆,1975:191.
② 孟凡芹. 高等教育人才培养质量标准体系[M]. 北京:科学出版社,2019:20.
③ 邢以群. 管理学[M]. 3版. 杭州:浙江大学出版社,2013:118,325.
④ 方秋明. 汉斯·约纳斯的责任伦理学述评[J]. 兰州学刊,2003(5).

知,面向社会开放办学,履行不可推卸的社会责任"①。自20世纪80年代以来,国外发达国家在扩大和保证大学自主权的同时,要求提高大学办学的透明度,并提出建立高等教育的社会问责机制。

　　人才培养质量标准反映了人们对人才培养质量的基本价值追求。高等教育人才培养质量标准体系构建则逻辑预设了"质量如何衡量?""质量目标如何实现?""质量如何让公众理解?"三个逻辑问题,三者之间是递进关系,从而使标准体系实现由概念体系向制度体系的转换。第一个问题"质量如何衡量",是一个价值判断问题。在大众化高等教育阶段,日益增多的利益相关者对人才培养质量的需求呈现出多样化趋势,体现在认识论层面上就形成了多元化的质量观。"高等教育质量观可理解为'目标的适切性'(fitness for purpose),这个目标的最低基准就是学术质量标准",而学术质量标准取决于追求质量的价值取向和对标准内涵的阐释②。因此,大众化背景下多元化高等教育人才培养质量观必然导致学术质量标准趋向多样化态势,逻辑关切"质量目标如何实现"的问题。"质量目标如何实现"是高等教育机构提供质量能力的保证,即对其学术质量标准的达成度提供的信誉和保证。因此,高等教育机构必须建立质量意识,树立质量信誉,计划和制定目标适切的内部质量保证和外部质量保证规范。随着高等教育利益相关者群体的不断壮大及其社会影响力的持续增强,高等教育逐渐由社会边缘化向社会中心化转移,高等教育人才培养活动也越来越成为社会问责的对象。如何增加高等教育的透明度,如何使公众理解高等教育等问题是世界各国进入21世纪以来高等教育质量改革面临的一个新挑战。无论是英国还是美国,都在积极探索高等教育人才培养质量"如何让公众理解"等问题,通行做法是将学术标准和质量保证等信息以数据形式统计、分析并发布于社会公共领域,以期搭建公众理解高等教育的平台,构建社会监督机制,完善社会评价体系。

　　"人类认识的直接目的是获得关于事物的规律性认识即'真理',而根本的目的则是以这种规律性的认识去规范人的思想与行为,改变世界的现存状态以满足人对自己的需要"③。它山之石可以攻玉,借鉴外国高等教育人才培养质量标准体系模式经验,以这种规律性的认识来探寻对中国的启示价值。从高等教育系统论层面来看,高等教育人才培养质量应包括学术质量、保证学术水平的管理质量以及人才培养活动实践质量三个层次,恰好符合标准化系统工程理论的标准性质分类规范。因此,根据标准化系统工程理论,依循"质量如何衡量""质量目标如何实现""质量如何让公众理解"的内在逻辑,构建中国高等教育人才培养质量标准体系具有一定的适切性与科学性(如图2-2所示)。

---

① 阎凤娇.建立高校问责制的有效途径[M]//教育部政务公开办公室.《高等学校信息公开办法》读本.北京:高等教育出版社,2011:245-247.
② 李志义.重构中国高等教育质量标准体系[J].中国大学教学,2013(1):4-8.
③ 孙正聿.真理观的哲学视野[J].天津社会科学,1998(4):12-15.

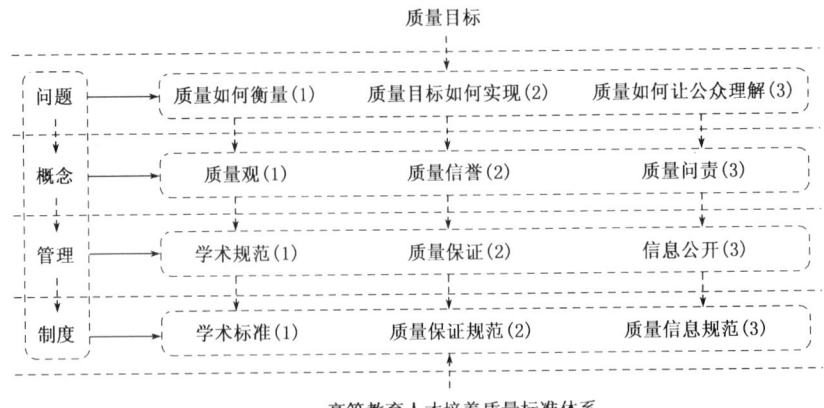

图 2-2　高等教育人才培养质量标准体系逻辑分析框架

【评析】

本案例遵循问题提出—概念形成—理论假设之逻辑规则,这是教育研究从问题到理论、从现象达本质的必经之路。选题类型不同,研究假设的提出路径也不同。

4."拟创新点"的撰写

教育研究的开题,之所以称为"拟创新点",是因为这里所谓的"创新点"是逻辑上预期的,并未实现。教育研究的开题中,"拟创新点"是不同于研究思路的,很多初学者往往将这个"拟创新点"写成研究思路。二者之间存在截然不同的差异。研究思路属于过程性的,是对研究展开的设想和预期;而拟创新点则归于结果性的,是对研究结果的设想和预期。此外,需要说明的是,所谓的拟创新点,必须是从无到有的,是基于教育成果导向的(如范例1、2)。

范例1:专业认证背景下基于OBE的师范生能力评价模型及提升路径研究

预期创新点:

◇ 创新点1:以成果导向教育(OBE)理念为指导,为师范生能力评价进行立体化模型建设,从而保证了这种认证时代教与学方式的科学性及人才培养的效用性;

◇ 创新点2:用保障机制实现师范生能力提升所需的路径选择,为专业认证时代教师教育专业建设提供理论分析框架与重要参照。

范例2:义务教育优质均衡发展对策研究

预期创新点:

◇ 创新点1:明晰义务教育优质均衡发展的内涵和本质。
◇ 创新点2:构建义务教育优质均衡发展对策的模型。
◇ 创新点3:评析实现义务教育优质均衡发展对策的效果。

【评析】

拟创新点是基于成果导向的,遵循成果导向理论之反向设计原则,开题报告是围绕拟创新点的实现而布局。拟创新点的撰写规范不同于创新点的撰写。拟创新点是未实现的、预期实现的成果;创新点是实现了的创新成果。二者在表述上有所不同。

5."参考文献"的格式规范

教育研究属于人文社会科学范畴。人文社会科学类课题的开题报告撰写,尤其是高级别课题开题撰写,都执行 GB/T 7714—2015(如表 2-2)、GB 7713—87 和 CAJ—CDB/T 1—2006 等学术期刊检索与评价数据规范。

表 2-2 文献类型和标识代码(GB/T 7714—2015)

文献类型	标志代码	文献类型	标志代码
普通图书	M	专利	P
会议录	C	数据库	DB
汇编	G	计算机程序	CP
报纸	N	电子公告	EB
期刊	J	档案	A
学位论文	D	舆图	CM
报告	R	数据集	DS
标准	S	其他	Z

教育研究开题报告撰写规范对参考文献的数量、质量也都有一定的要求。例如:硕士学位论文要求不少于 50 篇。其中,外文资料不少于二分之一,近 5 年文献不少于三分之一;撰写要求参见《＊＊＊＊格式规范》。此外,建议采用 NoteExpress 等软件进行文献收集、整理工作并使用 word 插件使用参考文献。

二、开题报告之范例

范例:专业认证背景下基于 OBE 的师范生能力评价模型及提升路径研究[①]

1. 研究的背景和意义

2017 年 11 月教育部印发了《普通高等学校师范类专业认证实施办法(暂行)》,决定开展普通高等学校师范类专业三级监测认证工作。教育部 2018 年 1 月在京召开普通高等学校师范类专业认证工作视频会议,部署启动了师范类专业认证工作。河南省教育厅 2019 年 3 月下发了《关于成立普通高等学校师范类专业认证专家委员会的通知》(教师〔2019〕127 号),启动了师范类专业认证工作。教师专业认证蕴含三重理念,即人才培养

---

① 孟宪乐,孟凡芹等,系省级教改项目(重点项目)之立项课题开题报告。

以成果为导向、专业发展以学生的真正发展为中心、专业质量的持续改进。因此,在当下师范专业认证如火如荼的大背景下,基于成果导向教育(Outcome-Based Education,OBE)对师范生能力评价及提升路径进行研究是师范院校进行教育教学改革及提升师范生培养质量的最佳契机和着力点。

成果导向教育(OBE)又称为基于学习产出的教育,是美国学者 Spady 在 20 世纪 80 年代提出的,至今已被世界多个国家和地区用于教育实践。成果导向教育注重的是学生学完之后能真正做什么,而不是学了什么,强调对学生行为结果的测量。Spady 认为:成果导向教育是"对资源和系统的调整,使之清晰聚焦于促使学生在未来生活中获得成功的实质性经验"。成果导向教育的一个重要原则就是反向设计,而反向设计的前提是对成果的清晰界定:我们到底想培养什么样的学生?学生毕业后应当具备哪些技能?学生通过什么样的学习才能成为我们期望的样子?这些都是成果导向教育所要考虑的关键问题。成果导向教育理念中的成果应当是具体、可测量的。也就是说 OBE 为师范类专业认证背景下师范生能力评价量身定制的立体化范式。

本项目研究在理论层面可为教师教育课程设置与教学改革提供理论支持;在实践层面可促进教师教育机构完善内部质量控制和提高师范生培养质量。

2. 国内外研究现状述评

(1) 关于师范类专业认证核心理念。从 1997 年起,伴随着全美范围教师教育问题的激烈争论,在美联邦政府的大力支持下,美国成立了新的教师教育认证机构——"教师教育认证委员会"(Teacher Education Accreditation Council,TEAC)。TEAC 提出了教师认证的"质量原则"(quality principles),即原则 1:有关学生学习的证据;原则 2:有关有效评估学生学习的证据;原则 3:有关制度化学习的证据。我国学者洪明在《美国教师培养质量保障机制的改革与创新》(2010)一文中指出,TEAC 力图通过特定的教师教育专业鉴定方式来确保教师教育机构自身具备有效的质量监控机制。学者路书红等在《挑战与应对:专业认证时代我国教师教育专业发展研究》(2017)一文中提出,教师专业认证的三大核心理念包括人才培养以成果为导向、专业发展以学生为核心以及专业质量持续改进。

(2) 关于师范类专业认证核心标准。美国是较早进行教师专业标准研发和实施的国家。美国专业教学标准全国委员会(National Board for Professional Teaching Standards,NBPTS)制定的优秀教师专业标准及其认证体系代表了迄今为止最完备、最成熟的专业标准及认证体系。NBPTS 在《教师应该知道什么和应该做到什么》(2011)中确立了"五项核心标准",一是教师应致力于学生的发展和学生的学习核心;二是教师知道所教学科领域的知识以及该学科的教学方法;三是教师负责学生学习的管理和检测;四是教师能够对自己的教学实践进行系统思考并从经验中学习;五是教师是学习共同体的成员。2013 年我国学者陈德云等在《教师专业标准及其认证体系的开发》一文中认为,基于标准的优秀教师认证评估很好地实现了促进教师专业学习和教师表现评价两大功能。

(3) 关于 OBE 成果展现模型。OBE 自出现伊始就受到了广泛关注,各个国家在对其借鉴与实施的过程中,对成果的展现总结出了其各自独特的方法,这些方法在不断的发展与实践中逐渐形成了具有鲜明特点的展现模式,包括 Three-circle 模型、Dundee 模型、布朗大学的"九项能力表"等,而应用最为广泛和成熟的当属 Three-circle 模型(如图 2-3),其他模型都是在此基础上的应用。这三个维度的成果分别代表了三类不同范畴的目标,每个维度的目标之间都是相互影响、相互作用的,外面两个维度的目标是以最里层维度的目标为核心而发展的。Three-circle 模型还强调教学策略和方法在教学中的积极作用,如基于问题的学习方法,该方法倡导学生的积极反思和讨论,能够促进中间圆环"把事情做对"的学习成果的实现,而角色扮演、学生为中心的教学方法则对达成最外面圆环的个人成果目标有更大的促进作用。

本研究在理论层面将丰富师范专业认证时代教师教育理论范式。根据澳大利亚学者 Ingvarson 的观点,师范专业认证标准最重要的途径之一是为专业学习打造更有效的学习方法。在师范专业认证背景下,基于 OBE 的师范生能力评价模型构建可为师范生培养模式提供新的理论范式。本研究在应用层面将完善教师教育质量监测机制,构建师范生能力评价模型,更有效地评估师范生培养质量,提升教师培养质量,促进教师教育持续发展。

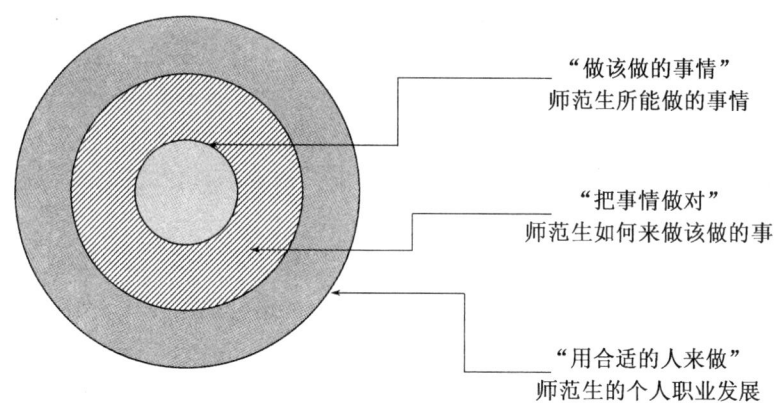

图 2-3　Three-circle 模型

3. 具体研究内容、研究目标和拟解决的关键问题

(1) 研究内容

① 能力指标设计的逻辑体系研究

由于能力指标具有复杂性和多层次性,依据成果导向教育(OBE)理念,成果的设定可以采用"向下设计"的原则(如图 2-4),即首先分析教育需求,根据需求确定培养目标,由培养目标推出毕业要求,再依据毕业要求设置相应的能力指标。能力指标是成果目标的最小元素,是由成果目标一步一步细化和分解而来,它应当是具体的、可测量的、易实施的。能力指标是设置具体课程的依据,能力指标之间既独立又联系,共同致力于毕业要求的达成。

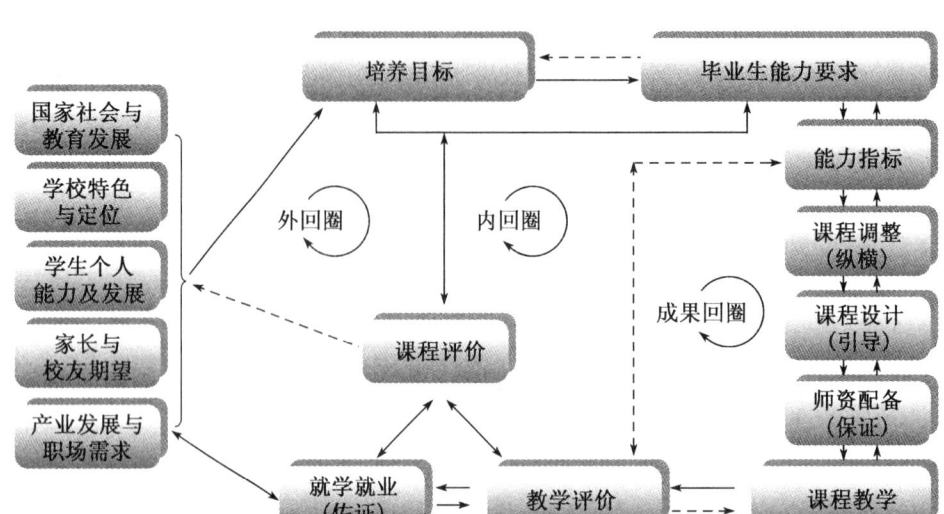

图 2-4　基于 OBE 能力指标设计的逻辑体系

② 能力指标体系阶段定位及模型化表达研究

能力指标体系的确定源于毕业要求对培养目标体系及专业认证标准的定位。在 Three-circle 模型理论指引下,结合培养目标和专业认证标准体系,进行"能力体系确定及表述"工作,工作的结果进行"阶段定位及立体化呈现设计",即将"能力指标"定位在基于标准的专业认证阶段,而在双基之上的能力指标表达则更加强调"该做什么事""用什么方法做事"与"个人职业发展"能力倾向(如图 2-5)。

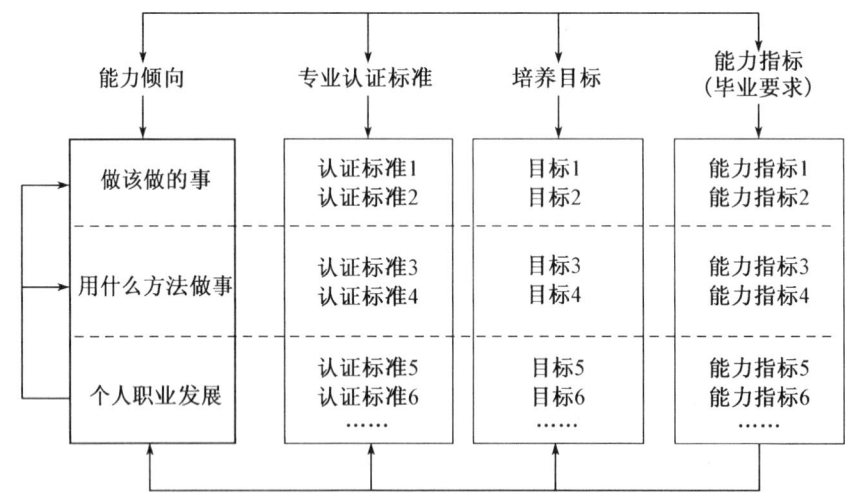

图 2-5　能力指标体系阶段定位及模型化表达

③ 基于 OBE 的教学评价及能力提升路径研究

在前述能力评价模型建设的基础之上,在成果导向教育(OBE)理念的支撑下,开展教学评价研究,以检验基于 OBE 的师范生能力评价的有效性问题,进而对能力标准体系进行修订和验证,并提出能力提升的可行性路径。

(2) 研究目标

以成果导向教育(OBE)理论为指引,构建一个基于能力的立体化人才培养质量评价的理论框架,再依托具体的教学平台,以小学教育专业为例进行探索性实践教学和能力评价,形成一套完整的立体化能力指标体系和提升路径思路,为专业认证背景下教师专业建设提供参考。

(3) 拟解决的关键问题

在专业认证背景下基于成果导向教育(OBE)对师范生能力评价模型及提升路径进行研究,在国内尚无先例,尤其是2017年我国教育部出台的"教师教育专业认证标准"(试行)并未制定新的师范生毕业能力要求,参考样例较少,可谓困难重重。这里拟从教师专业认证"人才培养以成果为导向"的核心理念出发,先基于OBE设计师范生能力指标体系,再结合教学评价平台对能力指标进行评价,并通过培养目标将二者联系起来,使它们既相互联系,又自成体系,协同构成完整的师范生培养新的范式。

4. 实施方案、实施方法、具体实施计划(含年度进展情况)及可行性分析

(1) 实施方案

在专业认证背景下,以成果导向教育(OBE)理论为指导,架构立体化的师范生能力评价体系模型。首先以专业认证中提供的标准和内容体系为基础,经过逻辑分解与体系综合,确定相应毕业要求的目标和内容,并做科学表述;接下来针对毕业要求的目标和内容体系,进行"能力体系确定及表述"工作,对工作的结果进行"阶段定位及立体化呈现设计";再后进行具体能力的确定和表达、多媒体教学的选择和设计,以及评价功能的实现;最后在前述能力评价体系建设的基础之上,在Three-circle模型理论的支持下,开展教学评价研究,以检验基于OBE的师范生能力评价的有效性问题,进而对能力指标体系进行修订和验证,并提出能力提升的可行性路径。本课题的实施路径及逻辑框架如图2-6:

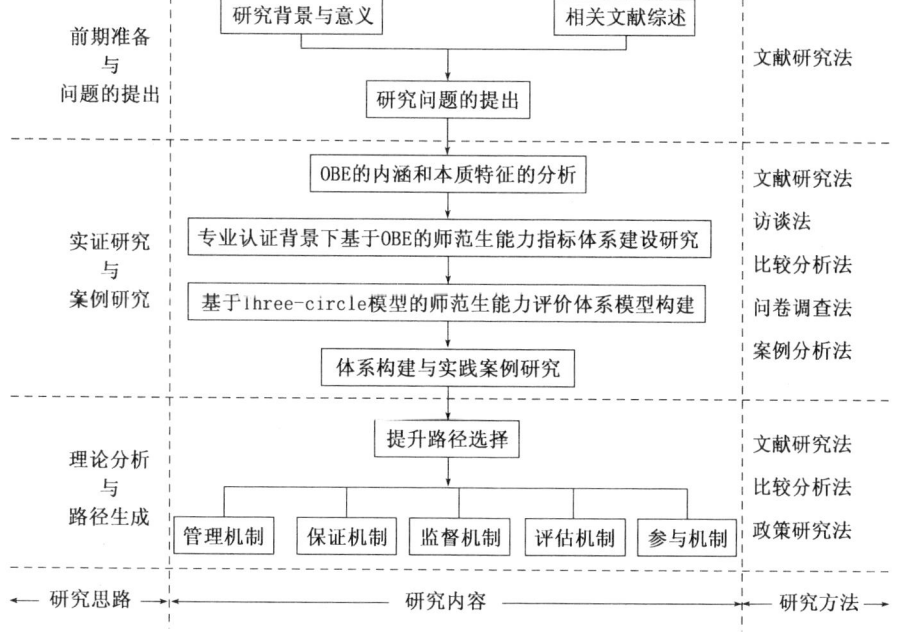

图2-6 实施路径及逻辑框架示意图

（2）具体实施方法

本课题旨在专业认证背景下研究师范生能力评价体系模型构建及其提升路径问题，研究的基本思路为"实证研究，提出问题——理论研究，分析问题——系统研究，解决问题"。

① 文献研究：通过文献调研和分析，掌握国内外有关教师专业认证标准及认证体系研究进展情况，探寻其方法论意义。

② 比较研究：对美国、英国等教师教育专业认证标准及认证体系建设已经取得经验的国家进行研究，探索对我国的启示和借鉴价值。

③ 实证研究：通过专家访谈、调查问卷等方法，对国内教育行业、教育企业、教育机构进行调研，了解国内师范生能力水平现状与存在问题。

④ 系统设计：结合国情实际构建应对教师专业认证的师范生能力评价模型。

⑤ 案例研究：以洛阳师范学院作为实践研究的样本进行实践试点研究，继而扩大研究样本，从而探索构建师范生能力评价体系的实施模式。

⑥ 政策研究：建立政府、高校、行业组织、第三方评估机构等部门既分工又协作的保障机制（提升路径），并将其中的对策和建议呈送到政府、高校、行业组织等部门，征求意见和建议，以使对策和建议更有针对性和可操作性。

（3）具体实施计划

时间安排	任务内容	完成人
年 月— 年 月	能力指标建设的需求分析及能力评价研究	＊＊＊
年 月— 年 月	基于 Three-circle 模型的师范生能力评价模型构建，阶段定位及立体化呈现设计	＊＊＊
年 月— 年 月	基于 OBE，验证和修订立体化能力指标体系建设的有效性	＊＊＊
年 月— 年 月	基于保障机制的提升路径研究	＊＊＊
年 月— 年 月	发表论文，撰写结题报告	＊＊＊

研究计划的制定充分考虑了每阶段需做工作的质量要求，在时间上给予充分保证。项目组成员所在单位的领导能从设备、时间等方面给予大力支持，这将有利于本项目研究计划的实施与及时的信息反馈。

（4）可行性分析（略）

5. 项目预期的成果和效果（包括成果形式、实施范围、受益学生数等）

（1）预期项目成果

中期成果序号	中期成果名称	成果形式
1	基于 OBE 的师范生能力评价模型	论文
最终成果序号	最终成果名称	成果形式
1	基于 OBE 的师范生能力评价模型及提升路径	研究报告

（2）项目成果的预期效果

首先,为师范生"量身定制"全面系统的立体化能力评价体系,为这种专业认证时代的教与学方式及人才培养模式提供"模板"和"样例",助力师范生在学校教学改革过程中发挥更大的作用,进而促进基础教育师资队伍建设的发展。

其次,可为教育职能部门制定中小学教学改革政策时提供参考。待研究取得明显成效后,将研究结论上报省教育厅,以期成果能在区域范围内或全省实施使用相应的数字化教材,切实改进教学效果。

本研究采取案例研究方法,以洛阳师范学院为试点单位,基于成果导向教育理念,实施师范生能力评价体系及提升路径创新研究。预期受益学生达 30 000 人以上。

6. 本研究创新之处

（1）以成果导向教育（OBE）理念为指导,为师范生能力评价进行立体化模型建设,从而保证了这种认证时代教与学方式的科学性及人才培养的效用性。

（2）用保障机制实现师范生能力提升所需的路径选择,为专业认证时代教师教育专业建设提供理论分析框架与重要参照。

7. 参考文献（略）

【评析】

本案例是一省级教学改革项目开题报告,严格按照教育研究的开题规范进行撰写的。包括研究背景（理论背景和实践背景）、研究意义（理论意义和实践意义）、研究内容、研究方法、研究思路、研究计划、拟创新点以及参考文献。

思考训练

1. 简述教育研究的含义、特点及分类。
2. 简述教育研究选题原则。
3. 如何对教育研究选题进行评价？
4. 通过本章学习,自选题目撰写一篇开题报告。

第三章
文献研究法

※ 学习目标

1. 了解文献研究法的含义、特点及其类型。
2. 理解文献研究法的研究方案设计过程。
3. 学会在教育研究中运用文献研究法进行研究。

※ 本章导语

文献研究法（Documentary Research Method），又称为文献分析（Documentary Analysis）。文献研究法是社会科学研究中最基本的方法之一，是对文献进行查阅、分析、综合并力图寻找事物本质属性的一种研究方法[1]。"文献研究的目的是根据问题的需要，对相关文献进行查阅、整理和比较分析，从而找出研究对象的本质属性，研究发现内在联系和内在规律性"[2]。本章主要包括文献研究法的定义、文献研究法的设计、文献研究法的运用三个方面内容。

第一节 文献研究法的含义、特点及类型

文献法是"搜集、鉴别、整理文献，并通过对文献的研究形成对事实的科学认识的方法"[3]，是最基本的一种研究方法。在教育研究中，从确定课题、搜集资料、撰写开题报告，到撰写和修改研究成果，文献研究贯穿整个研究过程的始终。

---

[1] 王学艳. 我国少数民族文献研究的现状与展望[D]. 东北师范大学, 2006:2.
[2] 迟景明. 资源与能力视角的大学组织创新模式研究[D]. 大连理工大学, 2012:6-7.
[3] 叶澜. 教育研究及其方法[M]. 北京:中国科学技术出版社, 1990:175.

一、教育文献研究的内涵

(一) 文献

在国外,"文献"一词,最早是由法国学者保罗·曼特勒(P. Otel)于1905年提出来的。在图书情报(Library and Information Science,LIS)领域,"文献"一词引起了极大的关注,许多学者都将其作为核心概念进行讨论①,阐释"什么是文献"②。Lund 提出了文献构成的"三元结构说",认为文献是由三个同时存在、不可分割、互补的三方面(科技方面、社会角色、精神层面)构成,即包括文献的技术和科技方面、文献的社会角色以及个体和文献之间关系的智力和认知所涉及的精神方面。Lund 把文献定义为"人类使用任何方式、任何手段来讲述、指导、示范、教授或展示所做的任何努力"③。Lund 这一观点在联合国教科文组织关于文献的定义中得到了强化:"文献是指以深思熟虑的知识意图来'记载'或'记录'某物"④。Buckland 则认为,文献与数据、事实、文本、作品、信息、知识、符号等相关,具有物理(材料)性、认知性和社会性三个属性⑤。

在国内,"文献"一词,最早见于《论语·八佾》:"子曰:'夏礼,吾能言之,杞不足征也。殷礼,吾能言之,宋不足征也。文献不足故也。足,则吾能征之矣。'"⑥何晏在《论语集解》中引郑玄注,以"文章"释"文",以"贤才"释"献",认为文献为文章和贤才的集合体。后来南宋朱熹在《四书章句集注》中解释:"文,典籍也;献,贤也。"《虞夏书·益稷》也有相关的引证说明"文献"一词的原意是指典籍与宿贤。宋代马端临在《文献通考》中将文与献,作为叙事与论事的依据:"文"是经、史历代会要及百家传记之书;"献"是臣僚奏疏、诸儒之评论、名流之燕谈、稗官之记录。今人杨伯峻先生在其《论语译注》中也认为,《论语》的"文献"包括历代的历史文件和当时的贤者两项,并在该书后所附《论语词典》中解释说:"文献:典籍和贤人。"可见,我国古代学者普遍将"文献"解释为"典籍和贤人"。

"文献"一词在演变过程中不断变化,时至今日,不再包含"贤人"之意,其偏重于"文",专指典籍。因国内学者对"什么是文献""文献构成要素"的理解存在差异,形成了文献构成的"一元结构说""二元结构说""三元结构说"和"四元结构说"。

(1) "一元结构说"。关于文献构成的"一元结构说",国内学者观点也呈现出不同派别。例如:① "知识本体说",即文献是知识。贺修明认为知识内容彰显文献之根本属性,因此文献内涵体现为"固化在一定物质载体上的知识"⑦。陈光祚也提出"文献就是记录

---

① Buckland M K. Information as Thing [J]. Journal of the American Society for Information Science,1991,42(5):351-360.
② Buckland M K. What Is a "Document"? [J]. Journal of the American Society for Information Science,1997,48(9):804-809.
③ Lund W N. Document, Text and Medium: Concepts, Theories and Disciplines [J]. Journal of Documentation,2010,65(5):734-749.
④ 朱娜娜,马海群,张智钧.文献的现象学定义[J].图书情报知识,2019(2):74-80.
⑤ Buckland M K. Document Theory [J]. Knowledge Organization,2018,45(5):425-436.
⑥ 林申清.文献概念的发展与演变[J].图书情报工作,1989(5):22-25.
⑦ 贺修铭,李必祥,邓光汉,等.社会科学文献检索教程[M].长沙:湖南人民出版社,1986:1.

下来的知识"[①],是固化在一定载体上的知识。[②]"知识载体说",即文献是知识的载体。在《新编图书馆学情报学辞典》中,文献被定义为"记录有知识与其他信息的所有载体"[②]。其他学者观点:文献是用文字、符号或图形等方式记录人类知识的一种信息载体[③];文献是指以文字、图像、符号、声频、视频为主要记录手段的一切信息和知识载体[④];文献是记录有文化(主观知识和客观知识)的一切载体[⑤]。③"知识记录说",即文献是对知识的记录。张欣毅认为,"文献,人类文化信息(或曰知识与情报)在一定的固体物质上形成的记录品"[⑥]。知识信息记录过程的直接产物(即结果物)彰显为文献的本质属性与特征。

(2)"二元结构说"。"二元结构说"又称"知识+载体"论,即"知识本体论"和"知识载体论"二者之结合。学者观点:朱建亮认为文献是"以字符、声像等为信号的,以便于长期保存和广泛传播的物体为信道或载体的人类精神信息的固态品"[⑦]。这里的"人类精神信息"显然是包括在内。

(3)"三元结构说"。学者高家望提出文献构成要素的"三元结构说",即"知识""记录""物质载体"是文献概念的三个基本要素,其中知识与物质载体的统一性是文献的本质属性;并提出文献是"知识与物质载体的融合体"[⑧]之论断。

(4)"四元结构说"。学者陈界提出文献构成要素的"四元结构说",即"知识信息""载体""记录"和"信号"(指显示知识信息的文字、符号、图像、音频、视频等)[⑨]是文献概念的四个基本要素。

综上,关于文献内涵的理解,国内外学者观点存在差异,即使是同一国家的学者,观点也不同。此外,国际标准把文献的内容规定为一切数据,我国标准把文献规定为知识信息[⑩]。《文献情报术语国际标准(草案)》(ISO/DIS 5127)规定:"文献是由某一种数据载体组成的单元,并在载体上、在载体内及依附载体而存贮有指定意义的数据。"在中国国家标准《文献著录总则》(GB 3792.1—83)中,"文献"指称记录知识的一切载体,即把人类知识用文字、图形、符号、声频和视频等手段记录下来的所有资料。随着现代科技的迅速发展,文献的载体愈加呈现出多样化样态。现代意义上的文献,泛指记录、存贮和传递人类信息和知识的一切有形载体,例如图书(M)、报纸(N)、期刊(J)、会议录(C)、汇编(G)、学位论文(D)、报告(R)、标准(S)、专利(P)、数据库(DB)、计算机程序(CP)、电子公告(EB),等等。

---

① 陈光祚.科技文献检索[M].武汉:武汉大学出版社,1987:17.
② 丘东江.新编图书馆学情报学辞典[M].北京:科学技术文献出版社,2006:661.
③ 赖茂生,徐兑敏.文献检索[M].北京:北京大学出版社,1985:17.
④ 黄宗忠.文献信息学[M].北京:科学技术文献出版社,1992:47.
⑤ 傅荣贤,马海群.从文献的本质看图书馆的使命和图书馆学的学科取向[J].情报资料工作,2011(6):5-10.
⑥ 张欣毅.关于文献本质及其定义的再认识[J].图书与情报,1992(3):1-6,34.
⑦ 朱建亮.论文献观[J].图书情报工作,1986(6):5-11.
⑧ 高家望.文献的认识论及其定义[J].图书馆理论与实践,1998(1):3-8.
⑨ 陈界."文献"定义的几个问题[J].中华医学图书情报杂志,2015,24(4):51-55.
⑩ 曹培根,王荣清,钱文明,等.文献检索知识概要[M].南京:南京大学出版社,1992:34.

(二) 文献研究[①]

随着人类文明进程的迅速发展,各学科知识领域都积累了大量的文献。阅读文献(或文献研究),不仅有助于了解某一学科领域发展现状,发现存在的问题,从而确定选题方向,而且有助于为教育研究提供研究方法和论证依据;此外还可以避免重复研究,提高研究质量和效益。可见,文献研究是一种兼具学术性和方法论的研究方法,是研究者企图全面地、深入地了解某一学科知识领域发展水平的中介与路径。因此,有学者将文献研究定义为:主要是指研究者通过系统全面地搜集、查阅、分析与研究问题相关的文献资料,明晰研究现状、问题和发展趋势的一种研究方法。

(三) 教育文献研究

依据前面的文献定义,教育文献是指记录有关教育理论(包括教育科学、技术、管理等理论)和实践(包括教育成果)等教育信息、对教育有一定价值的知识载体。诸如教育文件、图书、报刊文章、研究报告、档案和计算机网络等。熟悉教育文献的主要分布情况,有助于研究工作的高效运行。任何概念都有广义和狭义之分,教育文献研究的概念也不例外。在广义层面上,教育文献研究主要指搜集、鉴别、整理教育文献,并通过对教育文献的研究形成对事实的科学认识的方法[②]。在狭义层面上,教育研究主要是指研究者通过全面地搜集、查阅、分析与研究问题相关的教育文献资料,明晰研究现状、问题和发展趋势的一种研究方法[③]。

二、教育文献的类型

教育文献的类型,存在多种划分方法。依据载体不同,教育文献可以划分为印刷型、缩微型、机读型和声像型。依据文献正式出版与否,教育文献可以划分为正式文献和非正式文献。依据文献的加工程度,教育文献可以划分为零次文献、一次文献、二次文献和三次文献。依据文献载体归属地不同,教育文献可以划分为国内文献和国外文献。基于实用性原则,下面着重对后两者划分类型做进一步说明。

(一) 依据加工程度分类:零次文献、一次文献、二次文献和三次文献

1. 零次文献

零次文献(又称第一手资料),是指某些事件、行为、活动的当事人所撰写的第一手资料,包括未发表付印的书信、手稿、个人日记、教师日志、笔记以及各种原始记录等[④]。零次文献,未在社会上公开,仅为个人或组织内成员使用;有些是个人习惯,有些是工作需要,并非都为科研而撰写。零次文献,往往能够真实、详细且连续性地记录各种事

[①] 和学新,徐文彬. 教育研究方法[M]. 北京:教育科学出版社,2013:66.
[②] 叶澜. 教育研究及其方法[M]. 北京:中国科学技术出版社,1990:175.
[③] 和学新,徐文彬. 教育研究方法[M]. 北京:北京师范大学出版社,2015:66.
[④] 和学新,徐文彬. 教育研究方法[M]. 北京:北京师范大学出版社,2015:69.

件的过程或作者的思想认识,是进行教育科学研究的珍贵资料,常为诸多学者所关注。因此,在教育研究中,零次文献往往因其具有零散、不系统、不公开交流等弊端而难以获得。

2. 一次文献

一次文献(又称原始文献),是作者以本人的经验、研究或研制成果为依据而撰写并公开发表或交流的文献。一次文献是文献的主体,是最基本的信息源,包括专著、期刊论文、会议文献、研究报告、档案资料等。

一次文献具有原始性、创造性和分散性的特点。一次文献的原始性是指作者的原始创作和首次发表。一次文献的创造性是指它是作者经过搜集资料、综合分析的研究所得,其中往往蕴含着新观点、新发现或新技术,具有很高的直接参考和借鉴使用价值。一次文献的分散性是指其形式多样,且其成果都是个别形成的,在内容上比较分散,不够系统。①

一次文献一般是指直接记录的事件、研究成果、新知识、新技术的专著、论文、调查报告等文献。撰写一次文献的作者,不一定是事件、活动的亲身经历者,他们通过访谈或阅读零次文献、参考和引用他人资料,从而获得信息,撰写出专著、学术论文、学位论文、研究报告、会议论文等研究成果。一次文献内容比较新颖、详细、具体,具有较高的参考价值,是人们参考学习的最主要的文献信息源和检索对象。

3. 二次文献

二次文献又称检索性文献,是对一次文献进行加工整理或摘录内容要点,并按一定原则、方法或体例编排的、系统的、便于查找的文献,诸如文摘、索引、题录等。二次文献的特点主要体现于汇编性、系统性和检索性等方面。二次文献是对一次文献的概括和有序化,其存在的价值性在于存储和报道一次文献线索,为查找一次文献提供有效路径。"作为人们打开一次文献信息宝库的钥匙,二次文献极大地减少了人们查阅一次文献所费的时间,提高了科研效率。"②

4. 三次文献

三次文献又称参考性文献,是在利用二次文献检索的基础上,对一次文献进行系统的整理并概括论述的文献③。可以分为综述研究和参考工具两类。综述研究包括动态综述、学科总结、专题述评、进展报告等;参考工具包括年鉴、手册、词典、百科全书等。三次文献的特点主要体现于概括性和实用性两个方面。三次文献的概括性是指其不同于一次文献的原始性,也不同于二次文献的客观性、报道性,而具有主观综合的特点。它对大量分散的有关文献进行搜集,并对其进行分析、综合和评价,最终以简练、概括的文字呈现出研究结果。三次文献的实用性在于他人可以通过其便捷地了解某一领域的研究进展或某一方面的知识,具有很高的参考、借鉴和使用价值。

综上,四种文献之间的辩证关系可以概括如下:零次文献是一次文献的素材,而一次

---

① 和学新,徐文彬.教育研究方法[M].北京:北京师范大学出版社,2015:69.
② 邵光华,张振新.教育研究方法[M].北京:高等教育出版社,2012:69-70.
③ 杨小微.教育研究的原理与方法[M].上海:华东师范大学出版社,2002:216.

文献则是二次文献、三次文献的来源和基础①。

(二)依据文献载体归属地分类:国内文献和国外文献

1. 国内文献

如何理解"国内文献"范畴？这是很多初学者感到非常困惑的问题。关于"国内文献"的界定无外乎有三种主张：① 基于语言学的界定，"国内文献"泛指中文文献。② 基于作者国籍的界定，"国内文献"是指国内学者创造的文献。③ 基于文献产出归属地的界定，"国内文献"是指在国内公开或发表的文献。目前，学术界公认程度比较高当属第三种主张，即基于文献产出归属地的界定。

2. 国外文献

那么，如何理解"国外文献"范畴？这同样也是很多初学者感到非常困惑的问题。关于"国外文献"的界定也无外乎有三种主张：① 基于语言学的界定，"国外文献"泛指外文（除中文外）文献。② 基于作者国籍的界定，"国外文献"是指国外学者创造的文献。③ 基于文献产出归属地的界定，"国外文献"是指在国外公开或发表的文献。目前，学术界公认程度比较高的是第三种主张，即基于文献产出归属地的界定。

需要说明的是，在同一研究中，国内外文献的界定方式应该是同一的。

三、教育文献研究法的含义和特点

(一)教育文献研究法的含义

教育文献研究法指的是通过收集、鉴别、整理和分析研究各种现存的教育问题有关文献资料，从中选取信息，形成对教育事实的科学认识，以达到某种教育研究目的的一种研究方法。它所要解决的问题是如何在浩如烟海的文献群中选取适用于课题的资料，并对这些资料做出恰当分析和使用。

教育文献研究法是一项经济且有效的信息收集方法，与其他研究方法最显著的不同在于研究者不与研究对象直接打交道，而且间接地通过各种文献获得信息，所以它又被称为"非接触性研究方法"。

(二)教育文献研究法的特点

教育文献研究法的特点主要体现于三个方面：① 超越时空限制。不借由文献研究，研究者自身经验和认识往往因时空限制而呈现出某种片面性和局限性；借由文献研究，纵向维度可以访问先贤的思想和实践，横向维度可以了解国外学者的研究进展，突破时间和空间的限制。② 经济成本较低。文献研究，只要能找到与研究相关的文献，便可开展。相比于调查、实验等研究方法，文献研究投入经济成本较低。但这不等于说，文献研究不需要投入时间（或精力）成本，反之，更需要研究者秉持科学、严谨的研究态度，投入更多时

---

① 陈氢,陈梅花.信息检索与利用[M].北京:清华大学出版社,2012:13.

间和精力。③ 研究效率较高。文献研究是在既有研究成果基础上进行的研究,是获取知识的捷径。它一般不需要大量研究人员,不需要特殊设备,可以用较少的人力、财力和时间,获得比其他研究方法更多的信息。因此,它是一种高效率的研究方法。由于文献研究的以上特点,它在各学科中都是最基本、应用最广泛的研究方法。

第二节 文献研究法的设计

文献研究法的设计,即制定文献研究方案,一般来说,主要涉及四个方面内容,即要找什么资料、到哪里去找资料、如何找资料、找到资料后如何处理。

一、文献查找原则:要找什么资料

明确文献研究法在本项研究中是作为一种独立的研究方法,还是作为辅助的研究方法,这会直接影响文献收集、整理、解读及分析的侧重点和方法。根据研究目的和问题,进行文献收集、描述的范围必然不同。"教育文献搜集就是通过一定的途径和方法从大量的教育文献中查找对特定教育问题研究有价值的文献资料的过程。"[1]教育文献搜集的首要工作就是要确定自己的研究目的和问题。为此,必须对研究课题进行认真的分析,明确自己准备检索的课题要求与范围,确定所需文献的类型、内容、作者、时段等,同时选择好检索工具、检索途径和检索方法。

对于文献研究法而言,无论对哪一种文献进行研究,其研究的过程都是相似的,都要遵循一定的程序和准则。在教育研究中,文献查找应遵循针对性、时效性、系统性、全面性和选择预见性之五原则[2]。

(1)针对性。根据课题研究的目的和任务,有针对性地确定关键词,确定搜集文献的范围和重点。选择与课题紧密相关的文献资料。

(2)时效性。在开展课题研究前,应了解和分析与本课题相关的历史、现状及趋势,选择与课题研究内容有借鉴意义的时间阶段。即在时间跨度上,是选择问题的由来和发展历程的文献资料,还是选择某一时段出版或发表的文献资料,或者兼而有之。

(3)系统性。文献资料的收集力求系统、连贯和完整。可从两方面考虑:一方面,在知识结构上,兼顾主题或学科的纵向研究深度与主题之间、学科之间的横向联系。另一方面,主题提出的历史背景、时段和应用使用范畴,考虑主题的来龙去脉问题。

(4)全面性。除上述时效性和系统性之外,这里的全面性强调的是力求搜集与课题相关的各方面的文献资料。针对主题观点的正面、负面资料,中文、外文资料,或者地域性等多方面收集资料。在充足而丰富的文献资料基础上做分析、综合研究,使研究更为客观

---

[1] 孙杰远.教育研究方法[M].北京:高等教育出版社,2016:64.
[2] 孙杰远.教育研究方法[M].北京:高等教育出版社,2016:66.

全面。

（5）选择预见性。选择预见性有两层含义：一是在搜集文献资料时，要分析判断哪些是具有典型性、高质量、作用大的资料，选择这些资料对研究工作具有参考、指导、启发和佐证的价值。二是在搜集文献时，要善于预见和判断所研究的主题当前达到的水平，预见新的发展动态和趋势。

二、文献检索路径：到哪去找资料

（一）文献查找方法

查文献时最好是从中文开始，然后是外文文献。主要有以下几种方法：

（1）根据文章出处，在图书馆查找原文①。

（2）如果学校或单位有CNKI、维普、万方数据库，使用关键词、期刊名称及卷、期、年等信息输入即可检索到中文文献。

（3）对于自然科学来讲，英文文献检索，可以搜索NCBI、Elsevier、Springer等数据库，这些数据库可以提供很多的文献资源。

（4）如果所在单位没有购买这些数据库，可以尝试去相关杂志网站搜索文章。

（5）通过百度学术、Google学术搜索（scholar.google.com）来查询。

（6）请所在的研究所、图书馆的管理员帮忙从外面的图书馆文献传递，不过有的文献可能是收费的。

（7）到网络资源上免费求助，如去学术资源论坛求助获得文献。

（二）常用的数据库

在检索论文资料过程中，常用的数据库包括中文数据库类和外文数据库类两种。

1. 中文数据库类

- 中国知网（CNKI），http://www.cnki.net/index.htm
- 维普，http://www.cqvip.com/
- 万方，http://www.wanfangdata.com.cn/

2. 外文数据库类

- Science direct，http://www.sciencedirect.com/
- Blackwell，http://www.blackwell-synergy.com/
- Springer，http://www.springerlink.com/home/main.mpx
- Wiely，http://www.interscience.wiley.com/
- NCBI，http://www.ncbi.nlm.nih.gov/sites/entrez?db=PubMed
- Stanford，http://highwire.stanford.edu/

---

① ［美］威廉.威尔斯马,斯蒂芬·G.于尔斯.教育研究方法[M].袁振国,主译.北京：教育科学出版社,2010：50.

(三)常用的搜索引擎和网址

1. 搜索引擎推荐
- 谷歌,http://www.google.com
- 百度,http://www.baidu.com

2. 网址推荐
- 中国教育科研网,http://www.cernet.cn
- 中国期刊网,http://www.chinajournal.net.cn
- 中国出版物之窗,http://www.cibtc.com.cn
- K12中国中小学教育教学网,http://www.k12.com.cn
- 中国基础教育网,http://www.cbe21.com
- 华东师范大学图书馆,http://www.lib.ecnu.edu.cn
- 北京师范大学,http://www.bnu.edu.cn
- 中国人民大学书报资料中心,http://www.confucius.cn.net
- 北京图书馆,http://www.bta.net.cn/lib/tushu.html
- 香港教育网,http://www.education.org.hk
- 台湾教育网,http://140.111.1.22/index.shtml
- 台湾师范大学网,http://www.ntnu.edu.tw
- 联合国教科文组织,http://www.unesco.org/unesco
- 美国教育部,http://www.ed.gov

三、文献检索方法[①]:如何找资料

1. 顺查法

按照时间范围,以所检索课题研究的发生时间为检索起点,按事件发生、发展的时序,由远及近、由旧到新的顺序查找。

2. 逆查法

这种方法与顺查法相反,即按事件发生、发展的时序,由近而远、由新到旧,按逆时序向后查找。多用于新文献的搜集。

3. 引文查找法

引文查找法,又称跟踪法,是以已掌握的文献中所列的引用文献、附录的参考文献作为线索,查找有关主题的文献。这种方法的优点在于文献涉及范围比较集中、方便,并可放大搜索范围。缺点是受原作者研究目的的不同,使得所引用资料有所偏好,引用资料受限。

---

① 孙杰远.教育研究方法[M].北京:高等教育出版社,2016:65-66.

4. 综合查找法

以上三种方法交替使用，做到取长补短、查缺补漏的效果。

四、文献分析：找到资料后如何处理

文献分析是将搜查后的文献根据主题遴选，对内容进行去粗取精、去伪存真的整理的过程。遵循原则：① 做好文献目录登记；② 关注重点文献；③ 及时记录有用信息；④ 尽量收集第一手资料。

一般先进行初步整理，然后进行精细整理加工。文献资料的初步整理包括目录登记、分类保存和重点查阅。做文献资料的目录登记，要求尽量完整和准确，做好标记，便于携带、保存、分类、归纳、查找和使用。文献资料的精细整理加工包括写评语做记号、做简要记录、编写摘要和写综合评论。

在文献整理的过程中，需要对文献进行选择性的阅读。阅读是针对文献内容，需要讲究一定的策略，比如，由浅入深、先多后少、先中文后英文的方式，或由点到面、边看边查、不断查新的方式，或者多数文章看摘要、少数文章看全文；集中时间看文献、选取重要的文献精度；在阅读中做好摘录或复印，对有用信息进行归类和总结等。

文献整理的具体方法主要是运用逻辑的分析、判断、推理、综合和辩证思维等方法，从文献资料中做出一些事实判断，或归纳概括出某些规律或原则，也就是做出结论。常用的方式有如下四种：① 归纳法。从文献记载的同类事实中归纳出共同点或规律性的东西。② 演绎法。根据文献资料和其他线索已经证实的事理，推导出与文献记载有关的结论。③ 比较法。通过对已有文献记载人物、事件、时间、地点等线索的比较，确定某些事实。④ 辩证分析。对文献内容的历史发展、演变进程和相互之间的关系进行辩证分析，得出关于事实或原理的全面、系统的看法。

第三节 文献研究法的应用

文献研究法主要指收集、鉴别、整理文献，并通过对文献的研究形成对事实的科学认识的方法[1]。教育文献研究法的应用一般包括四个基本环节：① 确定课题或问题，考虑课题的价值性、创新性和可行性；② 收集文献，利用学校图书馆和互联网等渠道收集文献资料；③ 整理文献，包括文献资料的鉴别与分类保存；④ 综述文献，综合分析文献资料，形成研究结论，最终研究结果通常以文献综述的形式表现。文献研究法既可以作为一种单独的研究方法运用于其他学科，同时也可作为其他研究方法的基础。[2]

---

[1] 韩建萍.文献研究法在高校历史教学中的运用[J].喀什大学学报,2017,38(6):106-109.
[2] 王学艳.我国少数民族文献研究的现状与展望[D].东北师范大学,2006:2.

一、在文献综述中的应用

文献综述通常包括如下结构：

（1）对研究问题和文献综述目的的概述。

（2）所研究问题或者理论的历史发展。

（3）文章的主要类型（按照思想流派、变量、背景、研究范式或者其他维度的分类）。

（4）文章的评判性回顾。

（5）立场和研究发现的不同与相同之处。

（6）当前立项状态，包括知识之间的分歧。

文献综述不能仅仅包括从文献中提取的问题；它是对文献的连贯的总结和概括，应尽量少使用直接引用。作者应对引用的文献进行阐释，以增强其意义和文献综述的流畅性。[1]

案例：小学生生态文明行为培养现状及对策研究[2]
——以烟台×小学为例

1. 国外文献研究现状

（1）生态文明行为培育的发展状况

环境教育是20世纪60年代兴起的，作为生态文明教育的基础，随着工业文明的不断进步，发达国家为了追求片面的经济利益，使得当时的环境问题愈演愈烈。1962年莱切尔·卡逊在《寂静的春天》中表达了人类要创造文明，务必要一并解决过程中产生的一切环境问题。这唤起了人们对加强环保行为的反思，引发各国将关注的焦点集中到环境教育。

20世纪80年代，"负责任的环境行为"[3]一词由Hungerford和Hines提出，他们认为，以个人价值观和责任意识为基础的环境行为，可以用来减少甚至解决现有的环境问题。前者将环境行为进行剖析，将其分为法律等五类行为。马克思在早年，便在他的著作《资本论》中提及了生态文明的问题，指出生态文明就是人与自然的和谐共处关系；强调了人与自然的和谐辩证统一的关系，彼此之间是相互影响与作用的，例如，人在改造环境的同时，环境也在影响着人类。

1989年，随着国际社会目光继续对环境问题的关注，教科文组织还把美国制定的环境教育的教学大纲，列入中小学生态教育课程的重要参考资料中，并向全世界推广绿色教育。在这方面，亨格福德等研究者最先向人们展示了生态文明课程的理论，其重点是教导人们熟悉日常生活中的生态经验，提高人们生态文明行动力。而推动生态文明教育迈进新阶段的标志性事件，是在南非举行的全球可持续发展会议。所以，在1992年，联合国在

---

[1] [美]威廉·威尔斯马,斯蒂芬·G.于尔斯.教育研究方法[M].袁振国,主译.北京：教育科学出版社,2010：69.

[2] 朱姝晓.小学生生态文明行为培养现状及对策研究[D].鲁东大学,2019：4-6.

[3] Hines J. M., Hungerford H. R., Tomera A. N. Analysis and Synthesis of Research on Responsible Environmental Behavior：A Meta-Analysis[J]. The Journal of Environmental Education,1986,18(2)：1-8.

环境与发展会议上通过了《21世纪协议》,从此,生态文明的教育时代开始了。

(2) 各国成功的实践措施

在塑造小学生的生态化行为方面,世界各国都为此做出不同层面的努力,为我国提供了方法上的具体学习和思路上的借鉴。

第一,完善生态环境教育立法工作。一方面是在相关法中对生态环境方面提出要求,这种立法方式较为普遍;从另一个角度而言,通过专用的法律规定公众的行为模式,像美国在早期就通过了《国家环境教育法》来为青少年的生态文明行为的培养进行促进和指导。

第二,开展绿色学校计划。作为欧盟绿色学校计划起步最早的国家,英国在环境教育的已有基础上,融合了学校管理与课程教学,以促进社会各层面的可持续发展。目前,绿色学校计划的广泛应用与效果已经得到国际学界与专家的认同,2017年,我国在党的十九大报告中明确提出要求实施"绿色学校"行动计划。

第三,注重交叉学科生态理论的渗透教育。2013,瑞典颁布了关于义务教育阶段的文件,特别指出要在基础教育阶段实施生态理念渗透的跨学科教学,其中二分之一左右的课程涵盖了环境和可持续发展教育。另外,新的《环境教育指导大纲》,由北美环境教育协会制定,此大纲指出,美国的生态文明教育是可以采用渗透综合的课程模式,来培养学生的自觉性。

第四,注重家庭、学校和社会的协作。众所周知,国外的生态文明教育培养中,主要以家庭的教育为主。在德国,每个家庭都有5个垃圾桶。在日本,专门设有一个家长协会,具有维持学生生态文明行为一致的功能,例如配合学校组织每个月资源的回收工作。

综上可知,在对国外文献梳理的过程中了解到,国外对生态课堂教学和学校实践等方面的研究起步早,我国的小学生生态文明教育便获得了基础样板。

2. 国内文献研究现状

我国的生态文明研究发展整体呈现滞后状态,20世纪70年代,生态环境问题已逐渐被纳入研究范围。我国在1973年为加强国内的环境建设,出台了《关于保护和改善环境的若干规定》。紧接着在1994年,《中国21世纪议程》白皮书也相继出台,文件强调了关于我国公民生态文明行为培养的教育发展方向。过了四年,国家环境保护总局和教育部对公民进行了关于生态文明状况的调查,来进一步加强公众对于生态文明的自我认知。调查结果证实,我国公民的生态观念不足,公民缺乏对于生态的保护意识,国家有必要提出更多措施来改善公民的生态意识。

(1) 生态文明的概念研究

在我国,关于生态文明的概念有很多阐释。21世纪初期,尚玉昌和余顺慧分别出版《行为生态学》,但他们更侧重研究生物的各种生态行为表现。在此之后,在《公民生态行为规范论》中,刘新庚和曹冠平针对生态法律规范、日常生态常规等问题进行了细微的讨论,规范了公民生态行为的要求并梳理了各方面关系。此外,在利用和改造自然环境的过程中,为了维系人与生态环境的和谐关系,叶谦吉学者的观点更注重对自然环境的爱护与维持。另一方面,刘月笙指出了生态文明的相关概念,并确定它为社会发展新阶段必然出现的一种新的社会文明形态。

从狭义方面来进行理解,杨志华和严耕学者则认为应该将生态文明行为的培养重点放在学校教育中,在发展生态文明的大背景下,认为人们应该遵循科学发展观的科学指导,来正确认识生态文明并逐步培养具有生态意识的创新性和实践性的专业人才。另外,针对环境行为进行了阐述,环境行为就是行为者对于环境行为的影响,以及人与人、人与社会互动时对环境产生影响的行为。余国良等教育专家认为:提高当前公民生态意识的前提,重点在于对新生代力量的行为塑造。

(2)生态文明行为理论研究

中国文明源远流长,形成了蕴含丰富的生态文化理念,包含了古代先贤们对人类自然家园发展的深思。先秦时期,儒家《论语》的天人合一和《老子》追求自然的思想都是生态文明的传统认识论的精髓集成。最具代表性的是王夫之提出的知识与实践须相辅相成,并达成一致性的观点,在之后的中国古代生态文明行为与意识研究中,这种观点被普遍接受。这些观点均对我国进行的生态文明教育和对于人生态文明行为的培养产生积极影响。

(3)生态文明行为培养研究

20世纪末,我国出台了《全国环境宣传教育行动纲要》,纲要中指出中国未来的发展需要依照不同发展阶段的特点来依次展开,使生态文明教育成为素质教育的一部分。进入21世纪之后,国务院为加强生态文明文化等方面建设,下发了新的政策文件。此外,第十九次全国代表大会的报告明确指出了保护生态环境的责任,需要我们这代每个人的共同努力。

从生态文明行为具体培养办法的角度来看,学者如郑世英等人提倡学校可以选择渗透式教学法,促进学生对生命有敬畏感的公德观念。在刘经纬等相关学者的不断建议之下,生态文明行为的教育应该按照"全国统筹,家校社三位一体"的教育模式。这些研究为本文奠定了理论基础,但小学教育中对生态文明行为培养的具体研究依然较少,对小学生生态文明行为的研究还有待于深化。

【评析】

教育文献研究法往往被广泛地应用于教育研究进展分析,即文献综述。本案例充分展示了文献研究法在文献综述中的应用情况。首先对文献进行了分类,依据国内文献和国外文献、理论文献和实践文献之分类标准对相关文献进行阐释。在文献综述中,采取文献研究之主题模式,且在每一主题下又按照时间顺利对现有文献进行分析。最后对文献进行言简意赅地评析,彰显开展此课题研究之必要性和价值性。

二、应用 Citespace 软件分析

"互联网+"时代,信息大爆炸,学术领域也不例外。如何从浩如烟海的信息中找寻合适的参考文献?当下,提高信息素养已成为每一个教育研究者之必修课。Citespace 是一款应用于科学文献中识别并显示科学发展新趋势和新动态的软件。因此,将 Citespace 软件应用于教育文献研究中,可以识别并显示教育发展新趋势和教育改革新动态。需要说明的是,教育研究需要借助于其他学科的研究方法,小学教育研究也不例外。

案例:关于高等教育质量标准研究主题分析[①]

1. 应用 Citespace 软件分析

应用 Citespace 软件量化分析发现,自 20 世纪 90 年代中国学者开始关注高等教育质量以来,高等教育人才培养质量标准研究主题呈现多样化趋势(如图 3-1)。以检索条件为"高级检索"+"主题"+"精确"进行检索,在 CNKI 中国期刊全文数据库、万方学术论文数据库检索"高等教育质量标准"相关主题文献 342 篇,经过对文献去重之后,有效文献 261 篇,硕士学位论文 20 篇,博士学位论文 0 篇,分布时间段为 1994 年至 2013 年(检索时间截止为 2014 年 2 月 18 日)。以 2002 年中国高等教育进入大众化发展阶段为时间节点,将时间跨度分为两部分,分别是 1994—2001 年和 2002—2013 年,这也是中国高等教育发展过程中精英教育和大众化教育阶段的分野。2002 年中国高等教育毛入学率达到 15%,开始进入了大众化发展阶段;从文献数量上看,中国关于高等教育人才培养质量标准研究文献从 2002 年开始大量涌现,并一直保持持续升温的态势;从文献被引频次看,最高被引频次的经典文献也是产生在 2001 年和 2002 年这两年(如图 3-2),这是中国学者对高等教育大众化特征的理性认知以及质量关切和大众化憧憬的产物。[②]

图 3-1 关键词共现知识图谱(1994—2013)

[①] 朱泓,孟凡芹.关于高等教育质量标准研究主题分析[J].大连理工大学学报(社会科学版),2014,35(4):73-77.

[②] 孟凡芹.高等教育人才培养质量标准体系[M].北京:科学出版社,2019:11.

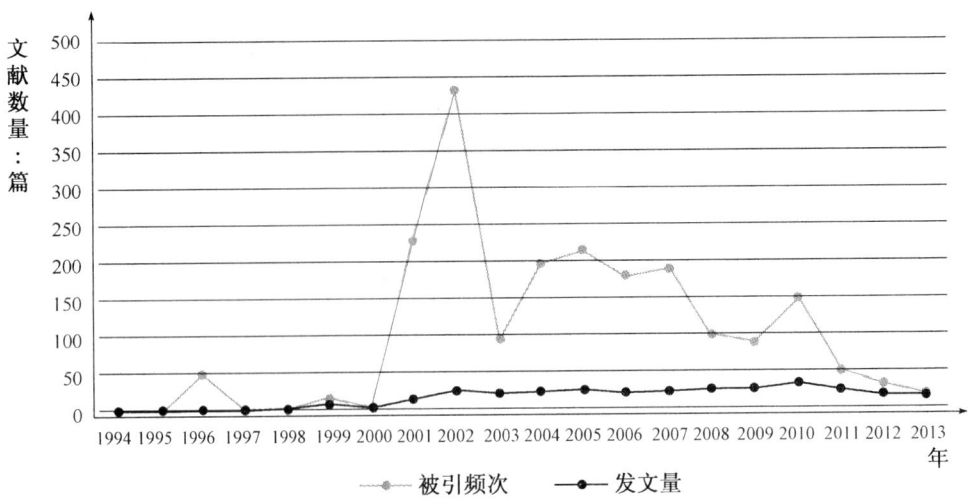

图3-2 文献数量和被引频次的年份分布

2. 发展趋势分析

自20世纪90年代我国学者开始关注高等教育质量以来,高等教育质量标准研究呈现出多样化趋势。由表3-1可以看出,中国高等教育质量标准研究兴趣依次经历了人才培养、质量标准、大众化、质量观、质量保障、外国高等教育、中国教育政策、高等教育质量评价、提高质量等阶段。其中,"大众化"和"质量观"是与时代密切同行的两大主题,也反映在高等教育质量标准的研究之中。"大众化"是高等教育规模扩大的产物,它作为一种过程现象本身具有历史性,必将伴随高等教育规模扩展到普及化阶段而降低关注度。"质量观"是质量文化的呈现,它一旦转变为有强制力的高等教育质量标准或规范,对高等教育发展的导向作用是巨大的,甚至能够影响教育文化。"外国高等教育"曾经是一个热门话题,在我国高等教育质量标准研究领域也不例外,一直作为标准参照物被翻译和移植。但随着我国社会经济、政治和文化的发展与进步,更多学者从中国实际出发,站在理性视角审视外国高等教育开始转向中国教育政策探索之旅。现在"高等教育质量评价"和"提高质量"仍然是当今研究的主题,说明中国的高等教育质量标准研究开始向纵深发展,内涵式发展特色已经形成。

目前我国高等教育已进入后大众化发展阶段,随着高等教育社会影响力的不断增强以及利益相关者群体的不断扩大,高等教育质量与标准不再只是高等教育学校内部的事,而成了社会公众和有关利益团体关注的焦点。如何建立具有中国特色的、适宜大众化发展的高等教育质量国家标准已经是多方的需要。2010年国务院颁布的《国家中长期教育改革和发展规划纲要(2010—2020年)》提出,要制定教育质量国家标准,建立健全教育质量保障体系。在此教育政策引导下,"质量保障体系""质量标准体系""拔尖人才培养""教学管理"等关键词成为关注热点,并引领了新的研究方向,表明我国高等教育已经进入了从注重外延式发展向注重内涵式发展的新阶段。在研究方法上也出现了从理论研究转向实证研究的趋势。通过对文献统计发现,早期关于高等教育质量标准研究文献大多数采用定性的理论研究,而定量的实证研究相对较少;只有在最近两年来,采用定量的实证研究方法的文献才开始出现,表明在未来高等教育质量标准研究中必将发生研究方法上的实证转向。实质上,高等教育质量标准旨在为不同地域、不同层次的高等教育院校(或机构)提供行动指南,其文献的研究成果应兼具适用性和可操作性。

同时,研究主体也呈现出了从单一化转向多元化态势。价值尺度的多元化和不确定性所形成的"无标准的选择"成为当代哲学最为关切的理论问题和现实问题。在此时代精神背景下,我国高等教育场域中传统的一元标准质量观式微,多元标准质量观方兴未艾。多元标准质量观所呈现出标准不确定性的态势将高等教育质量标准制定置于"无标准的选择"困境,未来高等教育质量标准研究也必将呈现出多元化态势。

3. 结论

本文对1994—2013年间我国关于高等教育质量标准研究主题的文献计量分析和信息可视化结果研究发现,高等教育质量标准研究主题明显受社会热点、政治动态及教育政策指向所牵引,在对高等教育发展做出巨大贡献的同时也蕴含着我国高等教育在世界高等教育大众化及普及化进程中面临着严峻的质量危机与挑战。在未来研究中我国学者应注重质量观的研究,质量观对质量标准与规范的意识形态文化引领作用是不容忽视的。未来高等教育质量标准的研究范式必须要完成以下三个转向,即研究主题上从外延式转向内涵式;研究方法上从理论研究转向实证研究;研究主体上从单一化转向多元化。立足世界维度和中国大众化进程,积极探索中国高等教育质量标准的现代性与中国特色,使研究成果更具适用性和可操作性,推动我国高等教育从外延式发展向内涵式发展转变。

【评析】

人类进入21世纪以来,科学技术迅猛发展。应用新科技手段(如Citespace软件)进行教育研究已是一个不争事实。本案例将Citespace软件应用于教育研究文献分析中,探寻教育发展之新趋势与新动态。基于Citespace软件分析,不仅使研究者从浩如烟海的文献中梳理出头绪来,而且使研究结论和趋势分析更具科学性和可信度。跨学科研究范式借鉴与参考,对小学教育研究是必要的和必需的,此谓本案例初衷。

思考训练

1. 简述文献研究法的含义、特点及其类型。
2. 简述文献研究法的研究方案设计过程。
3. 通过本章学习,撰写一篇文献综述。

第四章
教育观察法

※ 学习目标

1. 了解教育观察法的含义、特点及其类型。
2. 理解教育观察法的基本记录方法和设计过程。
3. 学会在教育研究中运用教育观察法进行研究。

※ 本章导语

科学研究能力是所有从事教育教学工作者的一项必备技能,中小学教师开展教育科研应该是一种教师以自觉、自主状态进行的旨在改善提高学校教育质量、促进师生发展的创造性实践活动。尤其是青年教师更应注重科研能力的培养,做到教学科研两不误,以科研服务教学。

观察,是人类认识世界和了解世界最为简单而质朴的一种方式,而观察法是人类最早运用于研究领域的一种方法。即使是在现在科技十分发达、研究手段不断革新的今天,任何一种科学研究也都离不开观察法,尤其是教师在日常教学和教育研究中,教育观察法依然是最基础、最便捷、使用最多的教育研究方法。

第一节 教育观察法的定义

一、教育观察法的含义及其特点

(一) 教育观察法的含义

教育观察法是研究者运用感官或借助一定的科学仪器,有目的、有计划地对自然状态下的教育现象进行系统的观察和记录,以获取的事实作为研究资料进行分析、论证、推断等研究,从而获得科学结论的一种教育研究方法。[①]

"观"即运用感官或仪器进行看、听等感知活动;"察"即分析思考。在日常生活中,这种感知活动无时无刻不在发生,或无意观察或有意观察,但都属于日常观察。在教育研究中对研究对象进行有目的、有计划收集资料并客观分析,进而获取事实材料的过程则是科学观察。

"自然状态"是指在教育研究中对研究对象不进行外在的干预、控制和影响,使其在自然状态下发生,以求观察过程和结果的最真实的呈现。当然"自然状态"是最理想的状态,在教育研究中,运用教育观察法进行研究的最终目的是为了呈现研究对象的"自然状态",了解客观事实,所以可以对一些相关因素适当控制,保证研究效果即可。

观察既是一种研究的方法和途径,也是一种收集资料的研究过程。教育观察法作为一种研究方法有以下几个要素:观察目的、观察手段、观察对象、观察环境。

(1)观察目的(why):观察目的清晰。观察是为研究服务,在进行观察前需要根据研究的需求明确观察目的,有重点、有把握地进行观察,获取客观资料并解决相应的研究问题。

(2)观察手段(how):手段选取合理。观察手段可以是听视觉感官,也可以是仪器。根据不同的观察对象及条件选用合适的手段。选取并运用观察手段,是研究能够达到精确性、全面性和系统性的有力保障。

(3)观察对象(who):观察对象明确。根据观察目的,确定观察对象也就是观察什么,只有观察对象明确,有清晰的目标事物,才能保证观察的方向。

(4)观察环境(what):观察环境客观。教育观察法是在自然状态下进行观察的,所以只有确保观察是在自然状态下进行,没有外在的干扰,最终的观察结果才是真实客观的。

(二)教育观察法的特点

教育观察法是有目的、有计划进行的有序而严谨的研究。其特点有以下几点:目的性、计划性、自然性、直接性、普适性。

一是目的性:教育观察都有预先的观察目的,整个后续观察的对象、内容、环节等都是围绕其最终要达到的目的而展开。

二是计划性:在实施观察之前要制定详细而科学的计划。观察时严格按照观察目的和计划,采取相应观察手段进行系统、客观的记录,最终对观察结果进行整理分析得出结论。

三是自然性:也可理解为客观性,因为整个观察都要在自然状态下进行,排除一切人为干扰,以保证观察结果的真实客观性,使其呈现出最自然客观的观察材料和结果。

四是直接性:实施教育观察法,观察者可以直接获取观察资料,对于观察对象的一切信息的变化都能够直接地捕捉到,可以敏锐地感知到所需要的信息,从而有利于信息处理、发现问题、处理问题。在观察过程中也会产生预料之外的新情况,使信息的收集更加

---

① 郝艳海,孟宪乐,赵平.教育科学研究方法[M].郑州:郑州大学出版社,2018:50.

全面、信息的处理更加深入。

五是普适性:观察法是教育研究的基本方法,适用范围非常广泛。研究者既可以通过观察法去发现问题,也可以把观察作为研究手段去实施研究。观察所得的最终结果也可以为研究做基础,更可以与其他研究方法结合,进一步深化研究结果。由此可见观察法在教育研究中的应用之广泛,因此具有普适性。

在教育观察法应用过程中,受诸多因素的影响,不可避免地也具有自身的局限性。这些因素可能会导致观察结果的偏差,影响研究结论的有效性。因此,研究者要在设计、实施教育观察和分析研究中充分考虑这些因素。教育观察法的局限性主要有:

1. 观察者自身的局限性

观察者自身由于气质、性格、思维习惯、兴趣、经历等,在观察过程中可能掺杂一些主观臆断的评判,不同观察者对同一观察内容可能产生不同的观察记录。因此,在观察研究实施前,应对观察者实施统一的培训,同时对观察标准进行明确的规定和讲解,以确保观察记录和结果的信度和客观性。观察若要如实地反映现实情况,观察者就不能带有任何感情色彩,不应该掺杂个人的偏见。在条件允许的情况下,可以针对重复出现的观察对象进行重复观察,对观察结果进行反复验证,以保证观察结果的有效性。当然,观察者对所获材料的解释也往往容易受研究能力的局限而带上主观色彩。观察者自身能力水平是否能够胜任观察工作是观察研究能否取得成功的关键。

2. 观察对象的局限性

无论是人还是人的活动,处于特定的情境条件下,都会因为环境因素或者其他因素的变化而发生改变,缺乏可控性。对于观察对象的限制,由于不能被观察对象感知,因此观察活动的开展要尽量隐蔽。特别是对于某些敏感性问题,观察对象可能由于有所顾虑而隐瞒真实的行为和感受,不能良好地配合研究的推进,因此宜采取匿名方式。同时,研究者也要在获准进行观察的前提下开展,这对研究者自身的素养和能力都提出了更高的要求。

3. 观察条件的局限性

观察法费时、费力,且需研究者深入参与和介入,必然消耗较高的人力资本,因此不适合大规模调查,样本量必然小。特别是需要长时间追踪观察的对象,容易导致观察结果不具有代表性,可能存在一定的片面性和偶然性。另外,观察法更多适用于研究外显行为,对于复杂的心理变化难以掌握。同时,观察者对可能影响资料的外部变量难以控制,多种因素往往同时出现在观察情境中,其中有诸多疑似影响因素和诸多隐性因素,常常导致无法判断"为什么",不能说明所观察到的现象的因果联系。而且,短期观察可能会有遗漏,长期观察又增加了研究的难度,受时间、空间条件的限制和观察仪器的局限,使观察法的科学程度受到一定的质疑。加之观察材料难以量化,难以进行系统分类和编码,不便于资料的分析,以及所获材料具有一定的表面性等,都使观察法的实施结果受到影响。

二、教育观察法的类型

了解和掌握教育观察法的类型及其特点有助于研究者在研究中根据实际情况加以灵

活运用。观察法可以从不同角度划分为不同类型。根据不同的分类标准,教育观察法可以分为以下几种类型:

(一) 自然观察和实验观察

根据教育观察环境有无人为干预控制条件,教育观察法分为自然观察和实验观察。

1. 自然观察

自然观察也称现场观察,是指在自然状态下观察对象不受干预和控制,观察者对观察对象及环境不进行变量的改变和控制,仅观察、记录在自然状态下的行为活动的一种观察方法。这种方法是最古老、最基本的研究方法,观察记录的都是最为直接的客观事实,在教育研究中适用于教师对学生的日常进行自然观察,获取的观察材料可以作为进一步展开实验研究的基础,也适用于教育研究的个案研究。

2. 实验观察

实验观察又称控制观察或条件观察,是指观察者在观察过程中人为地改变或控制一个或一个以上的变量,精确地测量观察对象的某些心理或行为表现,以便发现观察对象与某些变量的因果关系和相互联系的方法。实验观察具有系统严密的观察程序及结构,这里的"控制"并非对行为本身的影响和控制,而是对行为的影响因素施加控制,所以观察的仍是自然状态下发生的真实客观事实。

观察为研究服务,自然观察法只能是被动接受观察内容,收集的材料对于研究来说利用率较低,所以采用实验观察法可以有效避免观察的被动性,在不影响其自然客观事物的呈现的情况下,根据研究需要有意控制某些变量,对其进行能动的观察,增加研究的有效性。

(二) 直接观察和间接观察

根据是否借助有关仪器,教育观察法分为直接观察和间接观察。

1. 直接观察

直接观察是指观察者在观察过程中凭借自己的感官(如:眼、耳),直接感知记录现象和行为活动并获得直观资料的方法。

直接观察对于观察者来说,感知最为直观、真实和生动,能够获得直接、具体的第一手资料。此方法适用于一线教师进行实践研究,例如:某小学语文教师对于课堂中学生上课听课状态、参与情况等的研究,可以运用直接观察的方法在课堂上进行直接观察,获取真实有效的一手资料。

但是直接观察是运用感官进行观察再记录下来的,由于每个研究者的情况不同,对于同一客观事物的观察,不同的研究者得出的结论也不尽相同,所以这种方法受研究者自身的情况所限,往往会遗漏许多信息,导致最终收集的信息不完整,具有片面性。

2. 间接观察

间接观察是指借助一定的观察仪器或技术手段(如:录音、录像等)作为中介,间接地对现象或行为进行观察,从而获取观察资料的方法。

现代社会科技发展十分迅速,随着科技的发展,更多先进的仪器和技术手段也相应地被运用到了教育研究的领域。利用这些可以克服人类感官的局限性,延伸了感官作用,也扩大了观察范围,尤其是对观察的完整记录、复制和再现,而对于细节的记录有时也是影响研究结果的重要因素之一。这种方法在某种程度上来说也相应地弥补了直接观察法的片面性。

(三) 参与性观察和非参与性观察

根据观察者是否直接参与观察活动,教育观察法可以分为参与性观察和非参与性观察。

1. 参与性观察

参与性观察也称内部观察,是指观察者不同程度地参与到观察对象的活动情境中,通过与观察对象共同进行活动,从内部进行观察,直接获得相关资料的一种观察方式。所有的参与性观察研究都介于"参与者的观察"和"观察者的参与"之间。[①]

参与性观察,观察者可以融入其中,亲身参与以知全貌,有利于观察者亲身感知,不只是了解外部可观察的现象和行为,而是深入了解观察对象的行为活动及所处环境。根据参与程度,也可划分为"不完全参与性观察"和"完全参与性观察"。观察者身份可以隐藏,也可以公开,不过参与性观察中的参与者无论参与程度多少,从客观角度来看都会对被观察者造成一定的影响。

2. 非参与性观察

非参与性观察又称外部观察,是指观察者不参与到被观察者的任何行为活动中,完全置身事外,仅对其观察对象进行客观事实的观察和记录的方式。

非参与性观察是完全以旁观者来进行的,所以保证了其整个观察的客观性,所获得的观察材料也相对客观有效,比较可靠。但是,正是由于观察者没有参与其中,所以无法真实体验被观察者的真情实感。

(四) 结构性观察和非结构性观察

根据观察有无严密的观察计划和程序,教育观察法可分为结构性观察和非结构性观察。

1. 结构性观察

结构性观察又称正式观察,是指依据研究的理论框架,预先设计和制定周密的观察计划和明确的观察指标体系,采用标准的观察程序和手段,制订有关观察表格,在实际观察活动中严格按照观察程序进行记录的方法。

结构性观察是一种系统的、可控的观察,其基本特征是,研究目标、问题和范围明确;观察计划详细;观察指标体系具体;严格对观察行为进行分类、下操作定义;预先制订细致的观察记录表;在一定控制程度下进行观察;范围较大的观察,需要培训观察人员,建立信

[①] 郝艳海,孟宪乐,赵平. 教育科学研究方法[M]. 郑州:郑州大学出版社,2018:53.

度;用量化方式分析资料;所得结果较为可靠;多用于验证性研究。结构性观察在计划之前一般要提出假设,目的在于验证假设,对观察者和观察手段要求较高,常用于描述性研究和实验资料的收集,主要采用取样记录的设计方式。

2. 非结构性观察

非结构性观察又称非正式观察,是指没有周密的计划,没有记录表,记录结构较为松散,记录内容多为描述性语言和质的分析,这种观察方法的特点是易于实施。

非结构性观察一般在教育教学的自然情境中实施,教师或观察者可以灵活运用,十分便捷,可行性强,所以适用于教师对日常教育教学等方面信息的获取和对各种儿童身心发展特点的认识,多用于探索性研究。但因其没有较为严谨的操作,所以最终获得的观察结果较为杂乱,分析难度大,缺乏科学性,普适性较弱。

教育观察法种类多样,除了上述的几种分类方法,还有依据时间而划分的短期观察和长期观察;依据观察对象是否全部观察而划分的全面观察和抽样观察;依据观察对行为表现是否选择而划分的选择性观察和非选择性观察等。面对种类繁多的教育观察法,观察者要了解每种方法的特征、适用条件和优缺点,根据研究和观察的具体情况择优而选。当然在使用教育观察法的具体方法时也可将多种方法结合,最终达到研究目的。

第二节 教育观察法的基本记录方法

教育观察是一种科学的观察,在整个观察过程中除了做好观察,也要重视记录,不同形式的观察需要不同的记录方法,只有记录与观察相一致,才不会对最终的观察结果造成人为因素的误差,以保证研究结果的科学有效。观察记录可通过以下三种方式获得:一是通过眼、耳、口等感知器官输入大脑后烙印在脑海中;二是通过录音机、录像机、照相机等设备记录下来;三是通过纸笔把观察结果记录下来。这三种方式是处理分析观察结果和生成观察结论的信息来源和基础。观察者根据研究问题的需要选择适合的观察方法和记录方法。

教育观察的基本记录方法大体分为:描述记录法、取样记录法、评定观察法三种类型。

一、描述记录法

描述记录法是指通过详细记录事件或行为的发生、发展过程而获得资料的方法。它主要包括日记描述法、轶事记录法和实况详录法。

1. 日记描述法

日记描述法又称儿童传记法,是指对同一个或是同一组儿童进行长期跟踪观察,以日记形式描述性地记录观察对象行为表现的方法。它既可以采用综合日记,又可以采用主题日记的方式进行记录。综合日记法可以描述儿童整体的生长发育情况,记录较为全面,可以用于儿童共性研究;主题日记法则可以将观察聚焦在儿童某一种或几种能力的发展上,记录较为精确,可以用于儿童某一特性研究,例如语言、认知、动作、思维等。日记描述法是针对儿童研究的最古老的观察方法,所以被广泛应用于教育观察。早在200多年前(1771—1773年)瑞士教育家裴斯泰洛齐就运用日记描述法观察其子3年,在1774年将整个观察记录编成《一个父亲的日记》一书进行研究,他是最早使用此方法的教育家。之后达尔文写了《一个婴儿的传略》,描述其子的行为与发展,从最初的反射活动、恐惧和愤怒开始记录,直到推理和道德等复杂行为的发展,并且与动物行为进行了比较。儿童心理学家皮亚杰的许多著作中都采用了日记描述法,他的许多关于儿童认知发展的结论都产生于他对自己孩子成长过程的观察。我国最早采用日记描述法进行观察研究的是著名儿童教育家陈鹤琴,他从自己儿子出生起,对其身心发展变化以及各种行为反应连续跟踪观察了808天,做了详细的观察日记,拍摄了几百幅照片,并于1925年写成了《儿童心理之研究》。除此之外,有很多科学家也都运用了此方法进行研究,如普莱尔的《儿童心理》。

日记描述法的观察记录:达尔文《一个婴儿的传略》(1876)

在我的婴孩出生以后的最初七天期间里,有些反射动作,例如打喷嚏、打呃、打呵欠、伸懒腰,当然还有吮吸和叫喊,已经极其明显地表现出来。在第七天,我用一片纸去触动他的脚露出的脚踵:他就把脚缩回去,同时脚趾挤紧在一起,正好像年纪较大的小孩在受到搔痒时候所发生的情形一样。这些反射动作很完善:这就证明,随意动作极度不明确的情形,并不是由于肌肉或者协调中心的状况来决定,而是由于意志来决定。

由以上观察记录可以看出,日记描述是在日常生活中随时随地进行长期不间断的观察记录,并且在时间空间上都是对观察对象进行系统全面连续的观察,观察结果用描述性的语言进行记录形成文字材料便于保存和反复研究,很多教育学家和心理学家都用此方法进行研究。此方法简便易行,操作难度不大,便于对观察对象进行质性研究,并且能够对观察对象进行长期稳定的跟踪,所以教师对于学生的教育教学研究也可采用此方法。日记描述法的优点显而易见,但是这种方法是对观察对象长期的跟踪,所以耗费时间较长,观察对象也局限于个别,观察者很容易带有个人情感进行观察记录,所以最终的观察结果具有一定的主观性。

2. 轶事记录法

轶事记录法又称记事法,是指观察者在观察过程中,以记事为主,对观察对象在自然状态下发生的一些典型行为或事件进行客观记录的一种方法。"轶事"指的是独特的事件。这类事件可以是观察者感兴趣、有意义、有价值的行为事件,可以是被观察者典型异常的行为事件,也可以是表现儿童个性特征的、反映儿童身心发展状态某一方面的行为事件。对于事件的描述和记录要依据事件本身呈现的真实状况而展开,确保记录事件的客观、及时、完整,记录语言的真实准确,具体包括事件发生的时间、地点、开始、经过、结果和对象的反应、行为、情绪、态度等。另外,要注意在记录时将观察者的主观评价与客观事实区别记录,以免影响事件记录和研究的客观性。

轶事记录是记录一个事件,只需记录与事件相关情况即可,不需要严格的观察表格和繁杂的程序,相对来说更加简单可操作,所以也是教师常用的记录方法。例如,对于课堂上某学生典型迟到行为的跟踪记录,经过对事件的完整记录,分析迟到行为发生的原因,及时进行教育干预,保证学生良好习惯的培养和践行,促进其品德的全面发展。

轶事记录法的观察记录:窦桂梅《清华附小的德育细节》①

这是四年级的一堂普通的数学课。在教室最后一排的右侧靠墙处,坐着一个学生。他的课桌上散落着各种各样的书本,文具盒和铅笔在桌子上乱摆一气,凌乱不堪。这个学生时而东倒西歪地看书,时而蹲下去钻到桌子底下玩……班级里发生的事情好像和他没有任何关系。他叫小彭。

……

暑假过后,刚开学不久,我又来到这个班——而这次,听的是数学课。于是,就有了上面那一幕。我一边听课一边想,这个学生还没有长进。数学课继续进行,他还是干着自己的事情。"我们已知鸟巢的面积,你们估算一下,鸟巢相当于多少个清华附小的操场?"数学老师向全班同学问道。"五——十——个!"当大多数同学还在埋头运算时,小彭同学坐在座位上,漫不经心地拖着长音回答出了这个问题。小彭的回答,给我带来了惊喜,但又不敢确定对否。当小彭的回答得到数学老师的肯定后,坐在前排的我高高举起双手,向他竖起了两个大拇指。而这一幕恰巧让冷不丁抬头的他看到了。

下课后,我疾步来到小彭面前,按捺不住心里的激动:"小彭,你怎么这么了不起? 我刚才也跟着你们进行估算,怎么就没有你那么快、那么准确呢?"

小彭那无所谓的表情突然一闪,他回了我一句:"没什么,本来就是那样的。"他语气羞涩,说完后马上低下了头,扣着自己的手指,接着又抬起头做了一个怪脸。这小家伙特别"淡定",似乎没有把我这个校长的夸奖当回事。

……

3. 实况详录法

实况详录法又称连续记录法,是指在一段时间内(如1小时或半天或更长时间内)记录被观察者在某种自然状态下持续的、尽可能详尽的所有的行为动作、言谈表现,以及与环境、他人的相互作用和交往等情况的一种观察方法。

实况详录在于"实"和"详",要对被观察者的自然真实情况尽可能详细地进行记录,被观察者所处的环境、条件,被观察者的动作、状态、情绪等都要一一记录,因为每个细节都可能对观察结果造成不同程度的影响。它最大的特点是连续性,时间空间的连续性与其他方法区别开来。传统的记录手段是采用纸笔进行人工记录,现在则有更多的技术手段来辅助记录,例如录音、录像等,在教育研究中课堂实录是典型代表。在记录时观察者不需要对此进

---

① 窦桂梅.清华附小的德育细节[M].上海:华东师范大学出版社,2013:3-7.

行主观评价,只需作为"旁观者"进行记录即可,若做主观评判则在进行观察材料整理分析时要与客观事实进行区分。总之,无论采用哪种手段记录,都要确保观察对象的真实性和连续性,记录所获最终材料可以长时期保存并做研究。

虽然采用实况记录法记录的材料真实详细,但要求记录的时间等是连续的,若是手工纸笔记录则难以保证每个细节都有关注到,也受到观察者自身条件所限(如精力保持时间难以长时间持续),最终难以做到绝对的"连续";若是使用仪器进行记录,则要考虑成本、实施条件、技术要求和保存等问题。所以在选择使用该方法时要综合考虑,选择最佳方式来保证观察目的的实现。

实况详录法的观察记录:

《狐狸分奶酪》教学实录片段[①]
郝玉梅　滕衍平

◇ 扣题引入,初读课文

师:今天我们要来学习一篇课文(板书课题:狐狸分奶酪)。伸出小手跟老师一起写课题。"奶"是一个生字,我们把它送到田字格家中,女字旁瘦一点,短横不出头,右边先写什么呢?

生:横折折折钩。

师:对,先写横折折折钩,起笔高于左边一横,最后一撇与点对齐,不过横中线。(师手执字卡"奶酪",指导读准这个词)

师:(出示图片)谁吃过奶酪啊?

生:我吃过,甜甜的。

生:我吃过,腻腻的。

师:奶酪确实很好吃!故事里的小动物们也个个都想吃哦!小朋友们已经读过课文了,故事里的主人公都有谁呢?

生:狐狸和熊哥哥、熊弟弟。

师:狐狸是如何给这兄弟俩分奶酪的呢?请同学们放声朗读课文,注意读准字音,读通句子。

◇ 检查读文,随文识字

(指名读课文第一自然段)

师:这一段中有两个生字。(出示:捡、拌)

师:看一看这两个字有什么共同的特点?

生:都是提手旁。

师:这块奶酪是哪里来的?

生:捡来的。

师:把"捡"字送到句子里,谁能读好这个长句子?

生:熊哥哥和熊弟弟在路上捡到了一块奶酪,高兴极了。

[①] 郝玉梅,滕衍平.读,依然是课文学习的主线——《狐狸分奶酪》(第一课时)教学录评[J].语文教学通讯,2019(12).

师:(贴小熊图片)小朋友读得非常好。看,熊哥哥和熊弟弟也来夸你们了!一起叫叫他们的名字!

生齐声:熊哥哥和熊弟弟。

师:熊哥哥和熊弟弟天天在一起,形影不离,人们称呼他们为——

生:(读词语)哥儿俩。

师:指导读准"哥儿俩"。

……

二、取样记录法

取样记录法是指按事先确定的研究设计在研究总体中抽取部分有代表性的对象作为样本进行观察,然后以样本结果推论总体情况。取样又称为抽样,通过抽取出来的样本推断出研究总体情况,可谓见微知著,既省时又省力。常见的有时间取样法、事件取样法等。

1. 时间取样法

时间取样法又称间隔观察法,是以一定的时间间隔为取样标准来观察记录预先确定的行为是否出现以及出现次数的一种观察方法。采用这种方法进行记录要注意条件是"统一确定的时段",并且需要用编码记录,它与描述记录法不同的是不需要详细记录被观察者的所有细节,它重在记录某种行为是否出现、发生的次数、频率及持续时间等。其理论假设是,如果抽取充分多的时段,在这些时段中所观察到的行为就可以代表观察对象的一般行为,即典型性行为。它适用于经常发生的行为和外显的、宜于观测的行为。

采用时间取样法的观察记录步骤如下:

(1) 确定观察目的、内容及观察对象的数量、范围。

(2) 确定观察时间、时间间隔、观察次数等。

(3) 确定观察对象的行为类型并对其分类,做详细的操作性定义、编码。

(4) 确定一个行为或现象的观测指标,设计观察记录表(理清表中所需所有项目)。

(5) 制定观察实施的详细计划并按计划进行观察记录。

(6) 整理获取的记录材料并进行分析得出研究结论。

在进行观察记录时根据情况选择记录形式(例如:打钩"√",写"正"字,记数字等),同时注意取样设计的三个指标:① 规定时间内某种行为是否出现以及出现的种类;② 规定时间内行为发生的频率;③ 规定时间内行为的持续时间。

表 4-1 儿童课堂行为活动观察记录表

时间	儿童编码	活动行为					
		心不在焉	摆弄物品	低头	交头接耳	随意走动	睡觉
	1						
	2						
	3						
	……						

采用时间取样法进行观察时一定要明确观察对象的行为,行为次数要准确记录,保证数据的真实性。由于观察行为对象是已经抽取出来的确定的行为、范围固定,在记录时只需记录需要的数据即可,简单省事,便于实施,可做量化统计进行分析。但由于选取的是间隔时间段,不可避免会造成观察行为在非观察时间段发生但没被观察到而被漏掉,并且只能观察可以被观察到的外显行为,观察对象的心理活动具有隐蔽性,无法观测计量。

2. 事件取样法

事件取样法是以特定行为或事件的发生为观察样本,专门观察和记录预先确定的行为表现或事件的完整过程的方法。它以预先确定的行为或事件为样本,观察并记录与之相关的所有情况,没有严格的时间要求,关注行为或事件本身的发生,只要所欲观察的行为或事件一出现,即进行观察记录,并随事件的发展持续记录其全过程,包括行为发生或事件出现的前因后果及环境背景情况等。事件取样法注重特定行为或事件的特征、性质和全过程。在记录方法上,可以采用行为分类系统,也可以将分类系统与实况详录法的描述性记录结合使用。

在运用事件取样法进行观察记录时要注意以下三点:第一,观察前要确定所要研究的行为或事件,制订出相应的观察记录表格。通常情况下,这些行为或事件呈现频率应该比较高,易于观察,如儿童的争执行为、伙伴之间的友好行为、对成人的依赖性、儿童的社交能力等。第二,预备性观察,了解这类行为或事件的一般状况,以便于在最有利和适当的时机进行观察,如要研究儿童的语言,通常选择有成人或有其他儿童在场的情境下进行观察。第三,确定需要记录的资料种类与记录形式。事件取样法记录较为灵活,可以采用提前编码记录,也可运用叙述性记录,有时观察者亦可编制简便适用的记录表格。

事件取样法与时间取样法的主要区别在于:时间取样法获取的资料重在事件行为的存在,而事件取样法则着重行为事件的特点、性质,并以此作为观察者注意的中心,而时间在这里仅仅是说明事件持续性等特点的一个因素。事件取样法不受时间的限制,因而可研究的范围更加广泛。事件取样法与轶事记录法有相似之处,都是关注选定的行为或事件。不同的是,事件取样观察是实施正式观察活动时采用的,它只记录预先确定的行为表现或事件过程。而轶事记录法是日常观察时采用的,事先并不确定哪些要记,哪些不记。只要观察者认为有意义,哪怕与观察目的无关的也可以记录下来,供今后或别人研究之用。这种观察的目的是积累资料,或从观察中发现问题。而事件取样法不是事后追忆记录的,当确定所要观察的事件出现时,要进行现场判定并将事件完整地记录下来。

事件取样法兼有时间取样法和轶事记录法的优点,既可以在有准备的情况下获得预先确定的、有代表性的可行性研究样本,又可以保留行为的连续性和完整性,得到关于事件的环境与背景资料。但是事件取样法需要被动等待特定事件的发生,集中观察特定事件本身,致使对事件发生的条件和环境等信息不能充分了解。[1]

---

① 郝艳海,孟宪乐,赵平. 教育科学研究方法[M]. 郑州:郑州大学出版社,2018:63.

事件取样法结合轶事记录法案例的观察记录：

《华盛顿邮报》:在美国地铁里的一个实验①

(美国)埃莉·布劳恩·哈利　陈荣生　译

2007年一个寒冷的上午,在华盛顿特区的一个地铁站里,一位男子用一把小提琴演奏了6首巴赫的作品,共演奏了45分钟左右。他前面的地上,放着一顶口子朝上的帽子。显然,这是一位街头卖艺人。没有人知道,这位在地铁里卖艺的小提琴手,是约夏·贝尔,世界上最伟大的音乐家之一。他演奏的是一首世上最复杂的作品,用的是一把价值350万美元的小提琴。

在约夏·贝尔演奏的45分钟里,大约有2 000人从这个地铁站经过。大约3分钟之后,一位显然是有音乐修养的中年男子,他知道演奏者是一位音乐家,放慢了脚步,甚至停了几秒钟听了一下,然后急匆匆地继续赶路了。大约4分钟之后,约夏·贝尔收到了他的第一块美元。一位女士把钱丢到帽子里,她没有停留,继续往前走。6分钟时,一位小伙子倚靠在墙上倾听他演奏,然后看看手表,就又开始往前走。10分钟时,一位3岁的小男孩停了下来,但他妈妈使劲拉扯着他匆匆忙忙地离去。小男孩停下来又看了一眼小提琴手,但他妈妈使劲地推他,小男孩只好继续往前走,但不停地回头看。其他几个小孩子也是这样,但他们的父母全都硬拉着自己的孩子快速离开。到了45分钟时,只有6个人停下来听了一会儿。大约有20人给了钱就继续以平常的步伐离开。约夏·贝尔总共收到了32美元。要知道,两天前,约夏·贝尔在波士顿一家剧院演出,所有门票售完,而要坐在剧院里聆听他演奏同样的那些乐曲,平均得花200美元。其实,约夏·贝尔在地铁里的演奏,是《华盛顿邮报》主办的关于感知、品味和人的优先选择的社会实验的一部分。

实验结束后,《华盛顿邮报》提出了几个问题:① 在一个普通的环境下,在一个不适当的时间内,我们能够感知到美吗? ② 如果能够感知到的话,我们会停下来欣赏吗? ③ 我们会在意想不到的情况下认可天才吗? 最后,实验者得出结论:当世界上最好的音乐家,用世上最美的乐器来演奏世上最优秀的音乐时,如果我们连停留一会儿倾听都做不到的话,那么,在我们匆匆而过的人生中,我们又错过了多少其他东西呢?

三、评定观察法

评定观察法又称等级记录法,是指观察者依据对观察对象的表现或程度进行划分、确定的等级标准(即划分不同的等级),在观察行为的同时,全面客观地给予评定相应等级并做记录的方法。在评定之前应先制定等级量表,确定每一等级的评定标准和指标,等级界限要分明,易于做出客观科学的评定结果。等级量表作为一种观察工具,广泛运用于日常教学和教育研究中,如学校对教师课堂教学质量的等级评估(教学评估表),教师给学生的思想表现评定优、良、中、差等都可能用到等级量表(思想评定表)。等级量表有预先设置的目标行为分类,观察者在一段时间内对目标进行观察,对行为事件在程度上的差异做出评估,确定等级。观察者将观察所得印象数量化,在量表上对该目标行为评以相应的

---

① 埃莉·布劳恩·哈利.《华盛顿邮报》在美国地铁里的一个实验[J].陈荣生,译.青年文学家,2011(5).

等级。

等级评定量表根据评定方式和记录方式的不同,主要有数字量表、图示量表、描述量表等类型。记录方式可以用等级(优、良、中、差)(见表4-2)、字母或数字(A、B、C、D或1、2、3、4等),也可以用词语描述(完全达到、基本达到、不合格等)来表示。

表4-2 学生学习能力等级评定量表

	优	良	中	差
注意能力				
认知能力				
思维能力				
合作能力				
自我监控能力				
……				

数字量表是用数字来代表等级内容的描述,即对所要描述的等级类型赋予数字顺序;图示量表是在一条直线上刻上刻度,评定者沿着这个刻度,迅速而简便地做出判断,这种量表不是用数字做评估;描述量表是以文字来描述各类行为的价值程度,量表两端通常是相反意义的描述词。描述量表又称语义差异量表,一般将意义相反的描述自中间线段分为7等份,观察者可以依据自己的看法和感觉在适当位置上划上记号(一般打"×")。(见表4-3)

表4-3 儿童之间的社会交往情况描述等级量表

	1	2	3	4	5	6	7	
合作								不合作
主动								被动
清洁								不清洁

该记录方法是以量表为记录工具,根据制定的评定标准给予观察对象评定结果,优点显而易见,操作简单,使用范围广泛,容易收集分析处理呈现的观察结果,但是由于评定结论容易受到主观印象的影响,具有一定的主观性,所以使用时要尽量排除无关因素,也可多人进行评定,保证评定结果与客观事实的一致性。

等级评定法记录表:

中国英语能力等级量表

中华人民共和国教育部　国家语言文字工作委员会

中国英语学习者和使用者的英语语言能力从低到高分为一至九个等级,归为基础、提高、熟练三个阶段。能力分处三个阶段的学习者和使用者,分别称为初级学习者和使用者、中级学习者和使用者、高级学习者和使用者。

表 4-4 中国英语能力等级量表

能力发展阶段	能力等级
熟练阶段 （高级学习者和使用者）	九级
	八级
	七级
提高阶段 （中级学习者和使用者）	六级
	五级
	四级
基础阶段 （初级学习者和使用者）	三级
	二级
	一级

教育观察的记录是客观事实的反映，观察记录的真实性对于最后的研究结果有着直接的决定作用并为后续研究做有力的材料支撑，对于研究来说是至关重要的关键环节。虽然观察记录种类多样，但都有各自的适用范围和优缺点，所以要根据研究目标和观察对象的特点进行选择，辅以研究的完成。

第三节 教育观察法的应用

教育观察工作是教育研究获取感性材料的重要途径之一，关键还在于怎样应用教育观察法。教育观察是一种科学观察，所以需要严格按照科学的方法、严密的计划、完整的设计、真实的观察、客观的记录来实施，具体的实施步骤有教育观察的准备、教育观察的实施和观察结果的处理三个阶段。

一、教育观察的准备

（一）制定观察计划

制定观察计划和提纲是教育观察正式实施前必不可少的一步，计划和提纲的质量直接影响到观察的实施，详细而周密的计划是基本的保障。

1. 明确观察问题和对象

首先要明确观察的问题和对象，该问题是研究需要调查收集的资料所需要的，但它不等于研究问题，这些问题是通过观察可以得到具体信息的，所以问题必须具体可操作，能够通过观察实现一定的目的。例如，研究的问题是"关于课堂氛围对学习效果的影响研究",而观察不能直接观察"课堂氛围",则需要具体为"师生互动频次问题、学生回答问题频次"等具体可观察的问题。在明确观察问题时,观察对象也就随之确定了。

2. 确定观察目的和内容

从问题出发确定观察目的。所有的教育观察一定是要达到某个目的,观察目的就是为什么观察。之后基于目的将问题具体化为几个子问题,明确所要观察的内容,包含通过观察能够了解什么情况、收集哪些材料等,观察内容要与观察目的相一致。

3. 选择适合的观察方法

观察方法种类繁多,各有特色,在前面已经有具体介绍。不同的研究适用的观察方法可能不同,要根据研究和观察的问题所要达到的目的以及观察对象的情况来确定,另外也要考虑研究和观察的条件。观察方法也可结合运用,以求研究效果最佳。

4. 其他准备

除了上述内容,还要确定具体的观察时间和地点,观察的具体步骤和流程,对于参与观察的人员要提前进行分工,有必要的话进行专业的培训。除此之外,还要提前考虑观察之后的一些问题。

5. 制定详尽的观察提纲

观察计划是对整个观察的大致规划,而观察提纲则是将观察内容基于相关理论假设具体化,聚焦在具体的观察内容上,所以在实施观察前要先查阅研究相关资料,熟悉观察问题,提前了解观察对象,对实际观察的问题进行分析,最终制定出观察提纲。

(二)准备观察材料与工具

观察前需要查阅相关资料,熟悉一切与观察有关的实际情况,若观察需要仪器设备(如录音录像设备),也要提前准备好。有需要特殊环境的观察场地,尽可能在进行观察前设计和布置好观察场地,控制无关因素的影响。此外,教育观察是需要当场记录的,观察记录的纸笔工具也要准备好,尤其是观察记录表,要提前设计准备。

观察记录表是教育观察的重要工具,它能帮助记录员全面系统地记录观察的真实情况,那么在观察前就要编制观察记录表。采取不同的观察方法就有不同的观察记录表,例如事件记录法侧重于事件的发生,所以记录表的每一项内容都是以事件为出发点而设置;时间取样法则是以特定时间内的观察对象所发生的一切行为事件来设计。观察记录表除了观察确定项目之外,记录员一般不会记住所有细节并记录下来,为了方便记录,会采取特定的代码快速记录。这些特定的代码将观察对象的行为类别或行为单位与符号之间建立关系,形成一套符号系统,常见的符号代码记录有数字、字母和符号三种。例如,数字符号:1,举手请教问题;2,听讲自主思考;3,小组讨论答案。

(三)确定观察途径

教育观察活动是在自然状态下进行的不影响正常教学活动的一种常见的研究方法,在教育活动中的观察途径主要有上课、听课、参加活动、参加会议、参观学习、访谈等。

1. 上课

上课是最简单直接的观察途径。教育研究者,尤其是教师可以通过课堂直接观察到学生的一切情况,通过在课堂上上课可以观察到学生真实的学习状态,并且可以直接与学生(观察对象)对话交流。对课堂上的教育观察进行研究是最贴近教育现实问题的一个途径。教育研究不仅仅只有研究人员才能进行,教师有着丰富的教育教学实践经验,课堂观察也是一种新的教研方式,每天面对着教育对象,真实地感受着教育环境,做教学研究更有利于教学的实施。[①]

2. 听课

除了上课,听课也是深入了解教师的教和学生的学的一个途径,新手教师为了快速进入角色,提高教学水平,往往会采取听课的方法。听课可以全方位、深入地了解整个班级的教学环境,可以感受到教师的教学方式和手段,观察学生的听课学习情况和上课氛围等,能够直接获得真实可靠的观察资料。

3. 参加活动和会议

学校每年会举行各种各样的活动,教师和学生在活动中也能展现得更加全面,研究者可以观察活动场地、活动内容、活动安排与组织情况。教育教学会议与教育直接相关,参加会议可以通过参会领导干部和教师了解学校的办学理念、学校特色、教学情况,来捕捉与研究有关大量丰富的研究资料。[②]

4. 参观学习

一所特色学校或一名优秀教师往往会吸引很多教育者和研究者来参观学习,通过参观学习考察学校的设施设备、教学条件、教育环境、教风校风等能够对学校有更全面的了解。

5. 访谈

访谈是一种特殊的观察,通过与研究对象的访谈可以直接观察和了解到个性心理特征、思想倾向、仪表神态等。访谈包括个别访谈和小组访谈。访谈时研究者要善于察言观色。

(四)培训观察人员

教育观察是一种科学的观察方法,观察者需要有专业的科研素养,教育观察选择哪种观察方法,采用什么观察途径、观察每一步的实施和记录、观察资料的收集分析和整理等都需要严格进行,每一步出现的错误都会导致研究结果的不严谨和不科学,所以教育观察对参与人员技术要求很高,在开始观察前要先进行培训,确保观察顺利实施。

---

① 王成. 科研基石:做适合自己的课题研究——小学一线教师如何做科研[J]. 教育视界,2019(17).
② 华国栋. 教育研究方法[M]. 南京:南京大学出版社,2017:77.

二、教育观察的实施

(一) 进入观察现场

当一切观察准备工作完成后,观察人员就可以实施观察,首先是进入观察现场。观察员进入现场要注意两个问题:一是观察位置的选择;二是不影响观察对象。观察员进入现场要先熟悉观察环境,了解观察对象,在相关人员的配合下与观察对象建立合作关系。

(二) 实施观察活动

教育观察的核心在于实施,观察时要眼、耳、口、手、心等相互配合,做到观看、倾听、询问、记录和思考。观看是最主要的方式,只要是与观察有关的行为现象都要观察到,但焦点要放在观察对象的言行举止上;仔细倾听现场的各种声音;在需要询问的情况下可以与观察对象交流,询问一些相关情况;整个观察都要在现场进行详细的记录,收集相关的资料;对于整个观察现场的反馈信息要进行思考分析,形成初步了解。

在实施观察时需注意以下几个问题:观察活动的实施要严格按照制定的观察计划,但实际观察情况与计划不相符时可以在不影响整个观察的情况下稍做调整;在进入观察现场时首先考虑的就是要避免观察员的进入而对观察对象造成影响,使其保持在自然状态下进行观察;整个观察环境存在可观察的因素众多,要区别观察对象和无关因素,精力要聚焦在观察对象,避免其他无关事物的干扰;观察记录真实客观,避免掺杂主观因素。

(三) 收集观察资料

资料的收集与观察同步进行,有些观察采用观察设备进行记录,在观察前一定要调试好,确保能够正常工作,尤其是用电设备,检查存储等工具,也要结合纸笔记录;若采用纸笔和观察记录表进行现场记录,则要快速有序地记录观察情况,以免后期记忆模糊,导致资料失真。在观察结束时要再次确认收集的资料。

三、观察结果的处理

(一) 整理分析观察资料

观察结束后会获得大量的现场资料,对于录音录像等电子资料要多备一份,以免丢失,接下来就是对收集到的资料进行整理分析,为下一步研究做准备。

1. 筛查整理

观察所收集到的一手资料数量多并且杂乱无章,有些可能对研究没有用处,所以首先要对收集到的资料进行筛查,去除不需要的资料,简单梳理其他资料,确保资料的完整性和真实性。

2. 分类编码

将上述资料再次整理,根据研究进行分类,使其条理化、系统化,以便用于研究。然后进行编码,常见编码形式有三种:① 过程编码,主要是对时期、阶段、步骤等名称进行编码;② 活动编码,即对经常发生的活动或者行为按照一定的种类进行编码;③ 策略编码,是对人们完成一定任务所用方法、策略进行编码。[1]

3. 分析统计

对分类编码后的观察资料用分析工具进行量化处理,运用数理统计的方法进行加总、求平均数、求百分比、求方差等。

4. 汇总说明

在进行量化处理后,根据对研究对象整体情况的把握,结合观察资料尝试对其进行定量分析和定性分析,总结本次观察活动。

（二）形成观察研究报告

教育观察的成果一般要以观察报告的书面形式来呈现,观察报告是对观察活动的记录、分析和总结,是开展科学研究的依据和基础。一般来说,观察研究报告包括研究背景、研究过程、研究结果三部分,报告内容要忠于客观事实,不能带有主观色彩。

思考训练

1. 根据你感兴趣的教育问题,设计一份完整的教育观察记录表。
2. 说一说你的观察记录表中都包含什么内容,并阐述设置理由。

---

[1] 郝艳海,孟宪乐,赵平.教育科学研究方法[M].郑州:郑州大学出版社,2018:68.

第五章
教育调查法

※ 学习目标

1. 了解教育调查法的含义、特点及其类型。
2. 理解教育调查法的基本记录方法和设计过程。
3. 学会在教育研究中运用教育调查法进行研究。

※ 本章导语

教育调查法是教育研究的基本方法之一,在进行研究过程中可以采用调查的方法通过多方面去了解事实真相,研究现实教育问题和人们对教育现状的态度等,通过科学分析概括教育规律以及教育现象之间的关系,预测相关教育问题的发展趋势,所以在教育研究中被广泛应用。调查研究法常用的有问卷调查和访谈调查两种形式。

第一节 教育调查法的定义

一、教育调查法的含义及其特点

(一) 教育调查法的含义

教育调查法是指研究者从研究目的出发,深入教育实际收集研究对象的资料并进行分析和研究,从而了解教育现状、发展趋势和形成科学认识的一种研究方法。该研究方法需要科学的理论来指导,有明确的研究目的,有针对性地在自然情况下通过问卷和访谈等形式进行调查,获取第一手资料,从而对教育的现状做出科学的分析,发现存在的问题、分析问题成因、形成规律性认识并提出教育整改策略的一整套的实践活动。西方国家最早将调查法运用于社会研究中,后来在其他的领域也渐渐使用,因其突出的特点,不受时间地点限制,间接收集资料,便于操作,研究当下教育问题,所以教育调查法也广泛应用于教育研究领域。

(二)教育调查法的特点

1. 了解教育现状

教育调查法很突出的特点在于进行的是"当下事件"的调查研究,并非"过去事件",将研究对象聚焦于"现在",即时性较强。

2. 资料客观真实

教育调查法同样是在"自然条件下"进行的调查,研究者通过问卷或访谈等尽量保持事物"原貌",挖掘事物的真实情况,从而获得客观有效的资料,保证研究的科学性。

3. 设计系统严密

教育调查需要事先有明确的目的、周密的计划、严谨的程序和合理的问题展开调查。所以在一定程度上保障研究的指向性明确。

4. 间接调查对象

教育调查不需要研究者本身"置身其中",而是通过一定的手段(如问卷和访谈等)进行资料收集,是进行间接的调查研究对象,排除研究者介入对调查的影响。

进行教育调查研究,不仅是对教育现象本身的了解,而且更重要的是,要运用正确的研究方法,综合运用有关的理论进行分析和研究,最后才能得出科学的、有价值的研究成果。由此也可以看到,教育调查研究的功能,即在于通过对教育问题的研究,揭露问题,暴露矛盾,通过不断解决教育内外部的各种矛盾促进教育的发展;发现、总结和推广先进教育思想和经验,改进工作,提高教育质量;为不同层次和不同要求的教育管理和预测工作服务;可以为描述性研究提供事实材料。①

(三)教育调查法的优缺点

教育调查法之所以在教育研究中备受欢迎与其自身特有的优点分不开,教育调查法的优点主要有简单方便,操作性强,灵活度高。

1. 简单方便

教育调查不容易受时间和空间因素限制,不需要对研究对象进行变量的控制,对调查工具和技术要求也不高,应用范围较广。

2. 操作性强

常用的调查方法有问卷调查和访谈调查,而研究者采用这些方法非常容易操作。在科技发达的今天,各个软件技术的成熟也促进了调查效率的提高,比如问卷的发放与回收,只需研究者编辑好电子问卷表,通过电子设备进行发放和回收获取资料,这样既高效又经济。

---

① 郝艳海,孟宪乐,赵平.教育科学研究方法[M].郑州:郑州大学出版社,2018:74.

3. 灵活度高

教育调查可以根据研究目的进行调查对象和方法的选择,并且可以根据研究的进度和变化进行适时调整,调查方法多样,范围广泛,样本灵活,可以根据研究需要进行灵活选择。

尽管教育调查优势突出,应用广泛,但是作为一种研究方法,也存在自身的局限性。主要有以下两点:因果关系的不确定性和研究信度的不稳定性。

一是因果关系的不确定性。调查研究法是在自然条件下进行的,一方面可以收集到真实的信息,另一方面正是因为研究者没有对其进行有意控制和操纵,导致调查结果的呈现无法判断谁因谁果,对现象之间的关系甚至多重关系无法判断。

二是研究信度的不稳定性。调查是通过问卷或访谈而间接进行的,所以被调查者的态度和作风会影响到其反映事物的真实性和客观性,因此获取的材料可信度不稳定,如利用电子问卷进行调查,被调查者若"随便填填",作为研究者只从问卷反馈结果无法判断其真实性。所以在进行教育研究时,不能只采取一种方法,要多种方法结合。

二、教育调查的分类

教育调查法作为一种常见的研究方法,种类多样,根据不同的分类标准,可以将它分为以下几种类型:

(一) 依据调查目的划分:常模调查与比较调查

1. 常模调查

常模调查是以了解教育现象中某个方面的一般情况、建立某个问题的一般指标为目的的调查。这种调查的结果可以为教育行政部门和教育研究工作者提供某个问题的基本情况,作为行政部门做出决策或进行某方面研究的参考。例如,"中国儿童情况的调查""普及九年义务教育情况的调查""高师毕业生在中学工作情况的调查"等都为教育研究提供了一些有价值的研究数据。

2. 比较调查

比较调查是以比较两个群体或两个时期教育的情况为目的的调查。有时我们需要了解不同的群体、不同的时期在教育的某些方面的异同,搜集这两个方面的资料,进行比较分析就可以达到这样的目的。例如,"中小学男女生学习成绩差异发展阶段分析",就是一项比较调查。研究者对"部分中小学男女生的学习成绩分别做了逐年的调查,并进行了动态分析",得出了男女生群体学习成绩差异情况的六个阶段:第一阶段(小一,小二)男女成绩差别不大;第二阶段(小三,小四)男女成绩相差悬殊;第三阶段(小五,小六)男女成绩差别不大;第四阶段(初一)男女成绩相差悬殊;第五阶段(初二,高一)男女成绩差别不大;第六阶段(高二,高三)男女成绩相差悬殊。这样的基本情况的比较研究,对于我们认识男女生学习成绩的差异问题会有很大的参考价值。①

---

① 郝艳海,孟宪乐,赵平.教育科学研究方法[M].郑州:郑州大学出版社,2018:75.

（二）依据调查范围划分：全面调查与非全面调查

1. 全面调查

全面调查又称普遍调查，是指对研究范围内的对象进行全部调查的研究方法。这种调查方法顾及全局，研究对象广泛又全面，有利于把握研究整体情况。例如："全国义务教育阶段学生入学率调查""河南省小学生近视率调查""河南省小学教师师资水平调查"等。这些调查都是对某一范围内的对象进行的全面调查。但是由于研究对象容量大，范围广，需要的人力物力支持也较大，耗费时间长，涉及面广，所以难以组织和实施。

2. 非全面调查

非全面调查又称抽样调查，是指从调查对象的总体中抽选一部分具有代表性的样本进行调查的研究方法。这种在研究总体中抽取部分对象作为样本进行调查，首先要确保取样的科学合理性，然后才能以样本结果推知总体情况。该方法省时省力，又能以代表性样本进行研究，我们通常所见的调查多为非全面调查，所以这是教育研究的一种常见调查类型。

非全面调查常用的有重点调查、典型调查、个案调查、专家调查等方法。

重点调查是在被研究的总体中选出一部分重点个体进行调查，以此结果来分析总体的一般情况。重点的选择可以依据调查的具体任务而定，可以是重点的学校、教育行政部门或某些重点的学生。有时为了确定重点对象，在调查之前也可以做一些摸底测查，用测查中取得的指标来确定重点内容。

典型调查是在被研究对象中有计划、有意识地选择一部分有代表性的单位或个体进行调查。典型调查通常叫作解剖麻雀的方法，对于在某些方面取得成效的单位或个人，进行详细具体的了解，从而总结出一些具有典型性的规律，用以指导一般的工作。实际研究中的许多典型经验的总结都可以看作典型调查。

个案调查是在全体研究对象的范围内选取个别有显著特征的对象进行调查。个案调查研究的对象少，可以对调查对象进行深入的接触、全面细致的分析，把握具有该特征的对象发展变化的线索特点，通过进一步验证、深化，推论出具有一般意义的认识。但个案调查对象的选取往往受主观因素的干扰，弱化了调查结果的代表性，而且在综合个案研究资料进行一般意义的推论时也要力求避免主观性和片面性。

专家调查，也叫德尔菲法，是以专家匿名函询的方式，征求、汇集并统计个人的意见或判断，以便在一些问题上使大家取得一致的意见，从而对未来做出预测的方法，这种方法是为克服专家会议法的弊端而提出的。

（三）依据调查内容划分：学科性的典型调查、反馈性的普遍调查与预测性的抽样调查

1. 学科性的典型调查

学科性的典型调查是指与学科建设相联系的一种调查，通过对具有代表性的个别事物或个别总体的调查研究，得出某专题研究的一般结论。这种类型的调查具有探索性，重在研究某教育现象或过程内部多种因素的相互关系以及发展的一般特点。

2. 反馈性的普遍调查

反馈性的普遍调查是指为了了解现状,解决当前存在的问题以及提出决策办法而进行的一种调查,适用于解决调查研究政策制定和政策执行过程中的问题。该项调查通常是调查研究的开端,为进一步的深入研究积累资料、奠定基础。如"女小学生现代素质的探索与培养研究"课题,即对女小学生素质的现状进行调查,了解其素质缺陷,在此基础上,有的放矢地培养女小学生的现代素质。

3. 预测性的抽样调查

预测性的抽样调查,主要是用于对某一时期的教育发展趋势动向进行预测研究。它主要关心事物将会怎样,如"21世纪数学教育的展望""21世纪对女性素质的要求"就属于预测性的抽样调查。

(四) 其他类型

依据收集资料方式,可以有以下多种类型:

(1) 以自我报告的方式收集被调查者资料的方法:调查表法、问卷调查法、访谈调查法等。

(2) 研究者通过自己的感官等方式收集资料的方法:观察法和个案研究法,即实地调查法。

(3) 通过一定的测试收集资料的方法:采用一定的测试题方式。

(4) 经验总结法:通过总结他人经验了解教育情况。

以上是教育研究的几种主要的分类方法。从以上分类标准可以看出,调查研究的分类是多角度的、多维度的。在实践中,每一项研究都可以按各种分类标准归为多种类型。从不同角度对调查研究进行分类,有助于加深我们对调查研究的认识。进行分类的目的,一是要从实践中使用的各种具体的调查研究中归纳出一些类型,通过对各种类型的优缺点的分析来对以往的调查经验进行总结;二是要依据对各种类型的特点和适用范围的认识,来指导今后的调查研究;三是通过对各种类型的认识来系统地学习和掌握教育调查研究方法。

三、教育调查的实施

调查是研究收集资料的一种方法,科学的调查研究是有目的、有计划、有系统的活动,所以在实施调查研究活动前,需要先做好准备工作再正式实施调查,最后对于收集到的材料进行整理分析,总结调查资料和经验,最终形成调查研究报告。

(一) 准备阶段工作

调查前的准备工作是做好研究的基础和前提,其直接影响到后面的实施与结果的分析。在正式进行调查前需要做到:明确研究课题,做出假设;选取调查对象和方式;制定调查计划。

1. 明确研究课题,做出假设

调查是为研究服务,所以在进行调查前应通过对教育领域的研究形势和现实问题进行分析,选取一个有研究价值、有研究意义的课题。选择了合适的课题之后,需要查阅相关文献资料,进一步了解该课题的研究现状并澄清课题所涉及的基本概念。研究假设是研究行动的指南,是构建理论的桥梁。有了研究假设就可以更明确地规定研究内容,也便于理解研究内容。研究者应根据研究问题和研究目的,经过对研究问题的初步探索,提出研究假设。

2. 选取调查对象和方式

调查对象一般指被调查的个体或群体。在有了明确的研究课题之后,要确定该课题的研究对象,对象的确定取决于研究的课题与研究目的。例如 M 市小学生上课迟到现象的调查研究,调查对象十分明确,即 M 市小学生,这类课题的调查对象显而易见;还有一些研究是需要根据实际需要进行选择研究对象的,例如小学教师心理健康情况调查研究,这类研究的对象较为庞大,对研究对象全部进行调查不太现实,这时就可以抽样选择合适的调查对象,在这个研究中,研究对象选择较为灵活,研究者可以根据自己的条件和需要进行选择。

调查方式种类繁多,常用的有问卷调查和访谈调查,研究方法的选择要依据研究目的和实际条件进行。调查方式确定之后就可以将调查具体化,确定调查指标的编制工具,如以问卷测量的方式进行调查则需要提前编制好问卷调查表,以访谈记录的方式进行调查则需要提前编制访谈记录表。

3. 制定调查计划

上述步骤完成之后,就可以开始制定详细的调查计划。调查计划要包括研究课题与目的、调查目的、调查对象、调查方式、调查时间和地点、调查的步骤和进度安排、调查人员的情况等信息。调查计划可以是文字形式的,也可以是表格形式的(如表 5-1),具体需要研究者根据综合情况来定。

表 5-1　×××课题调查计划表

课题名称		
调查目的		
调查对象		
调查方式		
调查时间、地点		
调查步骤	1.	
	2.	
	3.	
	……	
进度安排		
调查人员		
备注		

（二）实施阶段工作

调查的实施是研究工作中的关键步骤，在整个过程中研究者将调查计划付诸实践，从而获取系统、客观而真实的研究资料。该阶段收集到的资料分为两类：一类是通过现场观察、实施测验、邮寄问卷、当面交谈、电话访问等收集现实资料；另一类是通过查阅文献档案（如学生档案）、收集个人记录（如日记、作业、学习成果、教师评价）等获取相关资料。要注意无论是哪种形式的资料都要确保其真实性和客观性，研究者在能力范围内尽可能收集全面而系统的资料；还要注意在收集资料时要征得被调查者的同意，说明调查意图，保证资料的保密性，保护被调查者隐私。研究者还可以通过他人（如当地教师或相关人员）协助，保障调查的顺利实施。

（三）整理分析阶段工作

调查获得的资料数量较大而且没有一定的逻辑性，所以需要进行初步筛选整理，然后深入分析才能获得有效信息。

1. 资料整理

首先需要筛选收集到的资料，去伪存真，舍弃不真实的、无效、与研究无关的资料；其次将有效信息分门别类，梳理简化，做下一步分析使用。

2. 资料分析

对已经处理过的资料进行深入分析，可以运用思维逻辑的方法，基于相关理论研究进行定性分析，也可以通过统计学方法对所收集的资料中研究现象的数量关系获取相应的数据进行定量分析。无论是定性分析还是定量分析，都要立足于研究课题与调查的需要，不能偏离研究。

（四）调查总结阶段工作

整理完调查资料之后，研究者应对分析之后的资料联系研究课题进行总结，得出调查结论，撰写调查报告。调查报告要说明此次调查的具体过程、调查方法，以及经过分析之后得出的调查结果。调查过程的说明要有条理性和系统性，调查结果的表述要有概括性和总结性。在说明的同时，有需要的话要对于调查问题提出一些科学的建议和解决问题的方法，为今后研究提供参考借鉴，发挥出研究的实践作用。

第二节 问卷调查

一、问卷调查的含义及其特点

（一）问卷调查的含义

问卷调查是研究者通过事先设计好的问卷来获取被调查者与研究相关信息和资料的一种方法。用于调查的问卷是事先设计好的与研究有关的一系列有序的问题的文字材料呈现给被调查者，在征得被调查者同意之后进行回答，研究者对于这些问卷再进行回收，作为资料进行分析研究。

（二）问卷调查的特点

问卷调查法是教育研究中常用的收集资料的调查方法，它不受时间和空间的限制，可以在短时间内收集到大量的研究资料，并且问卷问题的设计都是与研究相关，提高了收集研究资料的有效性；而且问卷中的问题包含信息丰富，按照一定的关联顺序排列，可以收集到较为全面的信息，有利于后期的统计分析。

但也存在一定的不足之处：问卷的设置是研究者自行设计，带有一定的主观性；问题的设置和回答都是固定的，只能按照已有答案选项去选择，还存在不根据事实选择答案、随意答题的情况，相对来说不太灵活，有时不能反映被调查者真实情况；问卷设计一般是以文字呈现，对被调查者的文化水平有一定的要求。

问卷调查法既有独特的优势，也有自身不可克服的局限性，所以使用前要先了解它的适用范围，适合采用问卷调查的研究可以充分利用。

二、调查问卷的结构

问卷的设计是问卷调查法的关键所在，一份完整的调查问卷一般有固定的结构，包括标题、前言、指导语、问题与选择答案、结束语五部分。

（一）标题

问卷标题是与调查内容和研究课题高度相关的核心体现，它既要切合研究需要，也要考虑被调查者。

（二）前言

前言是写在问卷开头的文字，向被调查者阐释该调查的目的、要求和研究意义，还要表明研究者的身份信息或组织信息，注明调查回收时间，对被调查者的参与支持表示感谢。

(三) 指导语

指导语主要是用来指导被调查者填写问卷的一组说明或注意事项,说明文字要简单易懂,一看就懂,主要是为了让被调查者明白怎么完成该份问卷。如果需要,还可以附有样例,以供参考。通常来说,指导语主要有以下几种类型。

1. 对所选答案做记号的说明

一般用圆括号"( )"或方框"□"来限定答案前或后的空间,并要求回答者在他要选的答案前或后的圆括号或方框内做记号。例如,请在你所选答案前的( )内打上"√"。

2. 选择答案数目的说明

如果问卷的题型有多种,指导语一般在填写须知中说明;如果问卷的题型不多,也可以直接写在问题的后面,如"选择一项""有几项选几项""可以多选"等。

3. 填写答案要求的说明

例如,如果遇文字提示"可以多选",则可选择多于一个的选项,只要你认为合适的都要选上;凡在回答中需选择"其他"一项作为答案的,请在后面的"＿＿＿"中用简短的文字注明实际情况。

4. 答案适用于哪些被调查者的说明

问卷中有的问题可能只是适用于某一类人。当这类问题出现时,可说明由特定的一类人填写,其他的人则跳过这些问题。[①]

(四) 问题与选择答案

问题和对应的选择答案是问卷调查中的主体部分,问卷中的问题要清晰明确,题意容易理解,答案与题目符合。问题和选择答案的具体内容与设计将在之后详细介绍,在此不进行详述。

(五) 结束语

结束语是用简短的话语对于被调查者的参与配合表示感谢,有些也需要征求被调查者对于调查的问卷设计的一些意见或建议。

三、问卷的设计

问卷的设计是整个调查的关键,整个问卷包含以下几项工作:问卷设计的准备工作,问卷初稿的设计,问卷的试用和修改定稿。

(一) 问卷设计的准备工作

在进行问卷设计前先明确调查的目的,以及需要进行调查的内容,确定调查对象的数

[①] 郝艳海,孟宪乐,赵平. 教育科学研究方法[M]. 郑州:郑州大学出版社,2018:84.

量和范围,调查问卷问题的形式、数量、完成时间等,参与调查的成员及其分工提前安排。在准备这些工作之后,便可开始设计问卷。

(二)问卷初稿的设计

完整的问卷包含标题、前言、指导语、问题与选择答案、结束语五部分。前三项和结束语编制较为简单,其中问题和答案的设置是整个问卷的核心要素,问题的质量也直接决定着问卷调查的最终效果,影响着研究的结果。

问卷中的问题和答案的设计包含以下几个环节:问题形式设置,设置具体问题,设置问题的备选答案。

1. 问题形式设置

问题的形式多种多样,常见的问题形式有开放式问题,半封闭式问题,封闭式问题。

(1)开放式问题:开放式问题只呈现需要回答的问题,没有确定答案和备选答案,被调查者可以根据自己的实际情况进行回答。例如"你认为学校设置的课间活动形式怎样?"该问题不会呈现备选答案,只是给被调查者一个问题。开放式的问题,回答比较自由,不受答案限制,能够获得被调查者的实际情况和真实想法,获取的资料内容也比较丰富。但是该类问题获得的材料同时也存在着大量可能与研究无关的因素,作为无效问卷被舍弃。

(2)半封闭式问题:半封闭式问题是设置一些已有备选答案,但是实际调查中可能出现一些问卷设计者想不到的答案,所以设置一个"其他"选项,供被调查者回答,这种形式既可以保障研究方向不偏离,又可以采集到更多的资料。

例如:你认为数学教材的作业部分有哪些不足?
A. 任务量大　B. 太简单　C. 难度大　D. 类型少　E. 其他_____

(3)封闭式问题:封闭式问题有明确的问题,也有对应固定的备选答案,被调查者可以根据自己的情况进行选择。这种类型的问题是基于调查研究的需要,所以收集到的资料利用率高,且问题和答案的设置已经是按照研究需要进行分类过的,所以也便于进行资料的数据分析处理。但是这种类型的答案,限制性较大,答案可能存在遗漏,会忽视或收集不到被测试者真实的情况。

例如:你在学校能够处理好自己的人际关系?
A. 是　　　　　B. 否

其实在收集资料时,可能会漏掉个别人对此问题不太确定的答案,不是只有"是"或"否",那么必须选择的话,答案就缺乏了真实性。

问题的种类很多,每一类都有自己的优缺点,具体采用哪一种需要根据具体的研究和问卷进行选择。

2. 设置具体问题(内容和序列)

问卷中具体问题的设置至关重要,需要考虑到应该遵循的原则、问题的具体内容以及问题的排序等方面。

(1) 设置问题的原则

问题的设置不仅仅应符合研究和调查需要,它还应该遵循设计原则和使用原则:

一是相关原则。在问卷中呈现的问题首先是研究需要的,对研究要有价值,对调查要达到的目的相关性高,不能设置无意义问题、随意性问题。

二是准确原则。问题要含义清晰,用词准确,不会引起歧义;语言要简单明了,不能有太多术语使被调查者不清楚、不理解问题指向。还要注意一个问题,必须只问一件事情,不能同时包含好几个问题,使被调查者无法回答。

三是伦理原则。问题若涉及隐私,但是研究需要,这时就要注意提问方式,不能直接进行询问,可以采用委婉的方式间接询问,避免被调查者直接拒填,不配合问卷调查,从而影响研究。不能提出对被调查者有伤害性的问题,比如在进行学困生心理健康调查问卷时,询问"你觉得你成绩差影响你的心理吗?"这类问题往往会直接伤害到被调查者的自尊心。

四是价值中立原则。设置的问题要客观、中性,不能用导向性语言影响被调查者的回答,这种带有倾向性的问题会误导被调查者选择研究者需要的答案而不是真实的答案。例如"大多数人认为应该听从老师的一切安排,你认为是这样吗?",在这种问题中,问题本身已经给出了价值倾向,根据大众的从众心理,一般都会选择多数人的选择,这样的答案就会失真,失去研究价值。

(2) 问题内容的设计

问题内容的设计是根据研究和调查需要,选定调查对象和调查内容,将调查内容分为几个子内容,再将子内容具体为多个问题,最终形成整个问题设置。每一内容的问题数量根据需要设置,一般来说问题设置不宜过少,但也不宜过多,要考虑填写问卷的时间问题,题量适中即可。问题数目的多少,决定着整个问卷的长短。一份问卷应包括多少个问题,没有统一的标准。要根据研究的目的,研究的内容、样本的性质,分析的方法,拥有的人力、物力、财力、时间等多种因素而定。但一般来说,问卷越短越好,越长越不利于调查。根据大多数社会研究人员的实践经验,一份问卷中所包含的问题数目,应限制在:一般的被调查者20分钟以内能顺利完成为宜,最多也不能超过30分钟。

(3) 问题序列的设计

问题排列顺序的设置会影响到被调查者的选择,比如说问题的难易程度,如果刚开始就设置难度大和较为枯燥的问题,被调查者很有可能会随便填写或是不回答;还有一些问题是必须按顺序回答的,所以顺序设置很重要。在排列顺序时要考虑问题难度、答题时间、问题类型等合理设置问题序列。问题的次序一般遵循:把简单易答的问题放在前面,把较难回答的问题放在后面;把被调查者熟悉的问题放在前面,把被调查者比较生疏的问题放在后面;把能引起被调查者兴趣的问题放在前面,把容易引起他们紧张的问题放在后面;先问行为方面的问题,再问态度、意见、看法等方面的问题,最后问个人的背景信息;开放式问题放在问卷的最后。

3. 设置问题的备选答案

问题的备选答案也有多种类型,一般来说提问的形式与答案是相对应的,开放式问题的答案也是开放式的,由被调查者自己填写;半封闭式问题和封闭式问题的答案也有其相对应的形式。关于答案的设计,要注意以下方面:首先要做到使答案具有穷尽性和互斥性。所谓穷尽性,指的是答案包括了所有可能的情况。所谓互斥性,指的是答案之间不能相互重叠或相互包含,如:您的职业:A. 工人 B. 农民 C. 干部 D. 司机 E. 商业人员 F. 售货员 G. 白领工人。其次要根据研究的需要来确定变量的测量层次。不同的变量具有不同的测量层次,高层次的变量可转化为低层次的变量来使用。

相对来说,封闭式答案的排列方式有很多种:是否式、填空式、多选式、排列式、量表式,如李克特量表。

填空式:"你的性别____。"

排列式:"按照难易程度对以下语文试卷题型进行排列。"

说明:用数字1—5进行排列,1为"最不重要",5为"最重要"。

□阅读题　　□填空题　　□选择题　　□古诗文　　□作文

量表式:请在以下表格中用"√"标出你的选项。

问题:"你认为以下因素对你学习影响程度怎样?"

序号	项目	非常影响	较为影响	一般影响	有点影响	没有影响
1	环境					
2	教师					
3	同伴					

在问题全部编制完成后,问卷的主体部分就完成了,把前面的标题、前言、指导语与问题结合,最后加上结束语,一份完整的问卷初稿就完成了。

(三)问卷的试用和修改定稿

1. 问卷试用

问卷编制完成之后不能立即投入调查使用,首先进行多次校对修改,然后选择小范围调查对象进行预调查,避免正式调查之后,问卷中有事先没有预料到的问题,造成无法修改和重测的结果。

2. 问卷定稿

在进行预调查之后,根据问卷调查反馈结果、被调查者的反应情况和相关人员提出的建议和意见进行修改,确保问卷中指标的可靠性和答案的有效性,形成符合研究要求的最终定稿,方可投入调查研究使用。

四、问卷的发放与回收

问卷发放有多种途径,传统的有纸质发放,包括现场发放和邮寄发放,其中现场发放可以是调查者亲自发放,也可以委派相关人员发放;现在则更为便捷,可以通过手机进行电子发放,包括邮箱发放和链接发放。在进行调查时,根据资源和条件选择最为合适的方式发放问卷,但要注意,不管是采取哪种方式发放问卷,注意事先征得调查单位和个人的同意,尽量收回所有问卷,提高回收率,以免做无用功。

为了保证调查问卷的回收率,可以设计有趣、简洁、吸引人的问卷,对于纸质版的问卷可以跟踪督促并鼓励其完成。另外,也可以与被调查者协商,鼓励其积极参与并对研究工作的配合予以感谢,表示诚意。

第三节 访谈调查

一、访谈的含义及特点

(一)访谈的含义

访谈调查法又称访谈法、谈话法或访问法,是指调查者通过与研究对象面对面或电话交谈收集所需资料的调查方法,是一种研究性交谈。这种方法,调查者可以与调查对象进行沟通交流,通过谈话聊天,调查者向被调查者询问事先设计好的相关问题,引导回答与研究相关的信息,适时追问与研究相关问题,获得对方信息,与此同时可以了解被调查者的态度、情绪、个人观念等不易从书面获得的心理层面的信息,丰富资料深度和范围,使资料更加立体化,最终达到调查目的。访谈法不仅仅是双方简单地进行交谈,它是一种研究性谈话,与日常谈话最大的不同是事先设计好需要询问的问题,有目的、有计划地进行交谈,在交谈过程中研究者要时时记录访谈情况,从而获取研究所需资料。

访谈法与问卷调查法虽然都是教育调查法的典型方法,但是两者有很大区别,访谈法是双方在同一时间进行交谈,相互影响,最终获得研究资料;而问卷调查法是先呈现研究者的问卷,被访者之后回答,研究者回收收集研究资料,若研究者想深入了解某一问题则不能进行深入了解,因为双方没有交流,存在时间差,对于被访者的心理活动层面关注不到。在进行方法选择时可以根据实际情况选取最佳方法,也可两者配合使用。

(二)访谈的特点

访谈法一般适用于研究对象较少的情况,可以了解复杂一些的问题,比如单靠问卷的问题不能澄清的问题。访谈的问题都有其设计意图,在访谈过程中也可根据访谈对象的情况随时增加问题,改变问题。

访谈法优点很明显:生动灵活,范围广泛,调查深入。

1. 生动灵活

采用访谈的形式,虽然有事先设计好的问题,但是可以根据具体访谈情况进行调整,在交谈过程中,调查对象也可以交流自己的想法,或是向访谈者提出自己的疑惑,在访谈时双方是动态的,无论是形式还是内容,都体现出访谈法的灵活性。

2. 范围广泛

访谈者适用范围广泛,不仅在研究领域使用广泛,可以运用访谈调查的对象也很广泛,比如在进行一年级作业困难原因调查中,一年级的学生由于识字量有限,甚至大多数字不会写,通过问卷很难写出作业困难的原因,但是通过访谈可以很容易获得信息。所以访谈法对于被访者的文化水平等方面的要求不高,运用的对象范围相对不受限制。

3. 调查深入

访谈不仅仅可以获得书面呈现的资料,还可以通过交谈观察倾听,通过对方的回应获取被访者的情绪、状态、心理变化等深层次的信息,做出一些真实客观的判断,而不仅仅停留于文字等表面信息。还可以通过层层问题深入挖掘研究所需信息。

但同时,访谈也存在着一些不可避免的缺点:成本较高,隐秘性差,被访者影响大,记录整理资料困难。

一是成本较高:运用访谈法,无论是时间、人力还是物力,付出的成本都很高。首先,需要与被访者提前沟通并见面,其间很耗费时间并且需要资金支持;其次,访谈取决于双方的洽谈结果,并不会一次就顺利,甚至被访者出现不愿配合的情况,这都在耗费精力和时间;再次,访谈需要有访谈技巧、能够成功访谈的研究者去进行,对于研究者的要求较高,在进行访谈前需要培训。

二是隐秘性差:访谈一般是研究者与被访者面对面进行,虽然事先与被访者进行过沟通,但是访谈期间可能会出现各种情况,尤其是当访谈提出的个别问题比较敏感,被访者在面对面的情况下不愿谈论,就会给访谈造成一定的影响。比如访谈一位小学生关于"小学三年级语文教师教学中存在的问题的调查"的课题,由于涉及小学生的老师,他即使知道某些问题,但不想被他人知道自己对于老师的看法,因此访谈时可能不愿意去回答。这类情况在学校调查有关教师的教学调查中会经常出现,比如对于教师评价,很多学生会回答"很好,非常好"之类的评价语,并没有表达出真实的看法,所以获取的信息可能会不真实。

三是被访者影响大:被访者对于访谈的回应可能会受环境、空间等影响,尤其是研究者在场会直接影响到被访者的回应。比如在进行提问时,若研究者予以肯定的动作表情,被访者往往会顺着研究者想要的结果去回答,并非回答的是自己真实的想法。所以研究者在进行访谈时也要注意自己对被访者的影响,将影响降到最低。

四是记录整理资料困难:首先,由于访谈都是通过口头语言进行交流,在访谈时不能将访谈过程的各个细节完全记录下来,所以资料可能会不完整。也可采用录音录像设备,但访谈前需征得被访者的同意。其次,对访谈资料的整理也是非常困难的,正是由于访谈形式灵活,内容随意性强,才导致对资料的分析难以做到定量分析。

访谈法因其灵活性,使用范围广泛,它的使用不仅仅局限于教育研究领域,在一些社会文化领域、心理领域等方面也可以看到它的身影。

二、访谈的类型

根据不同的分类标准,访谈法可以分为不同类型。

（一）根据对访谈的控制程度，可以划分为：结构式访谈、半结构式访谈、非结构式访谈三种类型

1. 结构式访谈

结构式访谈又称标准式访谈或封闭式访谈，是指按照一定的方式要求，设计标准的访谈问题结构和流程并形成访谈提纲，在访谈时严格按照流程进行访谈，被访者也要按要求回答问题的一种访谈方式。这种访谈方式，研究者可以控制访谈的走向和流程，被访者是在研究者设计的框架下进行回答，收集的信息目的明确，也便于处理。但是这种事先设计好的访谈形式对于被访者限制性大，交谈空间较小，难以调动被访者的积极性和配合度。

2. 非结构式访谈

非结构式访谈又称自由访谈或开放式访谈，是指只按照一个访谈主题或大致框架，而不按一定的程序和固定的问题去回答的访谈方式。这种访谈方式没有严格的流程，可以根据实际访谈情况随时调整问题，被访者也可以自由交谈，整个访谈弹性较大，不受限制，较为灵活。

3. 半结构式访谈

半结构式访谈又称半开放式访谈法，是介于结构式访谈和非结构式访谈之间的一种特殊访谈方式。这种访谈方式既有结构式的事先设计的访谈提纲，同时又有非结构式的自由回答的空间，既可以适当控制访谈，又给予被访者一定空间，根据访谈实际情况可以调整问题顺序和内容，以获得真实有效的访谈材料。

（二）根据访谈对象数量多少进行划分，可以分为：个别访谈和集体访谈两种类型

1. 个别访谈

个别访谈是指只有一名访谈者和一名被访者的访谈。访谈者对访谈对象进行单独访谈，双方可以进行深入沟通和交流，可以快速取得对方信任，被访者容易说出自己的真实想法，访谈者可以捕捉到细节信息，获取的资料真实可靠而全面。

2. 集体访谈

集体访谈又称团体访谈，是指一名访谈者与多名被访者共同进行访谈的一种方式。这种访谈对于被访者来说更加放松，可以积极进行，被访者之间可以进行交流，访谈者观察记录被访者的言语和行为表现，获得较为全面的信息。

每一种访谈方式都有突出的优点，多种访谈方式又可以相互结合用于不同的调查研究，无论是哪种访谈方式，最终都是为了研究目的的实现，所以可以根据实际研究需要选择合适的访谈方式。

三、访谈的实施

访谈是访谈者与被访者的语言交流和问答互动的一个过程，通过访谈之前的准备，双方获取信任，有目的地进行交谈，了解被访者的情况，最终收集相关资料。通常，一个完整的访谈的实施分为三部分：访谈前的准备工作，访谈的具体实施，访谈结束后的工作。

(一)访谈前的准备工作

一个访谈是否能够成功进行,关键取决于访谈前的准备是否充分。通常在进行访谈前需要做好以下的准备工作:设计访谈提纲,确定被访者,准备所需工具。

1. 设计访谈提纲

根据研究及调查目的,选择所需访谈的主题,确定访谈内容以及形式,比如采用封闭式访谈,设计问题的形式就要相符合,最后列出访谈问题和相应要求。在设计问题时要注意问题的内容是否与研究目的契合,提问的方式被访者是否接受,用词是否恰当,问题的排列顺序是否合理。最终形成正式的访谈提纲。

2. 确定被访者

被访者也就是调查对象,访谈前要选择合适且有代表性的访谈对象,尤其是访谈对象数量不多时,更要选择典型对象。在选择对象之后要先了解其与研究相关的背景信息,如个人经历、家庭情况等,之后可以取得联系,进一步沟通交流,说明身份与意图,争取对方的配合,并确定下一步访谈的时间、地点和访谈进程等信息。

3. 准备所需工具

访谈前要根据访谈形式准备所需工具,如访谈记录表、访谈问卷、访谈材料,还有一些设备,如录像设备、录音设备等。

(二)访谈的具体实施

访谈是一项具有技巧性的工作,一般来说需要专门的访谈者或者之前进行过专业培训的研究者来实施。访谈一般有以下几个过程:建立访谈关系,进入访谈,终止访谈。

1. 建立访谈关系

访谈虽然是两者进行交流来获取信息,但是被访者通常与访谈者是不熟悉的,所以在访谈时首先应该与被访者建立访谈关系。访谈者应先要表明自己的身份与来意,与被访者先确立好访谈大致流程,取得被访谈者的信任和配合,在正式提问前应先自由聊天进入氛围,不能开门见山地直接询问,之后逐步进入访谈。[1]

2. 进入访谈

访谈者注意观察被访者的状态,如果两者交谈情况良好,就可以顺势进入访谈,根据访谈提纲一步步进行,边访谈边记录,最后结束访谈。

访谈之所以需要专门的人员,就是因为需要一定的访谈技巧,在访谈过程中需要注意以下技巧的运用:提问、倾听、回应。

(1)提问

访谈虽然是双方的对话与交流,但它与日常对话最大的区别在于有目的、有计划,提问就是访谈者对于访谈内容的把握与方向的引导,最终达到访谈目的。

---

[1] 李昌连,朱扬寿.小学教育研究方法[M].南京:南京大学出版社,2014:88.

访谈中的提问不像是课堂的提问,它是有一定的技巧的。首先,提问的时机和方式要恰当,比如前面谈话内容已经铺垫好,那么就可以根据提纲顺其自然地提问;其次,提问的语气态度要合适,不同的语气态度表达的意思和情感也不同,尤其是对于被访者,可能还不太了解研究者的性格特征,所以提问问题语气委婉、态度亲和是很重要的;最后,提问的问题要清晰明确无歧义,双方交谈时间有限,目的明确,若是被访者听不懂问题则会浪费大量时间去解释,最终效果也会大打折扣。另外,在有需要时,可以适当地进行追问,比如某个问题被访者回答得不清晰,或者被访者回答之后有一些信息需要深度挖掘。所以,要想达到调查目的,首先就要注意提问、会提问。

(2) 倾听

倾听是交流中最重要的一部分,有时倾听的价值要大于提问,倾听是以接纳和信任为基础的,只有充分信任被访者才能更好地倾听。访谈中的倾听一定是知情行合一的倾听。[①]

在认知层面接受的听,建构的听。在谈话中,很容易出现访谈者将自己的态度观点强加到被访者身上,这种强加的听是不可取的,容易在主观上误导被访者的谈话,如关于"你对于小学生课后作业量怎么看?"的问题进行访谈,被访者认为小学生现在作业量还行,但是研究是关于"小学生作业量过多的问题研究",这时被访者的回答与研究课题不一致,访谈者很容易通过暗示性语言或动作影响之后谈话进行的方向。所以访谈者在谈话过程中要做到的是接受的听,不带主观感情色彩和自己的价值观念,以价值中立的态度进行访谈,对于被访者的回答要接受,不影响。另外一种是建构的听,访谈双方在交流过程中积极互动,双方相互影响,最后得出的访谈结果是双方共同"建构"的新的内容,这种形式对访谈者要求较高。

在情感层面关注的听,共情的听。首先,访谈是一个有"情感"的过程,不能只是为了达到目的而冷冰冰地进行问答,而是要用心去听,关注被访者的语言、动作、情态等,既关注外在表现,又关注内心变化。要进行目光和简单言语的回应,使被访者感受到你的关注和尊重,促进之后交谈的进行。其次,还要共情的听,在倾听过程中与被访者达到情感上的共鸣,能够察觉到对方情感的表达和变化,给予理解,产生情感上的共鸣。

在行为层面积极的听。在访谈过程中,访谈者的态度应该是积极的,对于被访者的回答要积极的听,主动与对方交流,包括眼神和语言交流,关注对方的一言一行,让对方感受到被尊重。

(3) 回应

在访谈过程中,对于被访者的谈话和表现要即时恰当地回应。回应既包括语言回应,又包括非语言回应,语言回应是双方在进行交流时的语言回复,非语言回应则是肢体动作等的回应。回应直接关系到对方的谈话进程和积极性。常用的回应技巧有认可与鼓励,重复、重组和总结,澄清,自我暴露,追问。

认可与鼓励。认可是对于对方谈话接收的反馈,表示已经听到,希望继续下去,如:点头微笑,目光交流,简单语言回应(嗯,可以,请继续)。除此之外,对方在进行表述时可以

---

① 江芳,王国英.教育研究方法[M].上海:华东师范大学出版社,2009:152.

适当进行鼓励,如"你说得挺好,请继续说下去",在这里要注意,认可不等于认同,只是对于被访者的言谈的鼓励,不进行评价,目的是为了使谈话进行下去。

重复、重组和总结。重复和重组是对被访者的话语进行重新梳理,把重组之后的话重述给被访者,厘清被访者想要表达的真实含义。在访谈中,被访者有时会词不达意,语言啰唆,所以需要重组明确。总结是对被访者的谈话内容的简要概括,它与重组一样是为了弄清谈话内容及真实含义,引导谈话方向,促使谈话继续进行。

澄清。在被访者表达不清晰不准确时,可以再问一下被访者,让对方将模糊不清的回答重新表述清楚,促使资料的准确收集。

自我暴露。当访谈遇到一些敏感话题时,被访者不愿意谈论,这时可以适当进行自我暴露,以自己的经历和经验拉近双方谈话的距离,使对方袒露心声。如谈到"上课迟到原因"的问题时,访谈者可以先说出自己有关的经历,让对方感受到真诚,赢得信任感,然后进行追问。

3. 终止访谈

访谈有一定的时间要求,当访谈进行一段时间之后,要适当地进行结尾,不能漫无目的地闲聊,也不能毫无征兆地突然提出结束访谈,而是用一些语言和行为提示对方访谈该结束了。在结束时要向对方表达谢意,感谢对于调查工作的支持与配合,有需要的话可以预约下一次的访谈。

(三)访谈结束后的工作

在整个访谈过程中要进行相应的记录,最好是当场记录,经过对方许可的话可以使用录音录像设备进行记录保存。访谈结束后,要把访谈过程中收集到的资料进行整理分析,根据研究需要筛选出有用资料,再对其分类整理进行进一步分析,经过加工最终形成访谈调查报告。

思考训练

1. 请你根据以下材料,设计一份访谈提纲。

小华今年10岁,上4年级,最近在班级里老是上课迟到,家长经过多次劝导无济于事,他的班主任想要了解小华的上课情况,以采取措施进行教育,故对他的各科任课教师进行访谈。

(设计要求:针对小华迟到问题,以班主任身份选取其中一位任课教师进行访谈。)

2. 根据上题中设计的访谈提纲,与同伴进行模拟访谈,并交流访谈存在的问题与不足加以改进。

第六章
教育实验研究法

※ 学习目标

1. 理解教育实验法的内涵、作用等基本问题。
2. 了解教育实验研究法的基本类型和特点。
3. 掌握教育实验研究设计的基本步骤和要素的要求,自变量操纵方法和无关变量的控制。
4. 掌握常用教育实验设计操作模式。
5. 根据实验目的,结合实验设计操作模式学会设计教育实验。

※ 本章导语

与教育调查研究法、教育观察研究法等研究方法相比,教育实验研究法主要能够主动操纵研究变量,干预研究对象的变化,直接探讨研究变量之间的因果关系。教育实验研究是十分重要的研究方法之一,并在当今世界教育改革与发展中发挥着重要作用。在这一章中,我们将讨论形成一个好的教育实验研究所必须要做出的决定,并且呈现出在教育实验研究中所使用的最基本的研究设计。

第一节 教育实验研究法的基本问题

一、教育实验研究法的内涵

17世纪初期,实验法就逐渐为所有的自然科学家所采用,成为一切自然科学的最基本、最主要的研究方法,并且不断地向社会科学领域拓展。在社会科学领域中,率先走上科学轨道的是心理学,其标志性事件是德国心理学家冯特(Wilhelm Wundt)于1879年在莱比锡创建了世界上第一个心理学实验室。

19世纪末20世纪初,欧美的一些教育学者开始尝试利用实验、统计和比较的方法研究教育问题,出现了"实验教育学"。这一术语最先是由德国教育家梅伊曼(Ernst Meumann)于1901年在《德意志学校》杂志上提出的。梅伊曼提出必须将实验心理学采用的实验室研究方法用于与儿童生活和学习有关的研究上。另一名德国教育家拉伊(Wilhelm August Lay)强调说,只有当某项实验的主要目的是解决教学、教育问题时,它才是真正意义上的教育学的实验。这两名学者在具体的研究取向上存在着较大的分歧,但他们一致提倡把实验心理学的观察、实验、统计方法引入教育学研究领域中,即通过科学意义上的观察、实验方法来研究和建构教育学的理论和体系,这使得教育学研究得以摆脱之前的偏重于概念思辨的理性主义研究传统,开启了教育研究科学化的先河。他们两人还共同主编了《实验教育学》杂志,大力宣传和推广教育实验,梅伊曼和拉伊的工作形成了德国的实验教育流派,这一实验教育思潮也很快风行到了英美等国,并掀起了一场世界性的教育实验运动。① 在实验教育学中所强调的定量研究也随之成为20世纪教育学研究的一个基本范式,推动着整个教育科学的发展。

我国的教育实验研究最初源于对国外教育实验的借鉴,20世纪初从日本移植单级教学,20世纪20年代引进美国的设计教学法、道尔顿制等。我国第一个测验量表《小学国文毛笔书法量表》编制者俞子夷是开展教育实验的先驱,之后廖世承、陈鹤琴从教育心理和儿童心理视角开展了教育实验研究;陶行知、晏阳初等进行的教育实验严谨而又不拘成法,注重研究实效。

自然科学实验以物为研究对象,一般脱离生产实践;心理学实验以人为研究对象,多脱离社会实践,具有伦理性;教育实验以人为研究对象,一般不脱离教育实践,具有教育性。② 综合比较自然科学、心理学实验研究,教育实验研究就是针对一定的研究假设,主动操纵研究变量,干预研究对象的变化,进而揭示研究变量之间因果关系的教育研究活动。也就是说,教育研究者运用科学实验的原理和方法,以一定的教育理论及假设为指导,有目的地操纵某些教育因素或教育条件,观察教育措施与教育效果之间的因果关系,从中探索教育规律的一种研究方法。

在教育理论研究和教育实践工作中,经常可以看到或听到教育改革与教育改革实验的这种提法,那么教育实验与教育改革有什么关系呢?

教育改革是对不同历史时期社会发展需要的政策表达,它源于社会经济、科技发展、国家进步、人民生活诉求等客观需要,是指导包括教育实验在内的教育理论和实践发展的根本动力之一。教育实验因其具有的科学验证性功能,往往成为教育改革前和改革过程中,通过试点探寻典型经验,然后大面积推广的重要手段和工具。③ 从历史上看,如果把实验理解为尝试的话,那么历史上的教育改革可以说就是教育实验。现实中许多教育改革也可以说是教育实验,因为就其共性来说,它是包含尝试的成分,具有创造性的探究性活动。

---

① 程江平.梅伊曼和拉伊实验教育思想的分歧及对教育实验的启示[J].教育研究,1997(9):40-43.
② 靳玉乐,和学新.教育实验论[M].重庆:西南师范大学出版社,1994:146.
③ 王飞.新中国成立70年教育实验回眸[J].中国人民大学教育学刊,2019(3):124-144.

就教育实验而言,它包含改革、变革的意义,在这个层次上教育实验也就是教育改革,所以二者有时是难以区分的。但是二者又有实质上的区别。这种区别表现在:首先,教育实验是一种研究性的活动,要探索教育诸变量之间的因果关系和规律,而教育改革更多关注的是变革,关注取得的实际效果,而不是实验研究变量之间的关系和规律,二者在目标上有所区别;其次,为获得规律和因果关系,教育实验的开展要求规范、有序,要求对无关变量进行有目的的控制,而教育改革则不注重这些方面,它往往更强调变革措施,更关注变革措施的操作和执行;最后,教育实验的结果要进行严格的分析和归因,要验证实验假设的合理性、有效性,注重研究结果的科学性、有效性和解释的合理性,而教育改革则不同,它更注重效果,注重结果的经验总结,不关注产生效果的原因和条件,在结果的解释上较弱。

在实际的教育改革或实验中,人们往往把教育改革和实验笼统地称为教育改革试验,严格地说这是不确切的。改革就是改革,实验就是实验,二者不能混同。如果一项教育改革实验有较强的研究性,有对无关变量的控制,在结果解释时能合理地归因,那么,这种教育改革实验可以称为教育实验。相反,如果一项教育改革实验,只追求效果,没有采取什么控制措施,那么,这项教育改革实验只能称为教育改革,教育实验与教育改革各有其自身不同的功用和目的,但两者也有密切的联系。有时一项严格规范的教育实验,需要以教育改革为基础进行初步的探索,当时机成熟后教育改革又发展为教育实验。

21世纪之后,国际人才竞争加剧,导致改革的成本提高,通过实验小规模试运行教育改革理念日益成为各国普遍采用的有效举措,促使教育实验与教育改革的联系更加紧密。改革已步入深水区,若其路径或方法失误,对本国的综合竞争力必将造成巨大损失,而以适当规模的教育实验先行先试,则可以规避全局性失败,还可以在实验中找到进一步改革的方向和措施的现实背景相关。二者联系的日益紧密,也可以避免因过度的政治、经济等考量,而忽视教育自身规律的错误倾向或做法,保障教育改革的科学性。因为通过科学的教育实验设计,可以对教育改革进行客观检验,以此为依据修正和完善教育改革必将更具合理性。①

二、教育实验研究的功能

教育实验作为教育研究中的一种基本形式,其功能由教育实验的本质特征决定,它能超越感性直观经验的局限,探索和发现客观事物的内部联系和规律性,并获得利用这些规律来预测和驾驭事物发生和发展的能力。教育实验研究的主要功能,具体分析有以下三点:

(一)检验、修改和完善教育理论

检验现有教育理论的科学性、先进性,并改进教育教学过程与方法。通过提供有意义的可靠的信息,对现有教育教学理论进行筛选、改造、提炼和发展、完善。另外,为发现和揭示新的教育特点和规律提供必要的基础。通过教育实验,我们能发现未知,开拓新的研

---

① 王飞.新中国成立70年教育实验回眸[J].中国人民大学教育学刊,2019(3):124-144.

究领域,从而不断加深对教育发展的规律性认识。

(二)促进教育实践的改革与发展

教育实验与教育实践是天然联系在一起的。它在发挥理论的认识功能的同时,还深化教育改革,提高实际的教育质量,一般的教育实践活动主要是完成教育教学的任务,没有明确的理论假设,对教育教学活动的分析无须严密,不必刻意追求研究变量的效应。但在教育实验研究中,它不仅要完成培养人的活动,还要进行研究,要对整个教育教学活动进行人为的加工,进行一系列的称之为实验处理的特殊处理,追求尽可能高的内外效度。因此,教育实验要兼顾研究结论的获得和教育实践效果的取得,不能因为研究而忽视了现实的教育效果。而且对于以学生为对象的教育活动来说,教育实验只能取得好的教育效果,不能因为研究的需要而伤害学生的发展和成长,这就是教育实验研究的教育性原则和伦理性原则的要求,所以教育实验研究应该有利于教育实践的改革与发展。

(三)为新的科学理论假说应用于教育实践寻求操作程序

当研究者提出一套完善的教育教学理论后,必须通过教育实验将理论转化成可操作的实验方案以付诸教育实践,才能切实发挥科学理论的指导作用。通过实验,一方面寻求将这些理论具体化并运用于教育教学实践过程的操作程序;另一方面,实验的结果又将进一步检验、充实、完善这些理论的科学性、先进性和可行性。

三、教育实验研究的特点

教育实验是贯彻科学实验的思想,探索教育活动领域中的本质或规律的科学研究活动。究其本质来说,教育实验应该是一种科学研究方法。既然是科学方法,那它就必须按照科学方法的规范来执行,就必须符合实验研究法的基本要求。假设、控制、重复作为最基本的实验要求,应当在教育实验中得以贯彻。而由于教育现象的特殊性,教育研究的丰富性,以及教育实验对象的特殊性,教育实验的特征就具有自己的独特性。

首先,以理论假设为前提条件。实验过程是在一定的理论假设指导下进行,以验证假设为基本目标。教育实验必须依据研究者的假设,按照一定的程序进行。事先没有完善的理论构思,脚踩西瓜皮,想到哪里做到哪里的教育活动是不能称之为"教育实验"的。教育实验的假设应当是有利于学生整体素质提高和发展的,是有利于新型的有效的教育教学模式生成的,且在实际教育领域中是切实可行的。脱离教育实际的假设,好高骛远的倾向是我们必须时刻注意的。

其次,具有控制性。实验情境是在人为改变或创设的教育环境中,以不改变现行教育体制下的学校、班级组成为出发点,以变量控制为基本要求。缺乏最基本的控制,完全在自然情境中进行的教育活动,只能算是一般的教育实践而绝非科学意义上的教育实验。当然,教育实验的控制只能是有条件的控制,是合乎教育情境的恰当的安排和处理。只要实验者有控制的意识,做了精心的组织和巧妙的安排,便可以在自然教育情境中进行实验研究。这是教育实验的重要特点,也是现代实验学走向生态化的趋势的要求。

再次,实验结果是在定性与定量的分析过程中做出来的,以统计处理为基本手段。作为一种科研方法,教育实验有自己独特的研究要求和使用条件。教育实验法就是以探究自变量与因变量之间的因果关系,从而达到认识教育现象的本质和规律为研究特色的。如何界定自变量,给自变量下操作定义(即做明确的描述或表述);怎样选择因变量的指标才能反映实验处理所带来的效果以及实验结果的描述与推理统计等,都需要建立在数量化的说明和定量分析基础上。同时,通过对教育因素之间的变量特征的比较、归类、概括,将实验结果上升为理论,又需要做定性的考察。大凡教育实验的结果,都会通过数量化的形式直观、形象地反映出来。

四、教育实验研究的类型

(一) 实验室教育实验与自然教育实验

根据实验开展的场所和情境,将教育实验研究分为实验室教育实验与自然教育实验。

实验室教育实验是在人为特设的条件下进行的实验。通常采用复杂的仪器,能有效控制无关变量,准确揭示自变量与因变量的共变关系。其特点是要求严格(环境、条件设备等)、操作复杂、费用高、时间短、可重复验证等。但由于脱离实际情境,结论的推广价值受到限制,更多应用于探讨理论问题。

自然教育实验是在自然常态下的教育情境中进行的实验研究。研究人员重在实验的设计、观察和结果分析。教育实验的操作主要由实验教师来完成。教育教学的状态除实验变量外,其他均与常态一致。由于教育现象极其复杂,目前我国开展的大量的教育实验属于自然实验。自然教育实验可以回避实验室方法所需条件的限制,较容易推广实验成功的经验,大大提高了外在效度。故其运用最广泛,最易推广。

(二) 探索性教育实验与验证性教育实验

根据实验目的和任务,可将教育实验研究分为探索性教育实验与验证性教育实验。

探索性教育实验是指在教育实验之初,对教育的有关问题的认识还不够明确、具体,处于模糊朦胧状态,没有形成明确的理论假设时,通过实验使认识逐渐明晰,从而形成理论性认识的实验。探索性教育实验的主要目的和任务在于形成明晰的理论认识,找出解决问题的办法和措施。比如一项关于课程结构改革的实验研究,如果在实验之初研究者对课程的整体结构的认识还停留在表层,对课程系统的结构是怎样的,层次是怎么划分的,彼此之间的关系是什么等问题还没有非常明确的认识,那么实验的开始就只能在系统论的指导下,在实验过程中逐步探索,通过实验室认识明晰,这类课程实验即探索性教育实验。

验证性教育实验是对已取得的认识成果用再实验的经验来检验、修订和完善。验证实验有探索和创新的成分,具有明显的重复性,是在不同环境条件下反复进行的,不仅对实验条件有明确分析,而且实验方案具有可操作性,关注实验结果应用的普遍性,追求实验较高的外在效度。验证的结果可来自实际,也可来自文献。比如集中识字和注音识字这两项实验,在实验前都有自己明确的理论假设,一是为了检验集中识字的效果,一是为了检验注音识字的效果,实验的结果都证明了它们的有效性,从而检验自身理论的正确性。

（三）单因素教育实验与多因素教育实验

根据实验因素多少，可将教育实验研究分为单因素教育实验和多因素教育实验。

单因素实验是指在一个实验中，研究者只操纵一个自变量。特点：实验变量少，操纵容易，实验难度小。该因素可以是德育、智育、体育等中的一种；也可以是语文、数学、自然、音乐等学科的一种；还可以是某一学科中的某一内容，如语文的阅读、识字、写作中的一种；或某一教材改革、教育教学方法改革等。

多因素实验是指在一个实验中，研究者需要操纵两个或两个以上的自变量。特点：实验变量比较多，实验难度较大。教育整体改革实验多属于多因素实验。

（四）前教育实验、准教育实验与真教育实验

依据实验变量的控制程度和内外在效度的水平，分为前教育实验、准教育实验与真教育实验。

前教育实验是指不能随机分派被试，可以进行观察和比较，但对无关干扰和混淆因素缺乏控制，误差程度较高的一种实验。前教育实验往往无法说明因素关系，也无法验证自变量与因变量的关系，很难将实验结果推论到实验以外的其他群体或情境中去，内外效度均很低。

准教育实验是指不能随机分派被试，只能按现存班级或群组进行，也不能完全控制无关因素，只能尽量减少误差的一种实验。准教育实验的实验效度较之真教育实验低，但在教育实践中较现实可行，做结论时需谨慎。我国大多数中小学开展的教育实验都是此类实验。

真教育实验是指能随机抽取和分派被试，保证各组被试等质，系统操纵自变量，完全控制无关变量的一种实验。真教育实验的实验效度高，误差程度低，但难以在实际教育情境中推广应用。

第二节 教育实验设计的基本规范

一、教育实验设计的基本步骤

教育实验研究法实施的全过程可分为"准备—实施—总结"三个基本阶段。这是一个相对稳定的、有序的结构序列。教育实验研究方法应用得成功与否，很大程度上取决于实验前的准备工作。因此，其准备工作如图6-1：

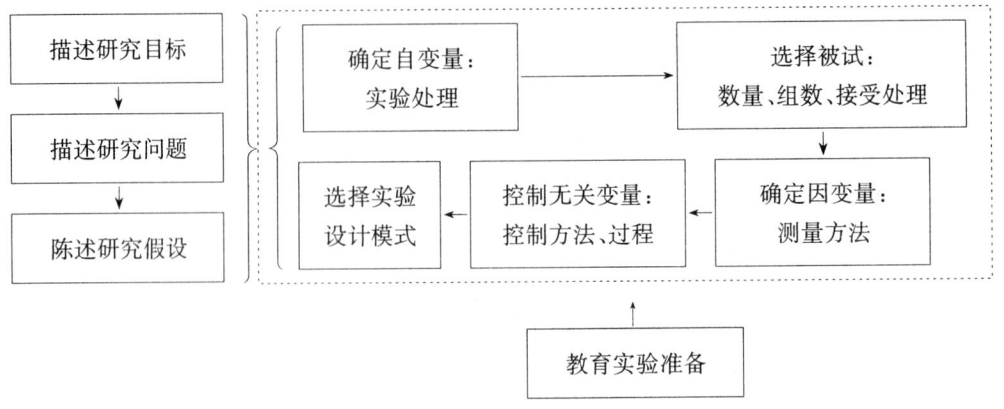

图 6-1 教育实验准备

由图可以看出,教育实验准备具体包括以下内容:

(1) 确定实验的自变量。根据研究目标、问题以及研究假设,确定实验的自变量。

(2) 选择被试和形成被试组,决定每组进行什么样的实验处理,并确定操作定义。

(3) 选择适合的测量工具并确定采用什么样的统计方法,从而明确评价因变量的指标。

(4) 选择实验设计类型,谋划好控制无关因素的措施,以最大限度地提高实验的内部效度和外部效度。

教育实验准备好后,紧接着进入实施阶段。也即按照选择的实验设计进行教育实验,采取一定的实验处理,观测由此产生的效应,并记录实验所获得的资料、数据等。最后进入教育实验的总结阶段。实验的总结和评价阶段,研究者的主要任务是对实验中获得的资料、数据进行分析处理,确定误差的范围,从而对研究假设进行检验,最后得出科学结论。在对实验结果进行分析的基础上撰写实验报告,对实验的过程和结论进行全面的表述。

二、教育实验设计的要素

教育实验作为一种特定的研究方式,包含三类七个基本要素,分别是自变量、因变量、无关变量;前测与后测;实验组与控制组。也可以这么说,任何一项实验研究,一般都会涉及这些基本要素。实验研究的这三类基本要素,构成了实验研究所具有的独特的语言。

(一) 自变量、因变量与无关变量

自变量是引起其他变量变化的变量,故也称作原因变量。而因变量则称作结果变量。在教育实验研究中,自变量又称作实验刺激(experimental stimulus),而因变量则往往是研究所测量的变量。无关变量是除了自变量以外,会对实验结果造成影响或干扰的变量。实验研究的中心目标是探讨自变量和因变量之间的因果关系,即控制无关变量,以保证考察实验刺激对因变量的影响。与一般意义上的自变量有所不同的是,实验中的自变量通常都是二分变量,即它通常只有两个取值:有和无,即给予实验刺激或不给予实验刺激。

自变量有不同的种类,也称可操作的自变量。有的自变量可以进行统计分析,有的自变量是按照分类划分的,如性别。

例如,三种不同教学方法对学习数学的成绩影响的研究。在同一所学校由同一位老师用三种不同的方法分别教六年级数学的内容。这里年级、学校和教师就是常量。这里的假设是除了教学方法,教师能确保教学效果相同。研究中的自变量是教学方法。教学方法有三种水平,即教学方法A、B、C,经过一段教学后测得的数学成绩就是因变量。

再如,男女教师职业态度的研究。自变量:教师的性别(男、女)。因变量:职业态度各类指标分数。

(二)前测与后测

在一项实验设计中,通常需要对因变量(或结果变量)进行前后两次相同的测量。第一次在给予实验刺激之前,称为前测(pre-test)。第二次则在给予实验刺激之后,称为后测(post-test)。不是所有的设计均需前测,但后测是考察实验处理的效果时必需的。如果有前测和后测的教育实验设计,那么,研究者通过比较前测和后测的结果,来衡量因变量在给予实验刺激前后所发生的变化,反映实验刺激(自变量)对因变量所产生的影响。这种测量既可以是一次问卷调查,也可以是一项测验。

(三)实验组与控制组

实验组(experimental group)是实验过程中接受实验刺激的那一组对象。即使是在最简单的实验设计中,也至少会有一个实验组。控制组(control group)也称为对照组,它是各方面与实验组都相同,但在实验过程中并不给予实验刺激的一组对象。控制组的作用是向人们显示,如果不接受实验刺激那样的处理,那么将会怎样,与实验组形成比较。在实验研究过程中,研究者不仅观察接受刺激的实验组,同时他们也观察没有接受实验刺激的控制组,并通过比较对这两组对象的观察结果,来分析和说明实验刺激的作用和影响。

三、操纵自变量

在一个教育实验中,研究者操纵自变量,操纵预计会引起因变量的变化。在任何给定的研究中,很多可能的自变量可以被选择,但所使用的自变量由研究问题来确定。因此,必须定义自变量,然后决定如何操纵自变量,以得到研究问题的答案。

(一)自变量的操作性定义

有些研究中自变量的定义是比较具体的,可以直接观察和测量,比如一些刺激变量。但有些研究中自变量的定义却是比较抽象的,不能直接观察和测量。对于前者,可以方便地确定自变量的不同水平,对于后者则比较困难。所以有必要对后者进行操作性定义。

操作性定义就是将抽象的定义转化为可直接观察、测量的特征的过程。即从具体的行为、特征、指标上对变量的操作进行描述,将抽象的概念转换成可观测、可检验的项目。从本质上说,给变量下操作性定义就是详细描述研究变量的操作程序和测量指标。

例如:"挫折感"的抽象定义为"当达到目标的过程中遇到障碍时所产生的情绪感觉或反应"。根据这一定义很难从科研中找到相应的测试内容,因为它不具体。如果研究者根据研究目标把它规定为在某一具体情景中,如小学生正在玩一个他十分喜爱的玩具的过程中,突然告诉他不能玩,或禁止继续玩,此时,小学生的反应就是挫折感的反应。这样,一个抽象性定义就转变成了操作性定义。

(二) 操纵自变量的方法

研究问题确定了自变量。然而,它并没有明确操作自变量的方式。那么,操纵一个自变量的方法有哪些呢?

(1) 在场或不在场方法。在教育实验中,一组研究被试接受处理条件(处理组),而另外一组不接受(控制组)。例如:在某种复习方法对学习数学的成绩影响的研究中,采用在场的方法操作自变量,即一个组的学生接受使用该种复习方法学习数学的内容,而另外一个组的学生继续沿用以往复习方法学习数学的内容。

(2) 数量方法。在教育实验中,该方法涉及在几组被试中实施不同数量的自变量。例如:有的研究者可能认为一次复习课效果好,那么多次复习课效果将会更好。该操纵将会从根本上影响到改变学生接受复习课的次数。也可以操纵复习课的数量,使第一组学生在没有复习课的帮助下参加数学考试,第二组学生上一次复习课,第三组学生上两次复习课,第四组学生上三次复习课。

(3) 类型方法。也即将不同的条件类型提供给被试。例如:研究者可能认为复习的类型是重要的变量,而改变被试接受的复习课数量并不那么重要。可以设置一次由教师指导的复习课,一次由学生指导的复习课或一次小组复习课。也即,如果确定了想要研究复习课类型,在被试学生参加考试之前,要使不同组被试学生接受不同的复习课类型。

四、控制混淆变量的方法

在讨论具体方法之前,什么是实验控制呢?实验控制,即为了确保因变量的任何效应都能被归结为自变量的操作,实验中应该做到保持无关变量恒定。实验控制应该受到重视,因为它在所有类型的实验研究中都很关键。任何实验的目的都是观察某些变量被操纵后出现的效应——自变量对因变量测量结果的影响。由自变量导致因变量的效果的结论是合理的。必须对环境等其他无关变量进行足够的控制,以保证没有其他因素和自变量一起变化。只有这样才能使得关于自变量对因变量是否产生影响的推论充分可靠。例如,如果一个实验组是由聪明的人组成,另一个实验组是由智力一般的人组成,那么这里将会产生差别的影响,你需要在这个变量上使实验组同质化,只有这样,因变量产生的任何显著差别都归因于操纵自变量的一个结果。

在复杂教育实验过程的研究中,存在着比其他类型研究更多的实验控制问题,尽管研究者不大可能严格控制影响实验环境的所有无关变量,但可以使这些变量发生非系统的变化,因为变量非系统变化对所有实验条件的影响都一样。另一种实验控制的目的是减少影响因素的无关变异源。[1]

(一)随机分配被试

随机分配是在偶然性的基础上分配处理条件的一个程序。已知和未知的潜在无关变量不会系统地使研究结果发生偏倚,而随机分配会使这种可能性最大化。也就是说,实验开始之前,随机分配是使实验组内所有变量相同的最好方法——匹配法之一。实验的关键就是使所有的实验组的所有变量相同,并且只是系统地改变自变量。随机分配不能保证实验组之间性状的完全平衡,正如即使抛硬币出现正面的概率是50%,你也无法保证扔十次硬币就能出现五次正面。但随机分配保证了被试被分到实验各组的机会是一样的。因此,其他人在"重复"该实验时可以得到相同的结论。这正是随机分配的意义所在。当被试被随机分配,他们自身带有的变量也被随机分配。只要实验组内的这些变量相似,那么当自变量对被试没有施加影响时,实验组的因变量预计将会有几乎相同的变化。如果被试对因变量的反应相同,那么这种差别可以归因于自变量。此外,随机分配是控制未知变量影响的唯一方式,因此,即使已经使用了其他控制方法,也应尽可能地使用随机分配。

随机分配与随机选择也是有差别的。随机选择或随机抽样是随机地从总体中选择一些个体,从而使选取的样本与总体相似。随机选择一个样本,通过这个样本的实验,其实验结果推广到总体。随机分配始于一个样本,采取便利抽样,并在偶然性的基础上分配到实验组中,从而使形成的实验组的相似概率最大化。随机分配所产生的实验组内的所有变量都相似。使用这些实验组,能够操纵自变量并决定其因果关系。

理想情况下,在任何研究中,都应该从总体中随机选择被试,因为这最大限度地保证了系统性偏差不会出现在选择过程中,而且所选择的被试都是总体的代表。一旦被试从总体中被随机选出,它们也应该被随机分配到实验组中。这样可以增加研究的内部效度。实验中获得被试的理想步骤如图6-2:

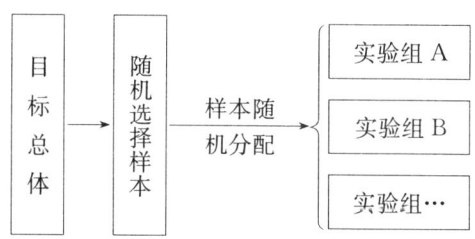

图6-2 实验中获得被试的理想步骤

(二)配对被试

配对是一种对实验组内一个或多个与因变量相关的变量等同的控制方法——另外一种匹配法。最常用的配对步骤是将不同实验组内的被试逐个与每一个被选出的无

---

[1] 坎特威茨,罗迪格,埃尔姆斯.实验心理学[M].9版.郭秀艳,等译.上海:华东师范大学出版社,2010.

关变量配对。例如:实施测试三种不同的数学教学方法在数学测试中的效果,智商、数学焦虑等可能会影响测试成绩,因此,实验中需要控制这两个变量的影响。一种控制方法是将三个实验组中的个体被试都配对,从而每个组被试的智商和数学焦虑感就大致相同。换句话说,如果第一个自愿参加研究的男性被试智商为118,那么,就要找到2个智商非常接近118的男性被试,这样才能保证随机分配到三个实验组。但生活中,发现3个智商几乎相同的人是很困难的,因此,所遵循的标准是被试所要配对的变量要非常相似。

使用被试配对法时,也要注意随机分配的使用,目的在于随时随地做到随机化的规则。即使在使用其他控制方法,也要做到随机化。如上例中,一旦找到三个人被配对,那么,下一步就要去找另外三个与他们的智商和数学焦虑感相匹配的人,并将他们随机分配到实验组中。这个过程将一直持续到找到每个实验组所需的被试人数。最终结果是实验组被试的匹配变量是相同的或者非常相似的。见图6-3配对控制法。因此,实验组中这些变量对因变量的影响是恒定的,这就是一个实验中所需要控制的类型。

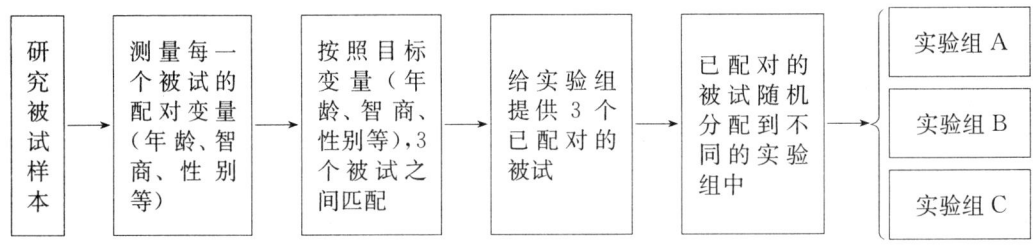

图6-3 配对控制法

个体可以被配对,小组配对也是可能的。小组配对包括选择相似的平均分和相似分数分布的小组,换句话说,每个小组变量数据的平均数和标准差相比,如果每个小组变量数据之间平均数相等、标准差也相等或在统计误差允许范围内,就可以说小组之间配对成功。

(三) 恒定无关变量

另外一个常用的控制方法是保持实验组内的无关变量恒定。这就意味着每对实验组的被试有着几乎相同类型或数量的无关变量。假如你想要测试体育课程的统编教材,提高体力和耐力的效果。体力和耐力可能会受到性别的影响,因此,首先可能会决定只包含一个性别,比如女生。研究中仅有女生被试,因此不同实验组在性别上不会有任何区别。如图6-4所示,选择一个只有女生的样本后,也要使用将这些学生随机分配到不同实验组的控制方法。也即尽可能遵循随机分配的原则。虽然保持无关变量恒定有效地保证了不同对实验组之间无关变量的相同,并提高了研究的内部效度,但该方法同时降低了研究的外部效度。因为整个类别的被试男生均被排除在研究之外了。

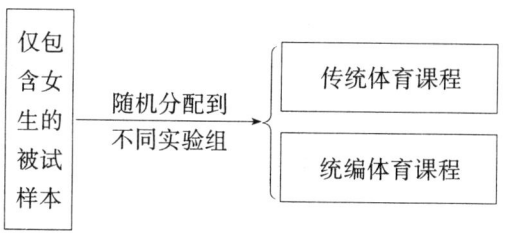

图6-4　恒定无关变量

(四) 把无关变量融入研究设计之中

把无关变量融入研究设计之中可以控制无关变量,这样的无关变量也成了一个自变量。例如:在调查使用小学体育课程的统编教材的假设性研究中,要想控制性别的影响,可以将性别作为一个额外的变量,而不是保持性别恒定。如果把男生和女生都包含在研究中,可以确定统编课程是否对男生和女生都有效。如果对额外变量性别有理论上的兴趣,把无关变量性别融入研究设计中,这种方法也克服了之前方法(保持无关变量恒定)的外部效度问题。将无关变量性别融入研究设计中,被试将全部参与研究,也即没有被试从研究中被排除了。把无关变量融入研究设计之中消除了实验偏倚的一个无关变量,且成了一个研究的重要自变量。

(五) 平衡

当由自变量界定的实验组是由不同的研究被试组成时,就会使用之前所述的控制方法。平衡方法仅用于一种不同类型的研究设计——重复测量研究设计。重复测量研究设计的显著特征是所有的被试要接受所有的处理。平衡控制法是指按照不同的顺序对所有的被试实施实验条件。平衡是用来控制序列效应,也即实验误差效应。当每个被试参与了多于一个实验组时,这种效应就会发生。当每个被试参加每个实验组,就会发生两种类型的序列效应。

顺序效应是自变量的呈现顺序对因变量产生的影响。即当相同的被试接受不同的实验处理时,第一次实验处理对第二次实验处理可能产生的影响。这种影响可能是巨大的,也可能是轻微的;可能是短暂的,也可能是长久的。一般说来,在重复处理的实验中,顺序效应是影响实验效果的重要的额外变量,须加以有效控制。控制方法有完全的平衡方法及拉丁方平衡方法。如,当实施两种不同数学教法的教学实验时,若以同一个班的学生为被试,则第一种教法的效果就会对第二种教法的效果产生影响。这时,可对两个班分别采用"先实施教法甲、再实施教法乙"和"先实施教法乙、再实施教法甲"的实验顺序,以平衡实验顺序的影响。[①]

第二种序列效应就是遗留效应。当某一个处理条件的表现部分取决于之前的处理条件时,遗留效应就会发生。即上一阶段的处理由于效应去除时间不足或其他原因干扰了

---

① 林崇德.心理学大辞典[M].上海:上海教育出版社,2003.

下一阶段的处理效果。

控制遗留效应和顺序效应的主要方法是使被试接受处理条件的顺序得到平衡。平衡的一个方法是使被试顺序随机化,即用一个随机数发生器随机分配给每个被试一个序列顺序;另外一个方法是按照不同的顺序对研究被试实施每个实验条件。

第三节 教育实验设计的操作模式

如何设计一个可以检验研究假设并能解决研究问题的实验?这不是一个简单的任务,也没有一套固定的方法。设计一项教育实验需要考虑各个组成部分,也具有一些通用设计基本规律。有些实验设计不能最大限度地控制潜在的无关变量,也可以称为前实验设计,或者弱实验设计。反之,有些实验设计可以最大限度地控制潜在的无关变量,也可以称为准实验设计,或者强实验设计。能随机分派被试,完全控制无关变量的真实验,能系统地操作实验自变量,在教育实验设计实践中一般不存在。下面介绍几种常见单因素和多因素教育实验设计的操作模式。

教育实验设计中常用符号的规定:G 表示组;X 表示研究操纵的实验处理,实验处理在实验对象上施加实验因子的过程;O 表示观察或测量的因变量结果,如果纵向放置的表示"何时进行";R 表示随机选择与分派被试;……表示被隔开的被试组不等(不等组设计);"—"表示控制组无实验处理。

一、单组后测实验设计

只有一个单独的实验被试小组参与到实验处理中,通过对因变量的判断,评价实验处理条件的影响。这种实验设计称为单组后测实验设计。一般表示为:

	实验处理	后测
实验组 G:	X	O

例如:如果一所学校拟确定实施一个新的阅读方案是否会增加学生们的阅读欲望,于是选择了单组后测实验设计。在实施该阅读方案一学年后,要求所有参与的学生完成一份阅读态度调查问卷,目的是评估他们对阅读的态度。如果结果表明学生的态度是积极的,那么,就可能认为该阅读方案的实施对学生阅读产生了积极的影响。

这个结论并不能完全将学生阅读态度的改变归因于新的阅读方案实施。也许学生参加阅读之前,可能已经对阅读有了积极的态度,实际上该方案的实施对学生的态度并没有影响。重点是在没有一定比较的情况下,想要确定新的阅读方案实施是否会产生影响或会产生什么样的影响是不可能的。因为,学生没有前测,研究者对实施阅读方案之前的学生情况一无所知。从科学的角度来看,这种设计毫无价值。

二、单组前后测实验设计

因缺少一定形式的比较,大部分的研究者认为单组后测实验设计无效。大部分研究者认为需要一个前测对实验处理前后的反应进行比较,这种设计被称为单组前后测实验设计,也是对单组后测实验设计的改进。基本原理是在实验处理施加之前,对一组研究被试的因变量 O 进行第一次测量,接着实施自变量或者实验处理条件 X,随后对该组研究被试的因变量 O 进行第二次测量。第一次和第二次测量分数的差异就是衡量实验处理条件有效性的指标。一般表示为:

$$\begin{array}{cccc} & \text{前测} & \text{实验处理} & \text{后测} \\ \text{实验组 G:} & O_1 & X & O_2 \end{array}$$

尽管单组前后测实验设计是对单组后测实验设计的一次改进,但与教育实验前测分数相比,后测分数的改变不能自然而然地认为是由自变量产生的效果。在教育实验过程中存在很多潜在的无关变量影响后测结果,如历史、成熟、测验、工具和回归等。这就需要对无关变量做竞争假设分析,解释前测和后测分数之间的区别。

例如:一个教育研究者设计以小学五年级学生为研究对象,实验一种新的教学方法能否对学生阅读效果有促进作用。在学期开始,对采用新教学方法的某校小学五年级学生进行阅读测验(前测 O_1),从而确定学生的阅读水平。在实施新教学方法实验两年即将结束后,再次对这些学生进行阅读测验(后测 O_2)。把学生阅读成绩前后测相比较,假设对比表明学生阅读水平提高了 1.9 年,说明这两年实验期间学生的阅读水平取得了较大进步。那么,我们就认为新的教学方法是有效的,能够较好地提高学生的阅读水平。然而,如果考虑一下无关变量,也可能会导致这种阅读水平的改变。

"历史""成熟"这两个无关变量的影响是很可能的。学生被安排为实验对象,学校可能做出特殊努力,可能促使父母鼓励孩子阅读和完成他们的家庭作业。实验计划和父母的鼓励可能会提高学生的阅读成绩。同样,在前测和后测之间时隔两年,学生比之前大了两岁,学生已经变得成熟了。测验效应也可能会存在,因为前测和后测过程中学生都参加同一类型的阅读测验,这也意味着学生可能会对第二次测验场景更熟悉,另外,如果前后测之间时间间隔较短,测验效应更有可能发生。统计回归的影响也有可能性,参加实验的学生在前测得分最低,这是由于计划因素导致的,统计回归将解释这些学生在后测中会提高成绩。

单组前后测实验设计的优点:① 能较有效地反映出实验处理的效果;② 对被试的需求量较少,可从一组被试获得两个观测数值,无须再增设控制组。缺点:① 由于前后两次观测之间存在时间间隔,被试在此期间对无数可能产生影响的变量都是开放的,而难免受到外来因素的影响,间隔时间愈长,影响愈大;② 容易产生顺序误差,因为前测本身会影响后测,而产生练习、疲劳等效应。因此,这种实验设计应该谨慎地解释由自变量造成的任何影响,并不断地寻求证据,排除影响这种实验设计内部效度的每个无关变量。

三、不等组后测实验设计

不等组后测实验设计是指一组研究被试接受了实验处理,然后在因变量上与另外一组未接受实验处理的被试进行比较。一般表示为:

       实验处理 后测
控制组 G_1:   — O_1
实验组 G_2:   X O_2

例如:确定以信息技术辅助教学训练是否会提高小学生数学学习能力和成绩。从××小学四年级整群抽取两个班。实验班,按信息技术辅助教学训练。控制班,继续按常规教学训练。两个班由同一教师教学,因此,这里将不会存在不同老师的影响,实验结束后,对两个班学生数学成绩进行测验并比较。如果使用信息技术辅助教学训练的班级比未使用信息技术辅助教学训练的班级的成绩要好,那么,就可以得出结论,使用信息技术辅助教学训练能够提高小学生数学学习能力和成绩。因为增加了一个控制组,很多影响内部效度的因素,或者说是无关变量,已经被消除了,这个实验设计还存在影响内部效度的其他因素。因此,使用信息技术辅助教学训练能够提高小学生数学学习能力和成绩可能不真实。也存在其他一些无关变量影响实验内部效度,如两组学生不是随机分配的等。

四、等组后测实验设计

等组后测实验设计是指研究被试被随机分配到一个实验组和控制组,施加自变量影响,然后测试实验组和控制组的因变量,将实验组和控制组的后测分数从统计学的角度进行比较,从而确定自变量是否产生了影响。等两组后测实验设计基本模式一般表示为:

       实验处理 后测
控制组 RG_1:   — O_2
实验组 RG_2:   X O_2

这种实验设计可以扩大到含有多个实验组中。等多组后测实验设计基本模式一般表示为:

        实验处理 后测
控制组 RG_1:   — O_2
实验组 $1RG_1$: X_1 O_2
实验组 $2RG_2$: X_2 O_2
实验组 $3RG_3$: X_3 O_2

等组后测实验设计控制了影响内部效度的一些无关变量的影响因素,因此,它是一个相对较好的实验设计。由于等组后测实验设计包含一个控制组,而且被试随机分配到实验组和控制组中,较好地控制了所有影响内部效度的潜在威胁因素。虽然差异性流失可能性不大,因为实验组是由相似类型的人组成的,但仍旧是有可能的。这将涉及两个或多个实验组内被试的差别损失,如果一个组失去了一些被试,而且这些被试的特征是与其他实验组内实际的被试特征不同,那么差别可能会在后测中被发现。因为除了自变量,差别损失会使两组或多组被试在所有的被试上都不相等。

五、等组前后测实验设计

等组前后测实验设计是指一组研究被试随机分配到一个实验组或控制组中,并对因变量进行前测,然后施加自变量 X,最后对实验组和控制组的因变量进行后测。一个两组的实验设计,包含一个控制组和一个实验组。等两组前后测实验设计基本模式表示为:

	前测	实验处理	后测
控制组 RG_1:	O_1	—	O_2
实验组 RG_2:	O_1	X	O_2

这种实验设计可以扩大到含有多个实验组中。等多组前后测实验设计基本模式表示为:

	前测	实验处理	后测
控制组 RG_1:	O_1	—	O_2
实验组 $1RG_1$:	O_1	X_1	O_2
实验组 $2RG_2$:	O_1	X_2	O_2
实验组 $3RG_3$:	O_1	X_3	O_2
……			

例如:预计推出 3 种阅读教学方法,想看看哪一种方法更适合学生。首先把被试随机分配到四个组中,一组控制组,三个实验组,在实验开始之前,对每组被试进行前测。每组实施阅读教学方法之后,被试接受后测,并使用一种恰当的统计方法进行数据分析,如协方差分析,从而确定不同的阅读教学方法是否产生不同的效果,如果有不同的效果,哪个阅读教学方法更优。

等组前后测实验设计是一个很好的实验设计。因为它能很好地控制影响实验内部效度的无关变量,在竞争假设方面具有较好的说服力。历史和成熟因素能够被控制,因为在实验组的任何历史事件或成熟效应都将出现在控制组中,除非历史事件只影响实验组中的一组(在这种情况下,历史事件将不会被控制,因为它将不会影响两个或多组)。工具和测试能被控制,因为实验组和控制组都要接受前测,所以前测的任何影响都应该存在两个或多组中。回归和差异性流失变量能被控制,因为被试随机分配到实验组和控制组中。随机分配最大限度地保证了两个多组在实验开始时是相等的,虽然随机分配不能对实验组和控制组的初始等值提供 100%的保证,但它是提供保证的最好方法,因此随机分配对诸如回归和差异性流失等潜在偏差提供了最好的控制。

六、重复测量实验设计

重复测量实验设计是指每一个研究被试接受了所有的实验处理,重复进行测量。换句话说,如果自变量有两个水平,那么所有的被试都接受这两种水平或者实验条件;如果自变量有三个水平,那么所有的被试都接受这三个水平或者实验条件,之后的情况就以此类推。这种实验设计与其他实验设计相比,在其他实验设计中需要选择另外不同的被试承担。如果所有的被试接受所有水平的自变量,称之为被试内变量;如果被试是分开的,

被试只接受自变量的一个水平,称为被试间变量。基本模式表示为(见表6-1):

表6-1 重复测量实验设计

实验处理条件		
A	B	C
P_1	P_1	P_1
P_2	P_2	P_2
P_3	P_3	P_3
P_4	P_4	P_4
…	…	…
P_n	P_n	P_n

例如:1997年卡尔和杰瑟普,在重复测量实验中,对一年级学生性别差异引起数学策略使用产生的辩论研究,在学年的10月、1月、5月,一年级学生在教室外单独接受采访,从而确定在解决加减法问题时,他们所使用的策略是研究者对自变量时间很感兴趣,因此便是在学年三个不同时间点中所使用的策略被重复研究,从而确定在过去一学年中是否改变了所使用的策略。

第四节 教育实验设计的标准

一、实验效度的类别

一个好的实验设计的标准就是提高实验效度。本节主要采用坎贝尔和斯坦利(Campbell & Stanley,1963)、库克和坎贝尔(Cook & Campbell)定义的实验效度,并分为四类:内在效度、外在效度、结构效度和统计结论效度。

(一) 内在效度

内在效度是指自变量和因变量相关联的因果推论效度。它解释的是实验处理是否可以使因变量产生差异。为回答其问题,研究者需控制一些因素,比如无关变量,还需确定没有产生效应结果的作为实验处理效应。

内在效度涉及对无关变量的选择方法、测量方法等进行充分的控制。实验设计应该不断发展,以便研究者充分地发现可能影响内在效度的因素。换句话说,我们不可能在实验中操作所有可能的因素,但研究者应了解有关变量以及内在效度相关的可能出现的困难。这样,实验设计便能充分地解释结果。

(二) 外在效度

外在效度是指涉及实验结果的可推广度,即实验可以推广到怎样程度的总体、变量、情景等。一般来说,外在效度越充分,结果推广度越大,研究越有用。

外在效度关心的是研究者所期望的结果能推广到的总体,但也可能包含把实验结果推广到其他相关自变量或对实验变量的修正。可能会有诸如班级大小、学校类型等研究者所希望推广的因素。例如:一项在郊区学校四年级学生中获得的实验结果是否对城区学校也适用?对八年级呢?很可能不行,但这又需要依据变量和实验的具体细节来判断。研究者也可能想推广到不同的有测量差异的情境中去。如一个经过了前测试的实验,结果能推广到没有事先测试的班级吗?外在效度就要考虑这类问题。

(三)结构效度

结构效度研究的是对实验中的自变量和因变量进行定义,以及在实验设计中这些变量是如何被操控的。它关注的是那些有待研究的变量结构可能会被建构成怎样不同的结构。

结构效度是有关自变量和因变量的结构的效度。在界定实验变量时必须要谨慎,这样其他研究者才能重复该研究或将其推广到不同的群体或实验设计中。这就意味着必须要明确说明实验处理,其他研究者才能确切知道该做什么,才能如实重复该实验。对因变量的界定和测量也是如此。一般来说,应该使用以往研究中使用过的定义和测量,这样你的研究结论就可以与有关的结论进行直接比较。

(四)统计结论效度

统计结论效度是指做出实验组和控制组之间存在统计上的显著差异的结论的效度。这是决定实验处理是否有效的第一步。

当研究者理解了研究中所使用的统计方法和统计前提时,统计结论效度就能得到保证。为了确保足够的统计力,就需要足够大的样本量,而且要确保测量技术的恰当性,从某种程度而言,这就意味着因变量的信度系数应该很高,大概在 0.9 左右。对于一个高质量的研究设计而言,对测量进行恰当的分析是非常重要的。

尽管实验设计的目的是希望实验的所有效度都高。但有些情况下,确保一种效度,就会削弱另外一种效度。随着实验的控制越来越严格,在实验中可发生的和在自然教育条件下可发生的两者之间一致性就越小。例如:在对教学策略的研究中,对实验的各个方面都进行了控制,实质上就是人为创造了一个情境,在这个情境中,发挥作用的只有实验变量。这样提高了内在效度,但是推广性可能会非常有限,导致结果不能应用于真实的班级情境中。这并不是说获得最大的控制就一定是不好,实验的目的决定要求效度的程度。显然,一个结果无法解释的实验毫无用处,即使推广度可能很大;但另外一方面,实验后又发现其结果不能如实验目标中预期的那样得以推广,这样也不是好的实验设计。

二、实验效度的干扰因素

实验设计应致力于提高实验效度,但是实验效度效果并不仅仅依赖实验设计。实验细节对效度有影响,此外还有许多其他因素(或无关变量)会干扰实验效度,包括对内在和外在效度的影响。

坎贝尔和斯坦利(1963)总结了对实验效度的干扰因素共有 12 个,影响内在效度的有

8个,影响外在效度的有4个。表6-2和表6-3列出并解释了这12个因素,同时举例说明了每一个因素是怎样发生的。所有的例子都假定已经做了一些实验处理。

表6-2 实验内在效度的干扰因素

序号	干扰因素		举例
	名称	内涵解析	
1	偶然事件	在实验进展中没有预料到的影响因变量的事件的发生。	在相对较短的教学实验中,一组被试因学校停电而不能对其进行教学。
2	成熟程度	时间在被试身上起的作用。	在学习实验中,被试在50分钟后因疲劳而成绩下降。
3	测验	前一次测验对随后一次测验的影响。	在一次以逻辑推理能力为因变量的实验中,前测给被试者提供了有关后测的线索。
4	测量手段	测量手段不统一会产生错误的结果。	两个主考人对同一项教学实验进行后测所用的程序和方法不同。
5	统计回归	基于极端分数挑选的被试,在随后的测验中,其成绩有向平均分回归的趋势。	在一项阅读教学的实验中,前测中阅读成绩差的组,较之于成绩一般、好的组进步大得多。
6	被试的选择差异	被试未能随机分配到各组,对被试的选择产生了影响,从而产生了各组之间的不对等性。	一个教学实验的实验组本来就是一个高才生,而控制组本来就是一个普通水平班。
7	损失率	实验中非随机挑选的被试流失,会产生不良影响。	在一项判断各类运动效果的健康实验中,部分被试发现此项运动很难而退出。
8	取样与成熟交互作用	由于取样不一样,带来的成熟程度不一致。	在一项问题解决的实验中,选取小学/初中教学班为被试,小学生比初中生更早地感到疲劳。

表6-3 实验外在效度的干扰因素

序号	干扰因素		举例
	名称	内涵解析	
1	测验的交互作用	前测与实验处理发生作用,并导致结果不能推广到未经过前测的群体中。	在一项体育表演实验中,前测提示被试按照一定的方式对实验处理做出反应,但是如果没有前测,结果就不一样了。
2	抽样偏差和实验处理的交互作用	这是一种未处理组的某种因素与实验处理的交互影响作用。如果这些实验组是随机构成的话,就不存在影响作用。	在一项有关教学方法的实验中,对于低成就学生而言,教学方法的实验处理是有效的,但对于高成就学生而言就没那么有效了。
3	实验处理的副效应	由于人为的或者新异的实验设置而带来的效应,这也可以影响内部效度。	当在常规的课堂教学中,实施补习式的阅读教学方案时,补习式的阅读教学的实验效果不会再次产生。
4	多重处理干扰	一个被试受两项或两项以上的处理,就像在重复测量中设计的,那样会产生一种后续效应,导致不能推广到单一实验处理中。	在教学方法实验中,对同一班依次给予4种不同的教学方法处理。从第2次到第4次教学方法的效果都摆脱不了第1次教学方法可能有的效果影响。

表6-4 实验结构效度的干扰因素

序号	干扰因素		举例
	名称	内涵解析	
1	对结构缺乏充分的事先准备和说明	对因变量和/或自变量的定义不充分。	由于缺少对术语的精确定义,所以两个教师的个别化教学方式差异很大。
2	单一操作偏差	只操作一种类型的实验变量。	一个实验关注的是反馈的效果,只包括书写反馈。
3	单一方法偏差	只操作一种类型的因变量。	在一个降低考试焦虑的实验中,被试仅使用纸笔方式进行焦虑的自陈报告。
4	实验环境里的假设——猜测	当被试知道他们正在参加实验的时候,他们的行为会变得不同。被试的行为也会影响内在效度。	当被试是知道有人研究他们时,他们在实验中的互动会与平时不同。
5	混淆结构和结构的水平	当某些变量水平缺失时,所得出来的结论。	一个研究者得出这样的结论,仅对某种类型的音乐来说,音乐可以促进训练计划。

表6-5 实验统计结论效度的干扰因素

序号	干扰因素		举例
	名称	内涵解析	
1	低统计力	使用的样本量太小,不能检测出组间差异。	每组只有5个学生的教学实验的组间差异不显著,这时研究者得出结论,两种教学方法同等有效。
2	违反统计测验假设	不能满足潜在的假设。	研究报告的统计假设检验要求是连续变量数据,才能计算其平均数和标准差,切忌出现计算称名(或类别)变量数据的平均数和标准差,例如,性别划分。
3	偶然发现和错误率的问题	利用偶然发现的结果错误地推论整体。	研究者使用50个因变量比较了两种方法,却只根据两个显著的结果得出结论。
4	测量的限度	使用的测量技术不科学。	心理学家发现,男孩和女孩对婴儿期的回忆没有差异。

本章讨论的教育实验设计是一些一般性的教育实验设计,它需要不同的实验研究的充实和补充。所以,不能认为某一实验设计就能有效地防止各种因素对实验效度的干扰。

教育实验设计很少是尽善尽美的。通过教育实验研究过程,研究者试图获得充分的内在效度和外在效度。由于一种效度的提高可能会影响另一种效度,研究者必须设法保持其平衡,通过足够的控制使结果具有可解释性,获得足够的事实,从而使结果能够推广到欲准备推广到的情境中去。

思考训练

阅读下面的材料,请按要求答题。

1. 某小学进行"运动处方"式教学实验,取小学六年级两个班为样本,由同一个教师任教。首先对两个班学生进行体质、体能测查,并对测查数据进行了常模参照分析。对照班按照常规体育课进行教学,实验班学生按测查结构,分为耐力、速度、灵敏、力量等不同小组,有针对性地制定"锻炼处方",每周进行三次以上"处方"式锻炼。三个月后,对两个班再次测查并对数据进行分析。判断"运动处方"式教学对学生体质、体能是否有影响。

(1) 请写出该实验的课题名称和研究假设。

(2) 请写出该实验的自变量、因变量和无关变量。

(3) 请写出该实验设计类型的名称及其格式。

(4) 说明该实验设计的优缺点。

2. 某研究者想探明教学方式与学生思维品质形成的关系,于是在一所小学随机选择了四年级的两个班,采用抽签的方法,确定一个班为实验班,一个班为对照班。实验班采用新的应用题教学方式实施教学,如以自编应用题(一题多变)和解应用题(一题多解)培养学生思维的灵活性,以应用题归类教学培养学生思维的深刻性等等;对照班仍采用传统的应用题教学方式实施教学。实验前后分别对两个班进行了难度相当的测试,实验进行了一个学期。分析两个班前后测所得的数据,判明实验效果。

(1) 请写出该实验的课题名称和研究假设。

(2) 请写出该实验的自变量、因变量和无关变量。

(3) 请写出该实验设计类型的名称及其格式。

(4) 说明该实验设计的优缺点。

第七章
教育个案研究法

※ 学习目标

1. 了解教育个案法的含义、特点、具体方法。
2. 理解教育个案研究法的一般步骤。
3. 学会在教育研究中运用教育个案研究法进行研究。

※ 本章导语

教育个案研究法强调对一个人、一件事、一个团体或者社区进行深入全面的研究。教育个案研究不仅能提供教育问题成因的理解,而且还能对错综复杂的关系、动态变化的时空情境条件做适当分析。

粒沙里看世界,半瓣花上说人情。

——郁达夫

案例:武汉市江岸区辅读学校课外活动实施的个案研究——以轮滑/滚轴溜冰活动为例[①]

课外活动是学校在各科教学大纲范围以外,对学生进行的多种多样的教育活动。它是班级教学的必要补充,是学校教育的重要组成部分。关于普通学校课外活动的研究日益得到关注,但关于辅读学校课外活动的研究却很少。辅读学校是指为智障儿童设立的专门特殊学校,注重于培养智力障碍儿童以后的生活自理能力和独立性,并且通过适合身心发展特点的教育和训练,使智力障碍儿童在德、智、体等方面获得全面发展。课外活动的开展可以促进这些目标的实现。在课外活动中,学生具有自主选择权,处于主体地位,有利于培养他们的主体意识。课外活动不仅具有教育作用,而且是促进学生全面发展的重要形式。更重要的是,课外活动也是促进学生智力发展的手段。研究者通过分析相关

---

① 程三银,邓猛.武汉市江岸区辅读学校课外活动实施的个案研究——以轮滑/滚轴溜冰活动为例[J].香港特殊教育论坛,2009(11):98-110.

文献发现,普通学校课外活动的研究较多,辅读学校课外活动的研究匮乏,因此试图以轮滑活动为例,研究武汉市江岸区辅读学校开展课外活动的状况,调查开设轮滑的作用、影响因素以及开设效果,探索辅读学校开设课外活动的特点与规律,并对辅读学校课外活动的开展提供一些参考建议。

该研究对象是武汉市江岸区辅读学校实验一班。江岸区辅读学校创建于1984年,隶属于江岸区教育局直接领导,是武汉市第一所以专门招收智力残疾儿童为主要对象的特殊教育学校。目前,该校有智障学生80余人,分9个年级。实验班所开展的课外活动主要有轮滑、腰鼓、听音乐、看动画片等,其中,轮滑开展时间为一年。根据该校实验班教师C介绍,这是该校建校以来实施时间最长、取得明显效果的一项活动。因此,作者选取轮滑活动来分析辅读学校课外活动开展的现状与特点。该研究采取个案研究的方式进行:以江岸区辅读学校为研究对象,以轮滑活动为例,就课外活动开展情况采取访谈法、观察法进行深入调查。

究竟什么是个案研究,如何进行个案研究以及个案研究应该以什么样的形式得以呈现,下面将予以介绍。

第一节 个案研究法的含义及意义

个案研究法(Case Study Method)一词最初来源于医学,主要应用于研究病人的案例,之后陆续应用于心理学、社会学、工商管理及教育学等研究中。随着科学研究的发展和需要,个案研究法的运用范围越来越广泛,自20世纪20年代以来,个案研究法在研究社会现象问题方面得到了广泛的承认和运用,是社会科学中常用的研究方法。随着社会转型与教育改革的不断深化,教育工作者会遇到不同程度的教育新课题和新挑战,在教育研究时,有时需要在自然状态下对特殊或典型的学生等做全面、深入的分析,或者需要对那些不能预测、控制或由于道德原因不能人为重复进行的事例进行研究(比如,对问题学生违法行为的过程、原因的研究)。因此,教育对象的独特性和教育事件的情境性对教育教学活动、教育理论的研究具有重要的作用和价值,这就需要运用个案研究法对教育中的个案进行全面深入的考察与分析。有部分学者通过个案研究取得了重大研究成果,比如精神分析学派的弗洛伊德基于临床个案患者的心理的观察与治疗提出了精神分析理论;我国幼儿教育家陈鹤琴通过对自己儿子长达808天的个案追踪研究,写出了《儿童心理学》等成果。

一、个案研究法的含义

(一) 什么是个案研究法

教育研究根据不同的划分标准,具有不同类型,从研究对象的数量上可以分为个案研究和成组研究。研究者可以对一个或少数几个对象进行个案研究,也可以把一组或许多被试作为一个组群进行研究。从教育统计学意义上,30个被试以下属于小样本组,30个被试以上属于大样本组,成组研究取样较多,可以进行统计处理,其科学性、代表性更强,但不利于对个案进行深入分析,教育调查和教育实验属于成组研究。在教育研究中,有时不需要大面积的成组研究,需要对个案进行深入研究,个案研究法便成为适合的研究方法。

"个案"通常又被称为"案例",是指具有某种代表意义及特定范围的具体对象。个案研究法是指以一个特殊的个体、典型的教育事件或教育团体为研究对象,通过广泛收集、整理、分析相关资料,对当前生活脉络的各种现象、行为和事件进行深入探究,揭示其发展变化规律,并采取有针对性的帮助措施,促进研究对象改进和良好发展的研究方法。它是对真实情境中的真实个体或团体的研究,能够帮助人们更加清晰地了解理论或观点,理解观点与抽象理论之间是如何相适应;能够发现现实情境中的问题,识别问题产生的原因,进而建立事物之间的联系。个案研究法是对动态变化和错综复杂的事件、人际关系以及其他因素进行深入研究。

个案研究法有两类:一类是通过对个案(单一特定的人、事、物)所做的调查、描述、分析及报告,来认识个案的现状或者发展变化进程的方法,即"解剖麻雀";另一类是指采用各种方法收集与研究相关问题的资料,在对个案有一定认识和了解的基础之上尝试一些积极的教育措施,以便因材施教,更好地促进个案的发展,从而认识措施与发展之间的因果关系,这类研究除了要"解剖麻雀"外,认识与结论要推广到一般的人和事的发展变化的认识上去。个案研究法的研究对象可以是个人,也可以是个别团体或机构。前者如对一个或少数几个优生或差生进行个案分析,后者如对某个先进班级或学校进行个案研究。

个案研究法与其他研究方法有所不同,其最明显的区别在于,它将研究的焦点集中在特殊个体上,最大限度收集各方面的材料,并对个体心理发展过程及个体特点等内容进行详细、细致、系统的考察,追踪其发展变化。比如,回溯性个案研究重点在于对研究对象发展进行考察,探究导致现状的各种因素;现状性个案研究侧重了解研究对象目前的状况,为其心理与行为做出诊断;追踪性个案研究侧重随着研究对象的不断发展,定期对其进行研究考察,寻找其发展的规律,探索其发展的特点等。

(二)个案研究法的特点

1. 研究对象:典型性

个案研究法的研究对象具有典型性。所谓典型,就是能反映同类事物的共同属性或事物发展趋势的特殊个体。个案研究的对象通常是单一个体或单一群体,即使研究中有多个被试者,也通常把它作为一个单位或一种现象看待,研究的对象往往是那些具有特殊行为表现的个体或具有反常行为的个体,如天才儿童、智力障碍儿童、辍学儿童、问题儿童等,可以说个案研究的对象更具有特定范围,和独特情境有关。个案研究的研究对象是个别的,但不是孤立的,因而对这些个别对象的研究必然在一定程度上反映其他个体和整体的某些特征和规律。个案研究法通过对典型个案的研究,找出它与同类事物共有的一般规律,通过个别认识一般,实现从个别到一般的飞跃,进而揭示出问题的普遍性。例如:瑞士著名的儿童心理学家皮亚杰通过对少数儿童的个别谈话法,揭示出儿童心理发展的普遍规律。个案研究法在研究对象的选择上由研究者对特殊问题的目的要求在特定范围内进行有意抽样,所选择的研究对象具有典型性。

2. 研究方法:综合性

个案研究法涉及个案的多方面的内容层次,内容宽泛丰富,研究任务也多种多样,为了搜集到更多的个案资料,从多角度把握研究对象的发展变化,就必须结合教育观察、问卷调查、访谈调查、教育实验、教育与心理测量、实物分析、整理查阅文件、档案记录等多种研究方法,综合行动研究法、叙事研究法等各种研究手段,以保证研究的科学性和有效性。例如:我们研究一个超常儿童,首先需要对被试进行智力测验,看看其智商是否超常,还要对被试做系统观察,看看其各种智力操作是否杰出,要调查其成长环境,必要时还要做一些对照实验。所以,个案研究法是多种研究方法交织集中的综合方法。

3. 研究内容:全面性

个案研究法一般以较少的个案为研究对象,研究时间较为充裕,在个案研究时注重对个案有关事件进行深入细致的探究,其不仅可以研究个案的现在,而且也可以研究个案的过去,还可以追踪个案的未来发展。个案研究法不仅可以做静态的分析诊断,也可以做动态的调查或跟踪。例如:对一个学习后进生的研究,研究者既可以了解个案的现状(学习中的表现、班级管理中的表现、学习状态、生活状态、与同学交往情况等),也可以了解个案的过去(求学经历、成长经历、生活经历等),还可以追踪个案的未来发展。这就要求研究者从多方面加以考察,比如学生学习的智力因素、非智力因素、原有的知识基础、学习方法,教师的教学和家长的辅导情况,还要进行前后左右的对照和比较。

4. 研究过程:深入性

个案研究法的对象是一个人、一件事、一个机构或一个团体,具有相对单一性,只要抓住一两个典型就可以研究。个案研究法对研究对象应在时间、空间上做多方面、深入持久的研究。这样才能保证研究中的一个个故事和对研究过程中的"实物"进行生动细致的描绘,来引领读者更好地理解研究中的样本研究。比如,对一个语文学习上有困难的学生的研究,不仅要做智力和学习努力程度上的分析,还要涉及学生的家庭、社区环境、班级等等,研究内容越全面、过程越深入,采取的教育措施越具有针对性。

5. 研究成果:可操作性

个案研究法的选题小,简便易操作,它是从个别事件出发,探索背后蕴藏的深层次教育与心理规律研究方法,非常适合教师教学科研活动。但是,在实际教学活动过程中,许多教师对这样一种方法却存在着一些误解,认为某一次碰见的学生或者教育事件只是微乎其微、不值一提的特殊情况,同时他们似乎觉得个案研究的问题太小,有点就事论事,理论性、应用性都差一些。事实上,教师每日直接面对具体的学生,常年工作的教室就应该是教学科研活动的实验室,研究针对性比较强。[①]

---

① 胡义秋.教育与心理研究方法[M].湘潭:湘潭大学出版社,2015:202.

> **专栏**
>
> ### 个案研究的适用性[①]
>
> 个案研究方法的选择取决于研究者的目的。尹(1994)认为个案研究在回答"怎样(how)"和"为什么(why)"这两类研究问题方面独具优势。另外,当研究者希望尽量少地控制所要研究的对象或者事件,以及所研究的对象或事件很难从其所处的情境中分离出来的时候,个案研究可能会成为最佳的选择。同时,个案研究尤其适用于研究过程。这里所说的过程有两层含义:一是监控的意思,如描述研究的背景和群体,探索"干预"或"项目"实施的程度,及时提供反馈等。二是对因果关系的解释,即探索或者验证"干预发挥作用"的过程。最后,个案研究适用于研究独特的例子。当研究者所研究的现象或者知识无法通过其他途径获得的时候,往往会选择个案研究。

二、个案研究法的意义

(一) 个案研究法有利于促进教育理论的发展

个案研究对象虽然是单一的"个体",但它并不是完全孤立的,它是整体中的个体,与其他个体相联系。在教育研究中,教师是重要力量,他们结合自己在教育教学中的实际进行研究工作,他们通过个案提供典型材料,增强人们对教育、心理等领域罕见现象的了解;通过对丰富的教育案例的剖析,揭示教育规律,丰富教育理论,促进教育科学的发展。比如,儿童元认知的研究就是借助了大量个案研究的具体材料,来说明其研究所得的一般结论。

(二) 个案研究法有利于提高教育质量

教育研究中的个案研究包括对学生的个案研究和对教育事件的教育研究两类。教育教学研究历来重视个体的发展和个别差异,教育对象又千差万别,同时在教育教学中总会遇到诸如学生中途退学、学习障碍、道德不良、违法犯罪等难题,面对这些难题,采用常规的教育教学方式往往难以奏效。个案涉及的人与事较少,教师采用个案研究的方法对其进行深入、细致、全面、长期的调查,寻找问题根源所在,为其提供正确的辅导策略,有利于学生受到适宜的教育,得到最大限度的发展,实现因材施教,进而提高教育质量,同时对以后的教育工作提供有益启示。

(三) 个案研究法是适合教师使用的一种研究方法

由于教师的主要时间和精力还是放在教学和教育工作上,开展大规模的教育调查和严格控制实验往往有一定的困难,教师展开个案研究所关注的问题往往是困扰、影响自身及同事教学目标达成的问题,只有解决了这些问题,才能保证正常的教育教学工作顺利开

[①] 转引自:陈向明.教育研究方法[M].北京:教育科学出版社,2013:297.

展。个案研究法的对象少,研究规模也较小,同时个案研究法一般都是在没有控制的自然状态中进行的,也不要在一段时间内突击完成,因此较适合教师使用。个案包括一系列过程、事件、个人或研究者感兴趣的其他事,比如教学计划、课程、教师角色和学校事件等,这些都属于教师朝夕要面对的工作内容,他们可以随时搜集研究所需要的资料,这是其他研究所不具备的优势。而个案研究所使用的方法,如访谈法、观察法、调查法等,对大多数中小学教师来说并不陌生,也不复杂,在日常教学工作中经常用到。个案研究的这些实践性和便于操作的特点,能够增加一线教师从事研究的主动性和自信心。

(四) 个案研究法有利于教师反思和教师专业成长

通过个案研究,教师可以了解整个班级或年级的情况,及时收到有关反馈信息,同时通过个案辅导,不断总结和评价一些积极的教育措施及效果,教师在不断反思的过程中对教师专业发展又具有促进作用。尤其是教师在确定了研究问题后,需要对研究个案进行长时间深入细致的跟踪调查,不断主动追寻问题的症结所在,这就迫使教师必须经常追问自己"是什么""为什么""怎么样"等问题。这种不断自我反思的过程,能够帮助教师朝着专业化方向迈进。个案研究还能够加深教师对教育理论的理解,教师可以选取典型事例写成案例,通过案例的形式学习运用理论,有效地把理论学习与教学实践紧密结合起来,使教育理论能落实到实践中并指导实践,使案例成为沟通理论与实践的桥梁。同时,教师不断进行案例分析和写作的过程不仅是一个主动学习理论的过程,也是其专业成长的过程。

第二节 个案研究法的一般步骤

个案研究法包括在各种教育现象中识别所研究的个体,对个案进行深入的调查,搜集有效的资料和数据,制定、改进、调整指导方案,通过追踪研究验证措施的有效性,其一般步骤如下。

一、认知个体,确立个案

教育研究在很大程度上在于发现、提出和解决问题,发现和提出问题关键在于研究者多观察、多思考。对于个案研究来讲,研究对象的选取关系到整个研究活动的价值,其就更需要研究者细心的观察和敏锐的洞察力以及问题意识和综合判断能力。在教育教学工作中,某些典型的教育现象、事例或学生的异常行为表现都可能成为个案研究的对象。研究者应根据个案研究的目的和内容,确定在某一方面有典型特征的人或事作为研究对象。比如,某学生上课常常提出一些"怪问题",并且平时有一些小发明、小创造,教师和家长对其评价都是思维比较独特,那么这就可能成为一个典型的创造性思维的个案研究对象;又如,某学生近来一改以前学习不认真、厌学的一贯行为与态度,表现出很高的学习积极性,兴趣浓厚,上课主动回答问题,成绩明显上升等现象,为了了解为什么会出现这样的转变,就可以把该学生作为个案研究的对象。在选择个案研究对象时,除了要根据具体的研究目的和内容来确定外,还要考虑两个问题。

1. 研究对象的独特性

作为个案研究法的对象,应该具有典型的特征,否则就没有多少研究价值。因此,所选定的研究对象在某个(些)方面,较同类的其他个体,具备明显突出的行为特点,可采取三问法:第一问,根据对已掌握情况所形成的主观印象,看研究对象是否有显著的行为表现?第二问,根据有关检测和测量,看测出的评价指标是否与众不同?第三问,通过向相关的人进行调查了解,看是否也有类似的评价?

> **专栏**
>
> ### 研究对象的独特性[①]
>
> 一名学生的外语成绩非常好,通过调查发现该学生从小与父母在国外生活,有很好的学习外语的环境,最近才回国,那么这名学生则不适合成为个案研究法的对象,因为他虽然是个别的,但不具有典型性,并不是所有的孩子都有他这样的经历。而如果一名学生的外语成绩好是因为他参加了有特色的外语培训班、掌握了有效的外语学习方法等,这名学生就可以成为个案研究法的对象,通过对他的研究可以为其他学生的外语成绩的提高提供有益的借鉴。

2. 研究对象的可行性

研究对象在多大程度上可以被研究者按照原计划有效地开展研究,影响整个研究的进行,故此在选择研究对象时需结合研究的目的,考虑选题的价值和可行性,特别需要考虑的是研究对象是否配合、研究时间限制等因素。比如,个案追踪研究,耗时比较长;对特殊儿童研究时,需考虑研究对象是否能够长期合作等。

二、资料的收集

收集详尽的研究资料是个案研究过程的关键,也是得出准确结论的重要保证。研究者要想对研究对象进行全面深入研究,并查找原因,其必须掌握有关个案过去与现在的相关资料。每个个案某一方面突出和不同寻常的表现并不是偶然的,除了有自身的因素外,很大程度上同其所处的现状,如周围的人群、学校、教师、家庭、社区环境等都有密切的联系。所以广泛地收集和个案有关的资料,有助于认识个案各方面发展的基本情况,有助于发现个案的发展趋势。

以学生个案为例,资料收集重在以下几个方面:

1. 考察现状

在这个阶段应尽可能运用各种手段(观察、问卷调查法、访谈调查等)收集研究对象的

---

① 郭淑芬,王晨霞.学前教育科学研究方法[M].南京:东南大学出版社,2015:102.

现状资料,对其行为、心理和个性教育方面的表现做出诊断和评定。

2. 了解发展史

在考察现状的基础上,对研究对象的成长过程、家庭环境、所受教育等历史情况进行进一步了解,探寻其形成目前现状的各种影响因素。

3. 追踪观察

在了解研究对象的现状和以往发展过程后,还要做一定的追踪观察,可根据预先确定的范围进行广泛观察研究或侧重特定的行为进行观察研究。

4. 做好记录

个案研究要对研究对象的全部生活进行完整的研究,因此必须广泛收集资料并做好记录。对小学教师来说,不一定每天都做记录,但有特殊的事情一定要记录,没有特殊的事情至少一周要有一篇记录。

一般来说,要收集的个案资料通常包括:① 研究对象的基本情况;② 与行为有关的资料;③ 个体成长及健康资料;④ 个体的教育资料;⑤ 个体的心理发展资料;⑥ 个体的家庭和社会背景资料。

三、分析资料

个案资料收集完毕后,需要对收集到的大量资料进行归类,按横向联系或纵向联系做一番梳理、汇总,考察研究对象的行为和心理特点,比较各因素之间的关系,在此基础上通过分析形成一定的观点、理论,对研究对象的身心发展规律和成因进行解释和说明[1]。对所获得的资料进行分析整理,这是一项艰巨、复杂的工作,需要从以下几个方面进行:第一,从主观上分析了解研究对象的内在动力,如世界观、人生观、价值观与行为及其结果的联系;第二,从客观上分析了解研究对象的教育环境、社会环境、家庭等与研究对象的生理、心理以及研究对象的成长、发展存在哪些相适应和不适应的地方,并找出这些适应或不适应的矛盾关键之所在;第三,从个案行为结果和各种现象形成和发展的过程分析了解影响个案的各种因素。

四、个案的指导

在分析的基础上,设计一套有针对性的指导方案加以实施。拟定的指导方案应包括以下几个方面内容:

(1) 根据研究个案的行为表现制定指导方案,确定指导方案所要达到的目标;

(2) 指导方案的具体操作要求及措施;

(3) 结果分析和追踪处理情况。

在实施指导方案时,要从营造优良的外部发展环境和引导研究个体积极进行自我调适两方面入手,通过有针对性的教育和矫正措施,使研究个体获得更充分的发展。

---

[1] 汝茵佳. 小学教师教育研究[M]. 长春:吉林大学出版社,2009:73.

五、个案的追踪研究

由于个案研究所涉及的变量多,对象复杂且变化快,因此在施行个案指导措施以后,还要继续追踪研究,以检查用于指导的那些教育措施是否有效。若指导有效,特殊行为已经得到矫正,个案研究工作就算告一段落;若问题没有解决,特殊行为仍然存在,那就要继续进行研究,并重新检查各个研究环节是否正确,有无遗漏。

六、形成研究成果

个案研究的最后一个阶段是撰写研究报告。个案研究报告是个案研究的表现方式,通过个案研究报告可以了解个案的基本情况及处理过程。研究者经过一定的理论与逻辑的再认识,形成了自己的观点,又通过探索性的实践,把感性认识上升到初步的理性认识阶段。这时,就可以着手撰写个案研究报告。个案研究报告是个案研究的表现形式,是研究成果的一种表述方法,是个案研究过程中必不可少的一环。正如医生看病写的病历一样,研究报告可以为以后的诊断治疗提供依据。

个案研究报告的写作必须关注叙事描述语言与学术分析语言的区别。前者要求不受研究者的价值判断影响,用自然语言客观地、原汁原味地报道事实;后者则是研究者运用学术语言对事实所做的可能带有研究者价值判断的"介入性分析"。

个案研究的表述方式没有固定的格式,而是随着研究的展开,研究者根据需要灵活选择。一般来说,不论研究者采用什么样的写作风格,研究报告通常包括以下几个部分。

1. 背景介绍

背景介绍包括问题的提出、研究的目的和意义。此部分明确提出研究的现象和问题、研究的个人目的和公众目的、研究的理论意义与现实意义。如选择的个案是什么;为什么要对个案进行研究;研究个案是为了达到什么样的目的等。这一部分应简洁明快,使读者一目了然。

2. 研究方法

这一部分包括抽样的标准,即个案是如何选定的;进入现场以及与被研究者建立和保持关系的方式;采用什么方法搜集和分析资料;关于研究伦理的考虑;研究实施过程,即研究持续的时间、观察的时间安排及频率等。此部分的叙述要足够详细,使读者能够通过文章透彻地了解研究过程。

3. 研究结果与分析

主要是针对个案的研究结果,包括对观察资料、访谈资料、实物资料的描述与概括分析。此部分是研究报告的主干部分,必须详细而具体。此部分的写作,专家认为有三种处理方式。一是类属型,主要使用分类的方法,将研究结果按照一定的主题进行归类,然后分门别类地加以报道。如对辍学学生的研究,就可以从当事人自己的角度将其辍学的过程、原因,辍学后的去向、心情、打算,各类人对辍学学生的反应进行分类描述和分析。二是情境型,注重研究的情境和过程,注意按事件发生的时间序列或事件之间的逻辑关联对研究结果进行描述。表现的内容是一个自然发生的故事或是一个按照时间顺序排列的各种事件的组合。情境型的长处是可以比较生动、详细地描写事件发生时的场景,可以表现当事人的情感反应和思想变化过程。三是结合型,即将类属型方式与情境型方式结合使用。如可以使用类属型作为研究报告的基本结构,同时在每一类属下面穿插小型的故事片段,也可以将情境型作为研究报告的基本结构,同时按照一定的主题层次对故事情节进行叙述。写作中以结合型写作方式较为常见。

4. 结论及建议

这一部分是对研究中的关键元素及研究结果进行深入讨论,从个案研究的结果中推论出最终的结论,并且对结论的有效性和真实性做出解释,对个案研究问题提出建设性意见。

5. 参考文献及附录

列举参考文献须参照标准的格式。附录位于文章的最后,主要是包括一些无法全部呈现于文章主体部分的资料。

总体来说,个案研究报告应秉承叙事风格,其成文形式应尽可能真实地再现当事人看问题的观点,尽可能使用他们的语言来描述研究结果,介绍研究者使用的方法和在研究过程中所做的反省思考,再现访谈情景和对话片段,详细描写事件发生时的情景和当事人的反应及表情动态,从社会文化的大背景对研究对象的情况进行更深入的探讨。

第三节 教育个案研究法的具体方法及基本要求

一、个案研究法的具体方法

教育个案研究可以根据研究的目的、内容、对象的不同而采用不同的研究方法。

(一) 追踪法

个案追踪法就是在较长的时间内对某一研究对象进行有意识的连续跟踪研究,搜集各种相关资料,揭示其发展变化的情况和趋势的一种研究方法。例如,美国心理学家特尔曼曾长期研究超常儿童的智力发展。1921年,他选择了1528名智商都在130以上(正常人平均智商为100)的小学生和中学生作为研究对象。1928年,这些学生已进入青少年时期,特尔曼再次对这些学生所在的家庭和单位进行了追踪调查。到1936年,学生们已走上工作岗位,特尔曼通过信函调查方式,继续了解和掌握他们的情况。1940年,特尔曼又把这些学生召集到学校座谈,并进行了各种心理测验。以后,每隔5年进行一次通信调查。特尔曼逝世后,西尔斯等人接替他的研究工作。到1960年,这些被追踪测试的对象已平均49岁,但调查人数仍保持原来的80%。1972年,调查人数保持为原来的67%。这项历时50年的研究,证明了早年智力测验并不能正确地预测晚年工作的成就。一个人的成就同早期智力并无多大关系,关键在于后天的创造力开发。[①]

(二) 追因法

追因是指追寻和探究现象的原因。追因法是个案研究中经常使用的与实验法因果顺序相反的一种研究方法。实验法先确立原因,然后根据原因去探究产生的结果。追因法则是先有结果,然后根据发现的结果去追究发生的原因。如某学生的学习成绩突然下降,我们去追寻他成绩下降的原因,这就是追因法。

(三) 临床法

临床法也叫作临床谈话法,是通过谈话形式进行的一种个案研究。这一方法既适用于问题儿童的研究,也可用于正常儿童的研究。前者旨在解决个案的问题;后者旨在由特殊个案发现儿童发展的一般规律。临床谈话法的方式可以是口头谈话,即面对面的交谈;也可以是书面谈话,即问卷谈话。

(四) 活动产品分析法

它是通过分析研究对象的活动产品,如作业、书稿、日志、教案、总结、绘画、工艺作品等,从而对个案的能力、倾向、技能、熟练程度、情感状态等状况做出适当判断的一种研究方法。

(五) 教育会诊法

教育会诊法是指召集有关教育专家学者(尤其是教师集体)通过讨论,就个案(学生的行为)进行鉴定,做出对研究对象比较客观公正的结论的一种研究方法。教育会诊法的特点是集体性和简便性。它不仅适用于在个性方面有问题的学生,而且适用于正常的一般学生。研究者通常是教师,而不是专门的研究人员。因此,教育会诊是一种广大教师普遍喜爱的个案研究方法。

二、教育个案研究法的基本要求[②]

(一) 动静结合

从某个具体时间看,学生个体或群体各方面的素质是静态的;从学生个人发展来看,其学习、生活一直处于变化之中,是动态的。教师要促进学生德智体美劳等方面的发展必须掌握学生身心素质的特点,而学生身心素质的特点是静态研究,教师需要掌握学生素质的发展变化,要在静态研究中进行关于各方面素质变化发展的动态研究。静态与动态的研究、纵向与横向的研究是一致的,教师只有动静结合看待学生,研究才可能是科学、客观的。

---

① 肖云龙.创造学[M].长沙:湖南大学出版社,2004:12.
② 季正泉.中小学个案教育[M].2版.南京:南京师范大学出版社,2003:77-78.

(二) 个体、群体研究的结合

教师的个案研究,既有个体研究,又有群体研究。学生个体研究的目标是全面了解学生素质发展的现状,重点了解学生学习的基础情况,分析预测学生发展的方向;学生群体研究的目标是了解研究对象素质的各方面的情况,特别是学习基础的"共性"和差异,也就是研究学生群体素质的特点和规律,重点是学生学习方面的特点和规律。研究个体必须将其放在群体之中研究,研究群体必须以个体研究为基础。每一个学生都是群体中的一员,既是研究对象又是研究参照对象。教师提高学生个体素质必须在提高群体素质中进行,提高群体素质必须以提高个体素质为基础。可见,个体研究与群体研究是有机统一的,这是集体教育与个别教育有机统一的基础。

(三) 普遍、特殊研究的结合

学生普遍的或一般的年龄心理特征,心理学早已研究。但这普遍性,有一定的特殊性。作为一个在具体学校工作的教师,不是为了比较其差异,而是为了分析掌握本班学生的实际情况,便于组织教育教学以及班级管理。造成各个教师面对的教育对象具有特殊性的主要客观原因:一是学生来自的区域不同。区域不同,环境、生活条件、身体发育等就有区别。二是生源不同。即使是同一区域、同一时间,由于学校不同,如录取方法、学前教育质量等不同,生源就有区别。三是编班不同。即使是同一学校、同一年级,随机分班,学生的特点也是有所区别的。四是教育结果不同。如果不是起始年级,不同的教育经历也会造成区别。但作为一名学科教师,是完全可以通过自己的课堂教学设计予以控制和改变的,如教授同样的内容,可以考虑使用更为吸引学生的方式进行教学等。所以,教师研究本班学生的心理特征,必须参照理论上的"普遍性",从学生实际出发,从教学内容出发,掌握本班学生的"特殊性"。

思考训练

1. 个案研究有哪些基本程序?有哪些具体的方法?
2. 阅读一些教育研究刊物,搜集2~3篇关于个案研究的文章,并尝试进行评价。
3. 查阅《教育科研技能训练指导》(蓟运河主编,中国林业出版社2001年版)一书的第十二章"运用个案法技能训练",并写出读书笔记。

第八章
教育行动研究法

※ 学习目标

1. 了解教育行动研究产生发展的历史。
2. 理解教育行动研究的含义、特点及意义。
3. 学会在教育研究中运用教育行动研究法。

※ 本章导语

在众多的教育研究方法当中,教育行动研究法以其独特的形式与意义成为受到一线小学教师认可与欢迎的方法,它拉近了理论研究与实践的距离,有助于解决教育研究当中长期存在的理论与实践脱节的问题,致力于现实教育问题的解决,具有较强的实效性,更适合一线小学教师结合自身的工作特点与能力水平去开展教育研究。

第一节 教育行动研究概述

一、教育行动研究的含义

对于行动研究的含义,主要有以下几种有代表性的解释:

库尔勒·勒温认为行动研究是将科学研究者与实际工作者之智慧与能力结合起来以解决某一事实的一种方法。[1]

约翰·埃里奥特认为行动研究是对社会情境(包括教育情境)的研究,是从改善社会

---

[1] 宋楚主,苏建华. 教育行动研究概说[J]. 江西教育,2003(15):6-7.

情境中行动质量的角度来进行研究的一种研究取向。

柯瑞认为所有教育上的研究工作,应该由应用研究成果的人来承担,其研究结果才不至于白费。同时,只有教师、学生、教辅人员、行政人员及家长、教育支持者不断检讨学校措施,学校才能适应现代生活之要求,故此等人员必须个别或集体地采取积极态度,运用其创造性思考,指出应该改变的措施,并勇敢地加以实验。且须讲求方法,系统地收集证据,以确定新措施之价值,这种方法就是行动研究法。

《国际教育百科全书》中将"行动研究"的词条解释为:由社会情境(教育情境)的参与者,为提高对所从事的社会或者教育实践的理性认识,为加深对实践活动及其依赖的背景的理解,所进行的反思研究。[①]

综合来看,以上关于行动研究含义的解释,可谓是"仁者见仁,智者见智"。不同的研究者出于不同的研究视角,都对行动研究的含义做出了一定的解释。现在来看,如果要为教育行动研究下一个准确的定义也并非易事,但综合研究者们的观点,我们不难发现他们强调的基本精神是一致的,即强调教育行动研究是在实际教育情景中,由一线的教育工作者和专家共同合作,针对教育实施过程中的实际问题,通过在实践中实施、反思、修正以提升教育的效果和质量的一种研究方法。教育行动研究将教育实践与研究紧密地结合在一起,研究的目的是针对教育实践和教育改革中的现实问题的改进和解决,而不是建立某种理论或归纳某种规律,是一种新的科研理念和研究类型,也是一种十分适合广大教育实际工作者的研究方法。

二、行动研究的诞生和发展

传统上"行动"与"研究"两个词常常被视为两个相互独立的、所属于不同范畴的概念,前者指实际工作者的实践活动,后者指专业研究人员的学术研究活动。最早将这两个概念联系在一起的是美国联邦政府印第安人事务局局长约翰·柯利尔(J. Collier),他在1933—1945年任职期间,在如何改善印第安人与非印第安人之间问题的研究中,提出了由印第安人事务局实际工作者与其他研究人员共同合作解决问题的好方法,并将这种实践者在实际工作中为解决自身面临的问题而进行的研究称为"行动研究"(Action Research)。

美国著名的心理学家勒温(K. Lewin)对行动研究的正式诞生做出了重要贡献。他选择家庭主妇作为研究的对象进行研究。研究分为两组,一组让家庭主妇听如何改善膳食的报告,另一组则进行民主讨论和集体研究。结果表明,在膳食改革中,后者取得了明显的效果。据此,勒温便提出了"没有无行动的研究,也没有无研究的行动"这一思想,强调行动与研究间的密切联系,行动研究从此正式诞生。

"行动研究"概念在教育领域中的使用大约出现于20世纪50年代。当时,美国哥伦比亚师范学院院长柯瑞(S. M. Corey)大力倡导将行动研究应用于教育。柯瑞于1953年出版了颇有影响的《改进学校措施的行动研究》一书,他不仅将行动研究引入教育行政管理、课程、教学等各方面实际问题的解决,而且还详细介绍了行动研究的理论基础、特点、

---

① 张民选. 对"行动研究"的研究[J]. 华东师范大学学报(教育科学版),1992(1):63-70.

实施原则、实施程序和注意事项。① 柯瑞与其他研究者共同努力,使这一时期的教育行动研究在理论和实践方面都得到了较大发展。

50年代末,由苏联人造地球卫星上天而触发的美国的教育改革,在理论与实践关系上推行的"研究—开发—推广"模式,强化了理论构建工作由专家、学者承担,将理论付诸实践由教育工作者完成,对实践效果的评估由专业人士做出的理念,这一理念所蕴含的理论与实践关系的基本前提假设与行动研究格格不入,直接遏制了行动研究运动的发展,因此,50年代末到60年代,美国教育领域的行动研究发展缓慢。

从60年代中期开始,英国兴起了行动研究的高潮,英国中小学掀起了由教师所发动的旨在解决课堂和学校实际问题的教育改革运动,即"教师即研究者"运动,斯腾豪斯(L. Stenhouse)作为这一教育改革运动的代表人物,在"福特教学计划"项目中,致力于倡导合作性的行动研究,参与这一项目的人员都投入到教与学的调查和讨论中,并且以教师作为研究的主体,研究人员提供必要的帮助和指导。

进入20世纪80年代以后,凯米斯和卡尔等人反对将教育研究视为实践者接受科学的某些条款,然后将科学的原理应用到教育中的模式,他们坚持认为,教育研究不是科学原理在教育问题中的直接应用,而是由专业的科学研究者提出某种理论,然后将这些理论提供给教师,教师按照理论的指令去操作执行,他们强调教育研究的目的在于使教育实践者的观察、解释和判断变得更有条理、更富有理性,并因此而更具有科学的客观性。也就是说,他们虽反对科学研究中的"研究—应用模式",但是他们仍然主张教育研究是一种针对教育实践中产生的问题的科学研究。②

目前,除了英、美、澳等国家进行行动研究外,还有德国、新西兰、日本、新加坡、瑞典、挪威等国家都广泛开展了行动研究。行动研究作为一种研究方法,受到了教育理论工作者、教育研究人员,特别是广大教师的热烈欢迎,被他们大量运用。与此同时,我国在教育改革的热潮中,教育工作者也注意到并开始运用这种方法。

三、教育行动研究的意义

教育行动研究要求研究的参与者即研究的实践者,主要目的在于解决当前教育实践中的具体问题,而不是在于建立一套系统性的理论知识体系,通过这种研究方法的运用,可以跨越理论与实践的鸿沟,帮助教师探究教学问题,感知与领悟日常的教育教学工作,从而促进课程改革、激励教材教法的创新、建构新的实践理论知识与方法,对于教育改革整体效能的提升,将会起到实质性的作用,成为教育革新的重要途径。

(一)有利于实现教育理论与实践的真正结合

理论与实践脱节,是我国教育研究中长期存在的一个问题。在某种程度上,教育科研成了专业理论研究者的专利,但他们日常的研究工作多半都是和学校的教育实践相脱离的,即使和学校教育教学实际相联系也基本上处于"旁观者"的角色,进行的是置身于教育

---

① 刘志军.教育研究方法基础[M].北京:人民教育出版社,2006.
② 郑金洲.行动研究指导[M].北京:教育科学出版社,2004.

之外的研究。总之,这种教育研究具有如下的特征:研究的主体是理论研究工作者,而不是教育的实际工作者;研究的目的是描述和解释教育的研究,而不是改进教育实践的研究;研究过程基本上游离于教育实践之外,是一种置身教育之外的旁观者的研究,而不是在教育实践过程中边行动边进行的研究。这使教育研究的成果难以实现其应用价值,影响了教育科研对教育实践的指导作用。而教育行动研究却正好与上述的情况相反:研究主体是教育的实践者,研究目的是为了改进实践,研究过程是在实践中进行,行动研究强调理论工作者与实际工作者的相互合作、平等对话,教师可以从专家那里获得必要的专业理论知识和研究技能;理论工作者也可以从真实的教育实践中获得第一手材料,发现新问题和新课题,甚至发现和创造新的理论,使研究成果更容易为广大中小学教师所接受。

(二)有利于转变教师的角色

行动研究要求教师从传统的知识传授者角色转变为教育教学的研究者。行动研究的过程需要教师与科研工作者在平等民主的氛围中共同合作。教师是从事具体教育、教学工作的,他们最了解需要解决的教育、教学问题,对实际工作中面临的困境或疑惑有最深切的感受,进行合理、科学和有效的教育、教学以提高教育质量的愿望最为强烈,行动研究的过程要求教师要以积极探索的态度观察身边正在发生的教育现象与教育问题,在实施行动计划后,要对改进中的工作状态和依然存在的问题进行反思,做出分析后思考持续改进教学工作的方法。他们的工作性质和特点恰好可以提供最适合的将行动与研究相结合的具体环境和条件,使他们在日渐深入的教育教学改革过程中更新对自我角色的认知和体验,因此,行动研究是培养和促成"研究型"教师的重要途径。

(三)有利于提升教师的专业素质

教师的专业素质包括专业理念、专业知识、专业能力等方面。教师教育观念的更新是教育改革发展的前提。按照行动研究的理念,教师是研究者,应具有主动发现问题、分析并解决问题的意识和对自己教育行为的反思意识。这种理念的树立有利于发挥教师的主动性和创造性,有利于教师的自我完善和自我发展。同时,行动研究使研究成为教师最有效的学习方式,在研究实践中教师可体会到终身学习、勇于创新、积极合作等专业理念的重要意义。此外,教师专业能力的提升不是仅靠专业理论的学习,也不是仅靠教学经验积累,而是需要教师在教育教学工作中投入大量的精力进行研究,并将学习的理论应用于实践中。行动研究要求教师在实践中、在理论指导下进行具体研究工作,有助于加深教师对理论的理解,更深入地了解和更准确地把握教育教学的情境,更敏锐地洞察、更深入地分析、更恰当地解决教育教学情境中的具体问题;形成改进教育教学实践的方案或措施,促使教师专业素质的不断提高。

(四)有利于解决教育实践的实际问题,促进教学改革

由于教育过程的复杂性,教师们在实际的教育工作中,可能经常遇到各种影响教育教学效果的问题,如什么样的教学方法才能使教学效果最优化?如何进行学生课堂纪律的有效管理?如何培养学生良好的行为习惯?等等。如果仅仅从教育理论中和书本上寻找

问题解决的答案,显然是远远不够的,因为教育理论的抽象性难以对接教育实际问题的具体化,从书本上寻求答案并不能满足解决问题、改进实际工作的需要。教师在这种充满不确定的教学环境中,只有通过实践不断开展行动研究,把所学的知识、原理和教学实际结合起来,在行动和反思中改进教学,才能更有效地解决教育实践中的实际问题,实现教学改革真正落地生根。

第二节 教育行动研究法的特点

一、研究目的——解决教育实际问题

教育行动研究以解决教育实践中的问题、提高教育的质量和效果为主要的研究目的,它关注的是教育实践当中真实存在的并亟待解决的实际问题,而不是理论问题。教育行动研究不是为了构建或者解释系统的学术理论或发现普遍的规律,而是期望通过研究与行动的结合,有计划有步骤地展开行动,力图改进教育教学,圆满解决教育实践工作者在自身的日常工作中遇到的实际问题。

二、研究主体——教育实践工作者

教育行动研究的主体即教育的行动者——广大学校教育实践工作者。行动研究要求教师运用理论的指导,系统地反思自己的教育教学实践,或者与专业研究者共同合作,深入自己的工作过程、工作环境,发现其中存在的问题,共同研究制定改进行动的方案,使自己的实际工作过程同时变成一个研究的过程。教育行动研究让广大教师成为真正的研究主体,他们不再是被动地接受他人的理论研究成果,尝试他人的研究结论,而是主动地邀请专业理论研究者共同参与自己的研究行动,共同制定行动的步骤,反思行动的开展,推进研究的进程。理论工作者在研究中扮演的角色是提供意见和咨询,是研究的协作者,而不是研究的主体。

三、研究重点——如何行动

教育行动研究不是为了建立理论,因此它的研究重点不在于理论的验证和建构,而是针对教师在教育教学实践中遇到的实际问题去研究,如何采取行动加以改进和解决、如何确定行动的目标和内容、如何实施行动及如何评价行动的效果。比如:关于小学阅读教学的研究,在行动研究中,研究者关注的研究重点不是厘清"什么是阅读教学""阅读教学的内容是什么""阅读教学的方法和策略"等问题,而关心的是阅读教学存在的问题,可以采取什么行动方案解决阅读教学中的问题,如何制定行动的计划,如何评价阅读教学问题解决的程度和改进的效果,及如何制定下一步行动的计划等。所以,行动研究者关注的研究焦点不是自身工作范围之外的对象,他研究的是自己工作中存在的具体问题。其研究的

成果即问题的解决及由此得到的过程性的经验可能限于自己特定的工作范围和情境内有效，并不强调成果和经验的普遍推广和应用，但对于相同或相似情形下问题解决仍然具有一定的借鉴意义。

四、研究过程——不断展开的螺旋上升过程

行动研究方法自诞生以来，很多研究者都试图寻找一种能普遍推广的实施步骤，一般认为，教育行动研究包括四个基本的环节，即计划、行动、观察、反思。当一轮研究实施结束之后，重新进行新一轮的计划和行动，继续进一步的深入研究，这样，整个教育行动研究就构成了一个不断展开的螺旋上升的循环深化过程。行动研究要通过研究者行动上的干预实现工作状况的改进，其实，行动干预的进程和方法并没有一个严格的程序，也无法预先完整地预设行动中可能出现的状况，所以，行动研究的过程具有一定开放性和动态性，可以由研究者根据实际情况的变化边实践边修改行动方法。

五、研究方法——多种方法综合运用

教育行动研究是一个动态的、不断深化的、螺旋上升的过程，研究过程中需要及时了解行动开展的效果及存在的问题，因此可能需要不止一次地进行研究资料的收集。总的来说，行动研究的具体方法以质性的研究方法为主，但绝不排斥用量化的方法进行资料的收集和整理。在研究方法上，兼用量化和质性的方法，常常综合采用多种具体的研究方法进行研究资料的获得。

六、研究环境——实际的教育教学情境

行动研究的开展既不是在实验室里进行的，更不是在图书馆里开展的，而是需要广大教师在实际教育教学真实情境中进行。也只有在真实的教育教学的情境中，才能发现教育实践当中存在的问题，才能商讨并制定具有可行性的行动方案并实施方案，及时地收集行动计划实施材料，反馈效果并及时改进计划，及时解决问题，从而改进教师的自身工作。

七、研究要求——积极的行动力

教育行动研究的过程从本质上来看是为了追求更为科学合理的教育教学实践的过程，需要教师运用教育科学理论和科学的研究方法，设计行动方案，并与专业理论研究者相互配合，积极交流。教师作为行动的实践者，在整个研究过程中，应该有目的、有计划、有积极主动的负责态度，并对工作保持高度的敏感性、深入的理解性和积极的行动力，没有教师积极的行动力和研究的主动性，行动研究的计划就难以付诸实践，更不能产生预期的改进效果。

八、研究评价——及时、客观、全面

因为教育行动研究的过程是一个不断展开的、不断深化的、螺旋上升的过程，所以研究过程中需要了解某一阶段行动开展的效果及存在的问题，获得及时的信息反馈，反思前一阶

段的研究进展状况,根据研究的需要及时进行下阶段研究计划的拟定和调整。因此,在整个教育行动研究开展的过程中,就需要及时、客观、全面地对前一阶段的行动开展的效果进行评价,并根据评价反馈的问题,及时纠正行动中的欠合理的做法,调整完善行动计划。

九、研究成果——即时应用

教育行动研究不同于其他一般的学术研究,它打破了传统学术研究在研究成果应用上的局限性,重视研究成果的即时应用,而非学术研究重视学术理论的完整构建。教师在行动研究过程中,既是研究者,同时也是行动者,他们在真实的问题情境中,一边工作,一边研究,可以将研究的结果即时地运用于自己的工作,改进自身的教学工作,提升教学工作的效果和质量,从而把探索研究结果和运用研究结果结合起来,同时,教师可以将自己的研究经历和成果结论与其他同行教师进行分享,为其他的教育实践者所遇到的相似或相同教学问题的解决提供参考经验和行动范本,有利于更充分地体现行动研究的应用价值。

十、研究效益——促进学生发展和教师专业成长

教育行动研究的研究效益主要有两个方面:一是通过研究解决问题,改进教学工作,提升教育教学的质量,促进学生发展;二是促进教教师的专业成长,使教师在行动研究的过程中获得专业知识和能力的提高。教育行动研究把行动与研究二者结合起来,在行动研究中,教师完美地兼任着"实践者"与"研究者"的双重角色,同时,教育行动研究强调对教育情境的研究,即在实际的教育情境中,教师可以思考如何富有智慧地行动以及对行动进行反思,因此,行动研究的过程对于强化教师的研究意识,提升教师的反思能力,具有十分重要的意义。

第三节　教育行动研究的基本步骤

对于教育行动研究的程序,国内外的教育研究专家都曾进行过种种设计。行动研究创始人勒温在20世纪40年代曾将行动研究的过程描述为"螺旋循环"的发展过程。在他看来,行动研究的第一步就是在情境中"探查",经过探查这一步将形成一个研究计划。第二步是执行已经确定下来的总体计划。第三步是观察行动的过程。第四步是重新设计一个计划、进一步执行计划和进行观察,以便评价第二步的执行效果。勒温认为行动研究是由许多回圈形成的反省性螺旋,行动研究的进行过程是一个螺旋循环的步骤,每一个循环都包括四个阶段"计划—行动—观察—反思",如图8-1所示,在"计划—行动—观

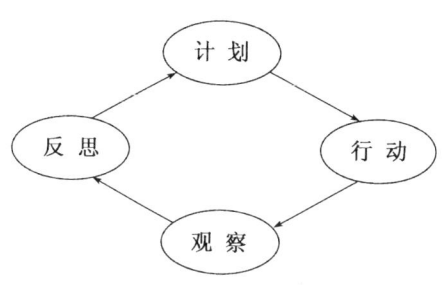

图8-1　勒温的行动研究模式

察—反思"之后,又开始另一个重新计划阶段。因此,勒温将行动研究建构在一个连续不断的历程之上。

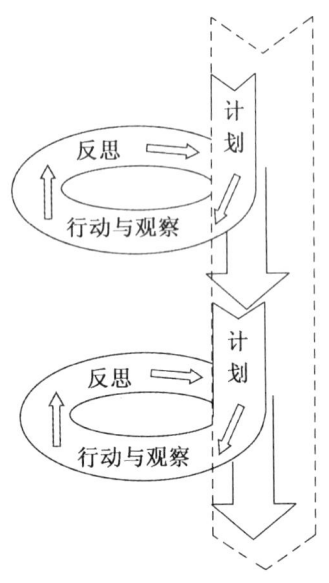

图8-2 凯米斯的行动研究模式

后来澳大利亚迪金大学学者凯米斯继承了行动研究创始人勒温的思想,将勒温的"螺旋循环"稍做改造,构成了"计划—行动—观察—反思—再计划……"的循环模式,再次强调了行动研究是一个螺旋式加深的发展过程,每一个螺旋发展圈又都包括计划、行动、观察、反思这四个相互联系、相互依赖的基本环节。如图8-2,其中,"观察"并不是一个独立的环节,而是在行动研究的全过程中都需要通过观察来实现对资料的收集,对工作过程的监控。"反思"是对行动效果的思考,并在此基础上计划下一步的行动。它是第一个螺旋圈的终结,又是过渡到另一个螺旋圈的中介。

第一个环节:计划。以大量的事实发现和调查研究为前提,从解决问题的需要和设想出发,综合考虑各种与研究问题有关的知识、方法、技术、条件,以便使行动研究者加深对问题的认识与理解、形成并掌握问题解决的策略。计划环节需要完成研究的总体设计和每一个具体的行动步骤。

第二个环节:行动。按照研究目的实施行动计划,行动应该是灵活的、动态的,可以根据实际需要随时调整行动。行动研究者在研究的过程中应该逐步加深对特定情境的认识,可以邀请其他研究者和参与者参与行动的监督和评议。

第三个环节:观察。对行动的过程、结果、背景和行动者特点进行考察。观察没有特定的程序和技术,鼓励综合使用各种有效的手段和方法。

第四个环节:反思。对观察到和感受到的制定和实施计划过程中有关的各种现象进行归纳,描述出循环的过程和结果,对过程和结果做出判断,对现象和原因做出分析解释,指出计划与结果之间的不一致性,形成基本设想、总体计划和下一部行动的计划。

凯米斯认为一个循环结束、下一个循环开始时经过反思都会有一定的计划调整,"它是一个螺旋圈的结束,又是过渡到另一个螺旋圈的中介"。经过反思以制定下一步更好的适应具体的情境的计划。凯米斯的"计划—行动—观察—反思—再计划……"模式几乎成为行动研究过程的经典性表述,他鼓励老师主动参与行动研究的过程,形成主动的反思意识,为教师提升教育教学实践能力和促进自身的专业发展提供了一套方法。

埃伯特的行动研究模式,如图8-3,这个模式的主要步骤为:提出总体设想(包括问题的形成、问题原因的诊断等)、收集资料、分析考察、拟订行动计划、采取行动(即把方案付诸实施)、行动监控与自我评价、修正设想、重新考察、重新计划,重新行动。

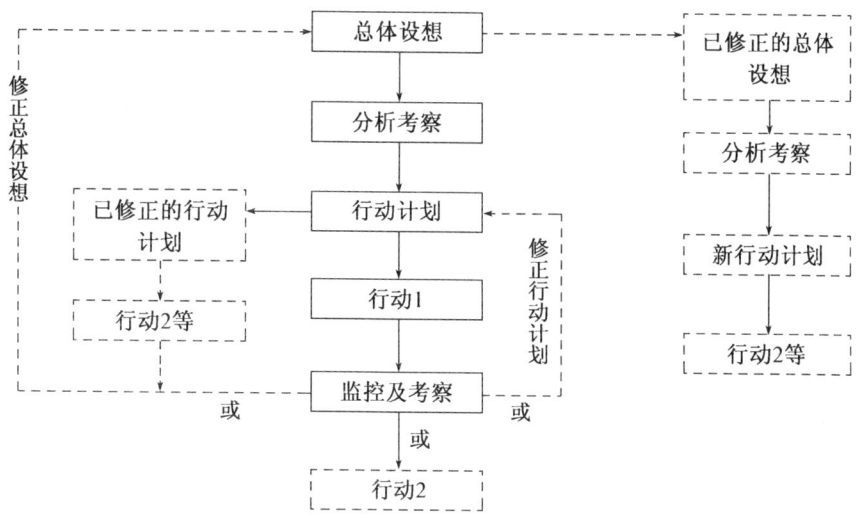

图 8-3 埃伯特的行动研究模式

华东师范大学陈桂生教授关于教育行动过程的设计,包括四个环节:计划、执行、检查、总结。陈桂生教授把"观察""反思"改为"检查""总结",是因为"观察"与"反思"应贯穿于行动研究的全过程,而不是仅仅在某一个阶段进行的,不应作为一个独立的步骤。

尽管国内外的教育研究专家都试图提出一种教育行动研究能够普遍采用的实施步骤,但至今为止,对于具体的操作步骤还没有形成一个统一的认识,其实整齐划一的行动模式是不可能存在的,也是没有必要的。为了方便教师在研究中的具体操作,在综合和借鉴国内外有关教育行动研究理论研究成果和实践探索的经验的基础上,我们认为教育行动研究是一个螺旋上升的循环过程,即计划、实施、观察和反思,然后重新计划、实施新计划、再观察、再反思的过程,因此,教育行动研究的基本程序包括计划、行动、观察和反思这四个基本的步骤。

一、计划

计划是行动研究的第一个环节,它的主要任务包括确定研究问题、初步分析问题并拟定研究计划。

(一) 确定研究问题

教育行动研究的目的就是面向问题的解决,研究的过程就是实际问题的解决过程,任何研究都是始于问题的提出,发现并确定研究问题是教育行动研究的起点。行动研究的选题既不要求具有普遍代表性,也不追求具有高度抽象的理论概括性,只要是教师在实际的日常工作中遇到的现实问题,就可以随时随地开展对问题的分析和解决计划的研制。比如:有关学生个性发展方面的选题,如培养小学生尊重同伴行为习惯的行动研究、小学生感恩教育行动研究、小学生校园礼仪教育的行动研究;有关课堂教学的实施方面的选题,如小学语文口语交际体验式教学的行动研究、小学高年级习作教学开展多元评价的行动研究、数学游戏融入小学数学课堂教学的行动研究等;有关班级管理方面的选题,如小学大班额班级课堂纪律管理行动研究。这些选题往往都是教师在审视自身教学中的问题并尝试改进教学的过程中凝练并确定下来的。

所以,教育行动研究的选题都是教师在工作过程中遇到的真实问题,并且是需要在具体的教育情境中才能开展研究的。首先,这就要求教师必须具有问题意识,能够发现问题的存在,即发现哪些地方有待于改进或有可能改进。"有待于改进的问题"应排除那些过于琐碎、只要给予关注或稍加思考就能解决的问题;"有可能改进的问题",不包括那些过于宏大、个人难以解决的问题。其次,教师应当逐步学会分析问题。比如,自己工作中存在哪些困惑或问题?有哪些方面是可以并且需要继续改进的?它的解决受哪些因素的制约?众多的制约因素中哪些虽然重要,但一时改变不了?哪些是重要的而且可以创造条件改变的?创造怎样的条件,采取哪些方式才能有所改进?对于这个问题的解决有没有可以尝试的方法和采取的行动?问题的解决对学生和对自身工作有哪些意义?通过对以上问题的思考,可以逐渐明晰并选定行动研究的问题,为接下来研究计划的制定指明了目标和努力的方向。

(二) 拟定研究计划

当确定了行动研究的选题并根据现有的资料对选题进行了分析之后,就需要对下一阶段的行动进行计划的拟定。教育行动研究的计划主要包括以下几个方面的内容:

(1) 行动研究的目标。即在研究计划实施之后要实现的改进目标或要达到的目标状态。研究目标的设定要具体明确,具有可操作性、可检测性和完成可能性。明确行动或者研究的目标十分重要,既是研究努力的方向,又是评价行动效果的重要依据。

(2) 拟采取的改进工作的方式方法、手段、策略。比如计划采用哪些新的教学方法、计划改变哪些教学内容和呈现的方式、计划从家长或者学校方面争取哪些支持及进行哪些合作等。当然,每一种拟采取的改进工作的方法和策略都是在深入分析问题,具有一定的理论支撑和经验总结的基础上提出来的,所以,需要教师具有一定的教育理论修养,查阅一定数量的教育文献资料或进行相关问题解决的理论学习与培训。

(3) 行动步骤和时间安排。即在行动中,先做什么,需要多长时间;后做什么,需要多长时间;第一轮行动需要多长时间;第二轮行动需要多长时间。行动研究的时间安排对于研究的整体规划和顺利进展具有十分重要的意义。当然,根据实际研究进展的需要,时间安排可以具有一定的开放性和灵活性,以便于处理行动研究中出现的新问题、新变化,但不能拖延过多,影响到研究的整体进展。

(4) 研究人员及任务分工。在行动研究计划阶段,需要明确研究小组成员的构成及分工,将计划的实施落实到人。行动的过程可能会涉及多方主体的参与,如教师本人、同行教师、家长、学校领导及校外的研究专家等,研究人员的分工必须是合理的,让每个人都明确自己的工作与责任,大家才能相互合作,共同商讨,克服行动研究过程当中的各种困难。

(5) 收集资料的方法。即计划采用哪些途径和方法收集反映行动效果的和记录研究过程的资料和数据。行动效果的检测和评估需要有相应的材料进行支持,这些材料可能是量化的,也可能是质性的,因此需要计划好收集研究材料的方法。教育行动研究过程中可以综合采用多种资料收集的方法,如观察、访谈、调查、测验等。

需要提醒的是,对于行动研究来说,它不要求设想完善的计划,在实施的过程中可以根据情况的发展变化做出调整和修改,所拟定的行动计划须有一定的灵活性、开放性,但计划必须是具体可行的,并且行动研究计划实施不能干扰正常的教育教学的秩序。

二、行动

行动指的是研究计划的实施,即按照目的和研究计划实施行动。行动阶段是影响整个研究工作成败的关键阶段。这里需要注意以下几点:

第一,按计划有序地开展行动。行动是对行动计划的落实。虽然行动研究是在教师日常的教育教学情境中进行的,但并不意味着完全等同于教师的日常教学,此时的行动是有计划、有目的、有监控、有反馈的行动,简单说,行动的过程就是研究的过程,是边行动边研究,边研究边行动。教师既是行动者,又是研究者;既要按照提前拟定好的计划展开实施,又要时刻关注行动的进展,观察行动中产生的变化或效果,收集行动中的反馈信息,反思发现的新问题。

第二,行动是在不断调整当中的。随着行动的开展,研究者对于研究问题的认识和理解会逐渐深入,行动中各方面的信息及时反馈过来,同行的教师和专业的研究者会提供多方面的改进行动的研究建议,因此,可能需要对研究计划和行动随时加以调整,以适应研究的需要。教师行动研究的计划,应该有较充分的灵活性、开放性,要能够包容始料不及、未曾认识、在行动中才发现的各种情况。从这一意义上讲,行动研究的所有设想、计划,都处于一个开放的动态系统中,都是暂时的,允许修改的。

第三,在实施计划的行动中,注意收集每一步行动的反馈信息。可行的、有效的做法可以进入下一步计划和行动。反之,总体计划都可能需要做出调整或修改。这里行动的目的,不是为了检验某一设想、计划或完善某种理论,而是为了实际问题的解决。

三、观察

观察是指对行动的过程、结果、背景以及行动者的特点的考察。由于教育活动中的许多因素难以事先确定和预测,更不能全部控制,因此,观察在行动研究中的地位显得十分重要。在行动研究中,观察是反思、修正计划,确定下一步行动的前提条件。行动研究中的观察,既可以是行动者本人借助于各种有效手段对本人行动的记录观察,也可以是其他人的观察,而且多视角的观察更有利于全面而深刻地认识行动的过程。观察的内容主要有:第一,行动过程,包括什么样的人以什么方式参与了计划的实施,使用了哪些方法和手段,安排了哪些主要活动,有无意外情况的发生,发生了哪些变化,受到了哪些因素的干扰,如何排除干扰继续行动,等等。第二,行动的结果,包括预期的与非预期的,积极的和消极的。行动计划的实施带来了什么样的变化和效果。这些材料对于反思效果来说是缺一不可的。

为了提高行动研究的质量,对于行动中的观察有以下要求:

1. 观察的科学性

为保证观察的科学性,教师要灵活运用各种已知的观察技术和数据、资料,实况详录与工作时间取样、事件取样、日记描述与轶事记录法等,将直接观察与间接性的调查、访谈、测验相结合,使用录音录像等现代化技术手段,等等。

2. 观察的客观性

为了保证观察的客观性,行动研究要尽可能地掌握一手数据,教师要用心观察,随时记录,撰写观察日志。

3. 观察的全面性

要让研究者与实际工作者、局外人与当事人从不同的方面进行多视角的观察,全面而深刻地把握行动的全过程。

四、反思

反思是对行动结果及其原因进行思考,是行动研究当前周期的结束,又是过渡到下一个循环周期的中介。这一环节包括整理和描述,评价解释。反思这一环节包括:

第一,整理和描述,即对研究中获得的数据、资料进行科学处理,对观察到、感受到的与制定计划、实施计划有关的各种现象加以归纳整理,描述出本循环周期的进程和结果,特别是多侧面地、生动地勾画出行动的过程。

第二,评价解释,即对行动的过程和结果做出价值判断,对有关现象和原因加以分析,给出诠释,找出计划与结果的不一致性。除了评价本周期的行动,得到研究结论外,有时还需要对产生这一课题的实际问题,根据实践体验所获得的深层次认识,加以进一步的解释和评价,从而对整体设想、总体计划和下一步行动方案是否需要修正,需做哪些修正,做出判断和构想。

第三,写出研究报告。行动研究的报告有自己的特色,允许采取很多种不同的写作形式。如让所有的参与者共同撰写叙事故事,让不同的多元的声音一起说话,也可以编制一系列个人的叙述、生活经验,让当事人直接向公众说话。

其实,对于不同的教师来说,有着不同的教学经历,处在不同的教学情景中,面对不同的教学问题,行动研究本身并不强调研究步骤的统一与规范,因为整齐划一的模式本身就与行动研究的主旨不相吻合,所以行动研究的具体步骤不可能完全相同。从行动研究的一个完整周期来看,都少不了计划、行动、观察与反思这四个环节。这四个环节可以依次环环相扣,交错糅合在一起,共同组成教育行动研究的完整程序。

案例(一):如何提高识字效率

一、发现问题

小学低年级语文教学主要是以识字教学为主,《语文课程标准》在识字方面明确指出:"要让学生对学习有浓厚的兴趣,养成主动识字的习惯。"同时也要求小学低年级要认识1 600~1 800个常用汉字,会写字800~1 000个。识字量大,内容也较为枯燥。因而,教师教得吃力,学生学得辛苦,有部分学生对识字没有兴趣,识字能力较差,识字量少。这些看起来小的问题,实质上却会产生极大的危害,这些问题不解决,可能会让孩子不爱学语文,语文能力差,很可能导致孩子一生的失败。

但对于低年级的孩子来说,识字却是一项重要的任务。我们必须通过创设开放式的教学结构和轻松愉快的学习情景,让学生遵循规律,从自身实际出发去探究、摸索一些行之有效的识字写字方法,尽快提高识字写字能力,从而实现大量识字的目的。我们一二年级语文科组开展"如何提高识字效率"小课题研究,系统的研究可以提升学生识字兴趣、识字方法、识字习惯和识字能力的综合训练课题,即"如何提高识字效率"。如果生病需要吃药,那么针对孩子识字中的"病变",我们科组的小课题研究就是强有效的"祛病良药"。

二、提出假设

1. 教材难度加大,识字量增多,内容枯燥,学生觉得乏味,对学习就越来越不感兴趣。
2. 部分学生基础知识掌握不牢固,识字能力差,识字量少,对一些比较难的字不愿意动脑筋想办法记住,越来越感到学习困难,就越来越不喜欢学。

三、初步调查

对学生进行了解和综合评价,大概确定一个班中识字能力强和识字能力差的学生。

四、调查结果

1. 每个班识字能力强的学生大约占40%,识字能力差的学生大约占30%,识字能力一般的学生大约占30%。
2. 80%的识字能力差的学生对识字还是感兴趣的,这对我们开展这个课题相当有利。
3. 识字能力差的学生认为识字量很大,生字枯燥乏味,遗忘快,这是他们学习识字的一个大的障碍。

五、重新认识问题

教师需要调整课堂教学方式、方法,根据学生的注意规律和爱玩、好动、做事没耐心等特点,在教学过程中,充分利用各种教学媒体,采用一些富有趣味性的方法,来激发学生的学习兴趣,集中他们的注意力,使他们在愉悦的情境中、轻松的气氛中、自信的心态下愉快地识字。另外,教师必须让学生遵循识字规律,从自身实际出发去探究、摸索一些行之有效的识字写字方法,尽快提高识字写字能力,从而实现大量识字的目的,让学生学得愉快,学得灵活,学得扎实。

六、行动方案设计

1. 学习理论,统一认识,形成新理念

组织科组老师学习课题相关理论,充分认识识字教学与学生终身学习、工作、自身发展的密切关系,提高对识字教学重要性的认识。

2. 研究提高学生识字效率的策略和方法

(1) 探索培养学生识字兴趣的策略;

(2) 摸索小学生识字能力形成的规律及特点,不断改进识字教学。

3. 引导学生通过识字爱上阅读,受到文学艺术美的熏陶、美的教育

4. 以课堂教学为突破口

(1) 重视课前自学。每天安排学生在家自学,先给生字表上的生字注音,并练习拼

读,然后再自己制作生字卡片,边读边写边记忆。

(2) 保证课堂学生的有效参与。

A. 课堂上创设情境,让学生在发现中识字。

B. 寓教于乐,让学生在活动、游戏中识字。

C. 开展小组学习,让学生在同伴交流中识字。

D. 注重差异,保护求知欲,让每个学生都参与学习,得到发展。

E. 遵循儿童发展规律,让学生选择自己喜欢的方式识字、记字。

F. 制订评比机制,适时适当激励。

(3) 大部分同学在生活中识字。如上街多看广告牌、商品标签等,正确认识汉字的音、形、义,能够理解、正确运用和记忆。

(4) 养成习惯,在大量阅读中巩固识字。

(5) 提供平台,给予展示的机会。

每班每周进行识字擂台赛,表彰优秀,既相互促进,又相互督促。

(6) 联系家长,取得支持,形成合力,齐抓共管。组织科组老师上网查找相关资料,阅读相关书籍,向有经验的教师请教,同级教师互相交流、学习经验。

七、评价效果

1. 在日常的课堂教学中观察、了解、记录学生学习生字的情况,在平时的听课过程中记录教师教学中的疏漏和存在的问题。

2. 结合平时的听、说、读、写,对比学生的进步程度。

3. 在平时的教学过程中,师生共同参与、收集、整理,形成行之有效的方法。

4. 结合一个个典型的案例,分析原因,总结经验的方法。

5. 我们学校有两位语文骨干教师,可以请教他们,对我们的研究过程中的问题和方法进行相关的指导。

八、教师反思

人的识字能力是学习能力的基础。小学低年级学生的思维特点是以具体形象思维为主,识字教学是小学低年级语文教学的重点,也是难点。为了使学生在愉快轻松的气氛中主动地识字,教师要根据儿童年龄特点,有意识地激发他们的识字兴趣,拓宽识字途径,培养识字能力。基于这样的认识,我们对低年级识字教学中如何提高识字效率进行了一系列的研究。课题组的教师通过不断的学习、实践和研究,很大程度上提升了教师的专业素质。每位教师的识字教学水平都得到了提高,大部分教师的识字教学课堂气氛活跃,教学非常高效。学生层面上,良好的学习已经形成,学生识字兴趣浓,识字能力强。各个班的全部学生课堂上都有主动识字的愿望,绝大部分能在口头和书面表达中正确运用。各个班的学生识字量增多,还积累一定的识字方法,有独立识字的能力。两个年级的大部分学生能运用的识字方法有加一加、减一减、换一换、组词、编故事、猜字谜、说句子、编儿歌、顺口溜、背古诗、做游戏、归类识字……能用自己喜欢的方式识字,能采用多种方式和同学交流合作学习生字,已形成一定的识字能力。学生有初步的阅读习惯:每天至少进行半小时的课外阅读,每周进行一次阅读分享会,从读书分享会中,可以发现学生的识字能力很强,阅读的兴趣很浓,阅读能力也不断提高,有部分学生的阅读水平很高。

在取得实效和成绩的同时,这个课题研究也存在着一些问题值得我们再深入地思考和实践:其一,一个班中还有个别同学识字遗忘快;其二,小部分学生在生字运用方面还存在一些问题,如用同音字混淆等。

方法总比问题多,相信我们会用更多的汗水和精力,以不折不挠的研究精神浇灌出更多、更大的成果。

【评析】

这是一个比较完整的行动研究案例。问题来源于教师在教学中发现的问题:对识字不感兴趣,识字能力差的学生在班中的比例比较大。针对这个问题,教师需要调整课堂教学方式、方法,改变以往枯燥乏味的教学方法,充分利用各种教学媒体,采用一些富有趣味性的方法,来激发学生的学习兴趣,集中他们的注意力,使他们在愉悦的情境中、轻松的气氛中、自信的心态下愉快地识字。并把识字与生活紧密结合,以小学生最常接触的日常生活为切入点,进行有效的识字教学。另外,还让学生通过自己喜欢的方法进行记字,这样,生字的识记十分牢固。总之,就是让学生学得愉快,学得灵活,学得扎实。教师有针对性地设计了解决问题的方案,也参考了相关的资料,设计了实施的计划。通过对行动研究效果进行评价,教学的效果、学生的学习质量和成绩有了明显的提高。同时教师也发现了在研究过程中出现的新问题。

案例(二):学会关心

一、设想与设计

1997年10月25日,我们一(2)班学生小宇在学校操场上不慎跌倒,致使左手骨折。我马上联络该生家长,把他送往医院救治。医生给小宇接好骨头,上好夹板之后,建议让他留院观察一段时间。其家长考虑到孩子性格较内向,决定把他接回家中,请他奶奶照顾。

到小宇家看望时,我发现小宇见了我不说话,脸上没有笑容,心里显然不高兴。再过一周就要进行期中考试了,他的父母也很着急。我一面安慰小宇,一面告诉其家长不必担心,我会帮助孩子补课的。为了让小宇跟上进度,同时也让小宇的父母放心,我每天都利用空课时间,前去为小宇补课。

当然,补课这是一方面,更重要的是"补心",希望能让小宇在较短的时间内克服心理上的障碍,接受老师和同学的关心、帮助,同时我也考虑到:我的学生是一群刚刚进入小学没几个月的孩子,急需要引导他们学会过学校和班集体的生活,学会与同学友好相处。但是对于这么小的孩子,单纯通过教师苦口婆心的教诲,他们是不可能形成这样的习惯的。他们需要榜样的示范,需要在学校和课堂中的生活经验,需要与同伴友好相处、互相关心的真实经验。小宇骨折事件,正好提供了一个对全班学生进行"学会关心"教育的有利契机。我准备把小宇现在的处境和面临的困难告诉给全班学生,引导学生思考两方面的问题:一是大家可以为小宇同学做些什么;二是大家从小宇骨折事件上可以吸取什么教训。

二、方案实施及其效果

为此,我组织全班学生开展了两次活动。

1. 关心小宇。上课时,我对学生们说:小宇有一段时间不能到学校上课了,他很想我们。你们想他吗?(想)那么,怎么做才能让他知道,我们都在想他,关心他呢?

学生围绕这个问题,展开了讨论。讨论中,学生提出了两点意见:第一,小宇在家肯定很闷,每个同学都从家里带些书出来,借给他看;第二,大家一起来做慰问卡,送慰问品给小宇,让他能体会到老师和同学对他的关心。学生们果真按照自己的想法去做了。

2. 关心自己。在一次班会上,我再次对学生提到小宇骨折事件。告诉学生们,小宇在学校时是怎样骨折的,为什么会骨折,以及在学校里活动、游戏时怎样做才能使自己避免受伤。要学会"关心自己"。

3. 效果。通过一系列的活动,学生们受到了两方面的教育:一是有了一些保护自己的直接经验和知识;二是在"关心小宇"的活动中,学生们多少意识到了一个没有来上学的同班同学的存在,多少意识到这个同学有特殊的困难,需要关心和帮助。这样的活动,至少给了学生一个体验他人处境的机会。同时,小宇也因此体会到了来自同学和老师的关心,感受到了班集体生活的温暖。再去看望小宇时,他的脸上露出了一丝笑容。在我和他父母的帮助以及他自己的努力下,小宇在期中语文和数学测试中都取得了较好的成绩。

三、问题的再思考

一切似乎都进行得很顺利,小宇准备上学了。就在这个时候,医院告知:小宇的骨髁接得不到位,建议家长让小宇动手术,把接上去的肱骨折断,然后重新接上。大家心情都很沉重,小宇脸上的笑容消失了,又把自己藏了起来。我和其家长商量了一下,决定把小宇送往中医院,接受定期的针灸复位治疗,而我继续定期到他家为他补课。

过了一段时间,小宇终于可以手绑绷带上学了。为了表示对小宇的欢迎,在11月25日小宇来校上课的第一天,全班学生按照事先讨论好的计划,开了一个小型的欢迎会,学生们为小宇唱了一首歌,还给他戴上一朵大红花。同时,把小宇的座位从第五排调到第一排,方便其学习和活动;下课时,专门安排两位学生陪他上厕所,其他学生也热情地与他交谈、游戏;中午用餐时,安排专门的学生为他取饭盒;上课时,教师特意给他发言机会,并及时表扬他,整个一天,我都在留意着小宇。我发现大家虽然非常照顾他,但他似乎并不开心,在同学面前躲躲闪闪,笑起来也勉强。当时,我以为小宇还不适应学校生活,就没有太在意。可是,第二天其家长送孩子上学时,向我反映了这样一个情况:小宇回到家后不开心,说同学们下课后都围着他,他觉得自己像个外星人。听完这番话,我不由联想起昨天小宇在校的种种表现。为什么小宇不适应大家的热情呢?我估计有这几方面的原因:

第一,小宇上小学后不久就受伤在家休养,本来就没有完全适应小学生活,与同学和老师也不太熟悉,加上在家里休养了一个来月,和大家就越加生疏了。

第二,小宇性格内向,平常就不太爱说话。

第三,小宇对自己的伤情十分敏感,好像不愿意同学们过多地注意他。

第四,学生虽然非常热心,主动关心重返课堂的小宇,但是他们都是孩子,出于天性的好奇围观手绑绳带的同学,而未意识到被围观的同学别有一番心情。

第五,小学生帮助同学,热情有加,方式简单。敏感的小宇,不但受不了同学的围观,可能更受不了同学的帮助和关心,觉得大家在可怜他。

四、进一步的设想与设计

由于上述原因,小宇误解了同学们的好意。我和学生们都诚心诚意想帮助、关心他,可无意之中反而伤了他的心。这是我始料不及的。但是,这恰好给了我一个机会,试着去学习关心一个对自己处境极为敏感的学生,并且引导学生试着去感受一个有特殊困难的同伴的处境和心情,我得设法使全班学生明白和体会到:小宇在学校里需要的首先是轻松自在的环境,不能让他感到大家都在注意他;其次才是大家的帮助,在他需要时给予的帮助。

五、新方案的实施及其效果

1. 实施。趁小宇到中医院复查之机,我在班上又组织了一次讨论。我先把小宇在学校的真实感受告诉了班里的学生,让大家明白:关心一个人不是整天围着他,而是在他需要的时候,主动、热情地帮助他,用实际的行动(如帮助整理书包、与他说话等)关心他。

此外,安排一位性格外向、乐于助人、整天笑眯眯的女生坐在他旁边,适时照顾他。

2. 效果。经过我的提醒,学生们围观小宇的情况减少了,给予小宇的帮助却越来越自然了。小宇感到自己不再是一个受到特殊照顾的人,反而显得轻松起来,脸上逐渐露出了笑容。经过一段较长时间的自然处理,他终于适应了小学生活,融入班级集体生活之中。

六、反思与讨论

为了使小宇重返学校,帮助其尽快适应学校生活,我和我的学生们付出了不少努力,同时也从中受益不少。

经过一系列事件和活动,我和学生们一道有了一次从"积极学习关心"转向"试着学会关心"的真实体验。如果说小宇骨折给了我们一次学习关心人的机会的话,那么,小宇说自己感到像个外星人受到围观,更使我们懂得了设身处地为人着想常常比热心助人还重要。是真实的班集体生活、真实的人际事件教育了我和我的学生。

通过一系列的活动和尝试,我在利用身边发生的事件引导学生学习并逐渐学会关心方面,已经有所心得,但是,回想起来,觉得自己有些地方做得还是不够充分。我原先觉得,学生年龄尚小,还意识不到或者体会不到一个碰到困难、但对自己的处境特别敏感的人的心情,那种担心别人可怜自己甚于希望别人帮助自己的复杂心情。因此,直接把这种心情告诉给了全班学生。没想到,大部分学生都能领会我的意思。这表明我低估了小学一年级学生对别人处境和心情的敏感性及理解力,低估了他们设身处地为人着想的移情能力,否则,我就可以引导和组织学生们自己去思考和讨论:小宇为什么觉得自己在班上像个外星人?相信教育效果会更加明显。①

---

① 陈桂生.到中小学去研究教育——"教育行动研究"的尝试[M].上海:华东师范大学出版社,2000.

思考训练

1. 教育行动研究有什么特点?
2. 教育行动研究对教师有何意义?
3. 简述教育行动研究的基本步骤及要求。
4. 利用教育实习的机会,开展一次教育行动研究。

第九章
教育叙事研究法

※ 学习目标

1. 熟悉教育叙事研究的概念,知道教育叙事的分类。
2. 理解教育叙事的特征,掌握教育叙事的步骤。
3. 能尝试撰写教育叙事,并对教育叙事进行简单评析。

※ 本章导语

由朱永新教授于本世纪初发起的"新教育实验"影响了全国很多地方的老师和学生,该民间教育改革行动倡导新教育共同体成员"过一种幸福完整的教育生活"。其提出的"十大行动"的前两条就是"营造书香校园"和"师生共写随笔"。学校不只是师生读书的地方,更应该是师生写作的地方。笔者在2007年读本科时,就和好友在学生社团中组织"魏书生活动月"和"新教育实验理念推广",魏书生做班主任的故事,"教育在线"网络上的师生故事,常常感动着我。后来,我知道那是教育叙事,也尝试将日常工作生活与反思提炼成教育叙事。

第一节 教育叙事研究的定义

一、教育叙事研究的概念

教育叙事就是讲述教育故事,它是研究者(可以是教师本人)通过对有意义的教育教学事件、个人生活事件的表述和分析,揭示这些事件背后的教育理论,从而改进教育行为的过程。讲故事的过程本身是一个对自己亲历的教育生活进行观照、反思、寻求意义的过程,它让我们对自己过去教育生活中司空见惯的教育细节进行重新审视,去发现其中细微的教育意蕴,从而把作为叙事者的教师自身的思维触角引向自我教育生活的深层,使看似平淡的日常教育生活显现其并不平凡的教育意义。

叙事研究作为一种研究方法进入教育领域,是 20 世纪 80 年代以来由加拿大的几位课程学者倡导的。[①] 1980 年 Berk 提出"自传是教育研究的首要方法",马克思·范梅南也提出"教师从事实践性研究最好的方法就是说出和不断地说出一个'真实的故事'"[②]。当下流行的叙事研究和行动研究,代表着一种研究范式的转换。20 世纪 90 年代以来,我国教育理论与实践更多的关注儿童个体的经验、生活,那种片面追求科学化的教育研究范式不断地受到批评,由此使教育研究范式发生了由传统实证主义的、普适性、逻辑性模式向现象学的、描述性、解释性模式的转变。"西方无数学者批评人类社会如何失去讲故事的能力,不是人们真的失去了故事,而是他们担心我们的社会再也没有故事,只有数字!什么是故事?故事是一种特定的结构,有了这种结构,我们那些混乱的难以表达的生命体验就被赋予了秩序。这种秩序,一方面,让情感丰富犹如火山岩浆之人不会精神失常!另一方面,让缺少情感的人被注入生命的激烈体验,犹如注入新鲜血液,而不会冷漠无情!"

我们在古今中外教育名家的成长过程中,都可以看到这种教育故事的积累。东方孔子和西方苏格拉底都流传下来了很多他们与学生交往的教育故事,比如《论语》在某种程度上就是一种叙事。苏联教育家苏霍姆林斯基一生积累了 2 700 名学生的教育记录,能指名道姓地说出 25 年中 178 名"最难教育"学生的曲折成长过程。我国乡村教育家陶行知在等身的著作中也积累了不少学校管理与德育故事。当代教育名家魏书生、斯霞、李镇西等,他们的教育经验往往存在于一个个的教育故事中。

叙事研究是一种质的研究,有时也是一种行动研究。随着网络的发展,教育叙事(主要有教育日志、教育博客、教学反思等形式)这种写作方式比较流行。但我们也看到教师在教育叙事写作中出现了一些问题,比如叙事比较肤浅、零碎,教育叙事甚至被当作发泄怨气的方式。虽然说积极动笔能提高写作能力和思维缜密性,但我们的叙事如果过于消极,也会影响自身工作幸福感。笔者在工作中接触到,有年轻老师借助自己和小学生都热衷"抖音""打卡"等新媒体的特点,引导学生筛选相关平台学习资源来进行有兴趣的背单词。如果在这个过程中,老师能深思哪些内容适合该途径学习、可能出现的问题等,就可以完成很好的叙事研究。

二、教育叙事的分类

根据教师工作的主要内容,教育叙事从内容上主要可以分为:教学叙事、管理叙事、德育叙事和生活叙事。

---

① 刘铁芳.教育叙事与教师成长[J].河北师范大学学报(教育科学版),2005(1):22-26.
② 王鉴,杨鑫.近十年来我国教育叙事研究评析[J].当代教育与文化,2009(2):13.

(一) 教学叙事

案例：由"爽"字笔顺所想到的[①]

"请大家看黑板，'爽'字的写法是先写'大'，再写四个小叉……"我边说边在黑板上板书。

"爽"是人教版语文第七册第十课"颐和园"中的生字，课文中的词语是"神清气爽"，由于比较特殊，特地把它找出来……看到收上来的生字本，学生一个个书写工整，我心中暗自窃喜，以为自己指导学生生字学习到位。

隔一日，听一节公开课，这是一节三年级语文课，老师上的是第十三课"秋天的雨"。无独有偶，也有生字"爽"，词语是"凉爽"。这个老师在教学"爽"字时，专门画出了田字格，一笔一笔地书写，笔顺则是横、四个小叉、撇、捺。

谁对谁错？我一直认为是先写'大'，而且这二十多年就是这样写过来的！当下，我几次向旁边听课的老师询问"爽"字，旁边的老师肯定地说上课的老师写得是正确的，而且三年级的教参上也是这样说的。难道我多年的习惯是错的？我不甘心，下班后，直奔电脑，上了QQ，在小语群里就和在线的全国各地的小学语文老师讨论这个"爽"字的写法，其中如我一样写法的有很多，而且理由也和我的是惊人的相似。只有一位老师开始也认为是先写"大"，后写四个小叉，在听完我的陈述后，他又去查阅了《现代汉语通用字笔顺规范》(1997年版)关于"爽"字的条目，上面很清楚地写着："爽：共11笔，笔顺是横、左边的两个小叉、右边的两个小叉、再写撇和捺。"

"爽"的笔顺是弄清了，接下来我向学生更正我的错误，任务似乎是完成了，可我的心情却很久不能平静。我们生活在世俗的世界里，常常是基于定式生活着，也用定式影响或者引导着他人的生活，可作为老师，面对的是学生，他们还没有被所谓的定式所束缚。如果我们老师也用所谓的习惯来教学生，既是误人子弟，也对社会、国家有害。想到这里，我不禁脊梁骨发冷，告诫自己在今后的教学中对于"习惯"要好好地审视。

【评析】

教学是教师工作的主战场，正是通过一次次教学反思与记录，教师得到了成长。记得一位上海专家曾分享一项温州某小学的校本研究，全校老师围绕小学生易错字的解决方法进行叙事。有老师提到在学生学习"商"字时，不少小学生都会把中间的"八"写成"十"，老师结合本地商人喜欢哪个数字，引导学生加强了记忆。一所学校、一个老师如果坚持几年，这些小故事一定就能融汇成很有价值的成果。

(二) 管理叙事

"后进生"到"后劲生"[②]

著名的教育家陶行知先生有句名言："你的教鞭下有瓦特，你的冷眼里有牛顿，你的讥

[①] 袁玥.教师微型课题研究指南[M].上海：华东师范大学出版社，2011：180.
[②] 徐光艳.教师如何写教育叙事[M].天津：天津教育出版社，2012：54－57.

笑里有爱迪生。"是的,在我们的班级里,总有一些"后进生",他们成绩很差,态度不端,打打闹闹,惹是生非,影响别人,破坏集体……然而,他们也有上进心,也有集体感,也有爱的需要,只要我们教育得法,他们还会成为"后劲生"。

初担任2018级9班班主任没几天,李明的名字就占据了我的双耳。很多同学不断反映他课间与人疯打疯玩,爱骂人;当大家专心听老师上课时,他却不断地接嘴,老师对他好言相劝时他还要顶撞,经常扰乱正常的教学;下课时喜欢搞笑,引得全班哄堂大笑,甚至一刻也停不下来。科任老师都拿他没办法,我也严肃地批评过他,每次都是当面认错很快,转过身马上又犯,有时我也怀疑他有多动症。同学们对他更是深恶痛绝。当班主任这么多年,虽然以前也碰到过这样或那样的问题学生,但像他这样的还真少。他到底为什么这样呢?我这个班主任该怎么办呢?

为了解开我心中的迷惑,我请来了李明的家长。他的父母显得紧张不安,一坐下,他们便急切地问我是不是孩子又在学校闯祸了?当我说明我只是想多了解一些关于孩子的情况,以便更好地对其进行教育时,他们的神情才放松下来。然后李明的母亲开始慢慢说起孩子以及自己的苦恼,说到伤心处,眼泪也难以抑制。原来他的爷爷奶奶有重男轻女的封建思想,因为是男孩,从小对他十分溺爱,甚至可以说是百依百顺,结果让孩子养成了很多不良习惯,根本不想学习;他的父母常因此与家人发生争执,但还是没办法。而且这孩子从小特别好动,喜欢捣乱,以前经常在学校惹事,他们也曾怀疑孩子有多动症,把他带到医院去检查,结果又没什么问题。为了保证他的学习不落后,他母亲甚至放弃了自己的工作,在家专门照顾他,并辅导他的功课。与李明的家长谈话之后,我心里感慨万分,家长也拿他没办法啊?这样的学生我该怎样教育呢?

为了更好地了解李明的情况,我开始寻找适当的时机,准备与他谈下心。机会终于来了。这一天,李明和同学在语文课堂上发生了争吵,被老师"请"到了我的办公室。我了解到是他在课堂上故意用脚踢前面的同学,扰乱同学听课,结果发生了争吵。这一次,我没有像往常那样批评他,而是叫他先坐下,他很意外,然后还是不安地坐下了。我语气平和地问他:"你为什么总是在课堂上和同学捣乱呢?"他不服气回答:"我没有!""你不是用脚踢同学了吗?""哼!谁让他们不和我玩,不和我说话?""这是在课堂上,同学们都在学知识啊,你这样不是打搅大家学习吗?想和同学玩,下课时可以好好和同学说呀。老师相信,同学们是不会拒绝一个有礼貌的同学的。"听了这话,他吞吞吐吐地说:"以前,我对他们说和我一起玩,他们总是叫我走远点,说我烦,讨厌!""大家为什么老是说你讨厌呢?""因为我静不下来,爱捣乱,考试成绩差。他们不喜欢我,我就不让他们学习。"这时,我才发现了问题的真正症结。

经过这一次谈话,我了解到李明的真实想法,这使我对转变他有了一些信心,我决心尽力帮助他。我认识到,要使他重新树立起追求上进的信心,必须先卸下他思想上的沉重包袱。于是,我又一次找到他,我对他说:"其实大家并不是讨厌你,而是不喜欢你身上的缺点。老师觉得你和其他同学一样聪明。你的问题是太管不住自己,而且太懒惰,你应该学会自己管理自己了,这样,老师今天对你只提一个要求:上课管好自己的嘴巴,不说废话,好吗?"听了我的话,他的眼睛亮了一下,可一会儿,他又低下了头,担心地说:"要是我努力了,还是管不住自己呢?"看着他那种天真而担忧的神情,我真为自己过去对他的粗心、冷淡的态度而后悔。我顺势而导,进一步鼓励他:"一份汗水,一份收获。老师相信你是一个聪明的孩子,你能做好的,老师也会帮助你的。"李明的脸上开始有了笑容。当天下午班级总结的时候,当听到值日班长说李明课堂上没有扰乱过课堂纪律时,我非常惊喜,原来这孩子并不是真的无药可救!原来老师的关心和鼓励对他还能起作用!我再一次为自己过去对他的粗心、冷淡而汗颜。班长总结完后,我趁势当众表扬了李明今天的表现,同学们也为他热烈地鼓掌。我观察到李明的脸有点红了,这可是以前没有的。我感觉这是个好机会,就邀请他站起来谈谈感想,当他结结巴巴地说"感谢——大家——我——会更——努力的"时,全班再次爆发出了热烈的掌声。

  冰冻三尺,非一日之寒。我深知,要真正地转变李明,那绝不是一天两天的事。这类学生非常容易出现"三分钟"热度,顺利时沾沾自喜,一遇到挫折马上就垂头丧气,心理波动大。所以,接下来,为了预防他的反复,我专门找到班上几个优秀的同学,把李明的情况告诉他们,并希望他们能协助老师帮助他转变过来。几个同学都非常乐意而且对此很有信心,我给他们具体分了工:负责监督帮助他课堂纪律的,负责帮助他课间文明休息的,负责帮助他学习进步的等。我还让他们随时汇报进展。就这样,每周我都会根据具体情况找李明谈一次心,了解他的思想动向,帮他解决心理困惑,耐心鼓励他一天有一点进步。当然我也知道家庭教育在学校教育中的重要性,因此我经常与李明的家长联系,交流孩子的情况,并对家长在家的教育提一些好的建议,共同配合达成一致。时间就这样一天天地过去了,半学期下来,在期末评选进步大的同学时,全班同学一致投票选了李明,他的成绩也从原来的三十几名提高到十八名。

  上学期结束时,我召开了一次家长会。会上我首先向家长汇报了一学期来学生们的学习情况。然后我对家长们说,我要向在本学期中各方面取得进步的学生家长报喜,祝贺家长们一学期来对孩子教育所取得的成绩,感谢家长们对我班主任工作的支持与帮助。一下子,家长们也像孩子一样竖起耳朵,希望这份荣誉落到自己的头上,当我第一个报出李明的名字时,他母亲激动万分,热泪盈眶,教室里响起了热烈的掌声。第二天早上,李明的母亲打电话告诉我,他一回到家,就把喜讯告诉了全家人,一家人就像过节一样高兴。李明激动地告诉他妈妈说:"妈妈,我终于为你争光了!以后还会有让你高兴的事。"

  经过一学期的教育帮助,李明的变化让我感到欣慰。后来他和他母亲还专门到学校,要感谢老师和帮助过他的那些同学,他们的心情是可以理解的。可是对我来说,这只是作为一名教师所应该做到的,这是我们的责任。在后来的班主任工作中,我也遇到了一些像李明这样的学生,在我的耐心帮助下,他们都取得了可喜的进步。由于我对后进生工作的重视,多年来我的班上从来没有流失过一个后进生,流失率保持零。

  作为班主任,当看到学生在自己的耐心教育引导下终于走上健康发展的轨道时,我的内心会情不自禁地涌上一种自豪感和实实在在的成就感,我终于理解到"教师是人类灵魂的工程师"这句话的最深内涵,这也促使我对自己的工作不断地进行反思。我认识到,对一个长期出现反常行为的学生,进行简单粗暴的压迫式教育只能使学生的压力更大,乃至产生厌学等严重问题,我们应该对学生进行全面的观察与了解,努力寻找和挖掘他们身上潜在的闪光点和上进的火花,因势利导、循循善诱,让他们感受到集体的温暖、老师的关心,使他们有亲切感、安全感、信任感。班主任工作要耐心再耐心,细致再细致。也许在教育的过程中,我们会遇到许多挫折,有时或许会想放弃,但请相信:精诚所至,金石为开。我坚信,只要我们不抛弃、不放弃,用爱心、耐心去呵护后进生,就一定能守得云开见月明!

【评析】

本篇教育叙事的一大特点就是事件的叙述合理,引人入胜,在全篇的布局上有非常明显的特点:首先,标题新颖,引人入胜;其次,用名人名言引出内容,显得叙事有高度;再次,用教育学和心理学的原理做支撑,有深度;最后,体现出了学校家庭多方努力的影子,有力度。

正像上述案例所反映出的一样,教育叙事只有叙述合理、情节生动、结构紧凑,才能更好地表现主题。当然,为了让案例可以引发与其他教师观点的碰撞,启发其他教师的思维,同时便于讨论交流,教师也可以有意识地选择经常会出现的、典型的、犹豫不决或导致陷入进退两难的困境中的事件。这类事件的叙述过程更容易写出波澜。

(三)德育叙事

2018河南省最美教师任明杰:家教·德育·孩子

我记得自己唯一一次想过要当老师,是在小学四年级的时候,因为那时候觉得我们的老师很有权威性,她叫付芳。尤其是每次给我们布置任务的时候,我觉得她让我们做什么,我们就得做什么,将来我也要当老师,一呼百应。

结果后来上了大学后,并不想当老师,觉得每天三点一线的工作未免太过乏味,因为我是个喜欢有挑战性工作的人。也许是命中注定吧,学会计专业的我进入了教育行业,在后来全身心地投入到教育中的时候,我发现每天和孩子斗智斗勇是一件很快乐的事情。

我现在回顾一下自己在教育中的种种成果,都是受益于良好的家教——父母是孩子的第一任老师。

1. 家教

我母亲曾经是教师,从小对我家教很严,相比于现在很多的家长将孩子放任不管,这也能在一定程度上避免让孩子误入歧途。

(1)言传

小时候我们在路边住,经常会有乞丐路过,我开始很嫌弃,但是父母都会让他们到家里,特意给他们做上一顿饭。还有一次是大年初一的半夜,有人敲门,我担心是骗子,执意不让开门,但是我爸还是去开了门,还给那个人做了热饭——他们教育我要善良。

邻居家的缝纫机坏了,拿了我们家机器上的零件说试试,结果一试正好,就不还给我们了,把她的坏零件给我们了,母亲说:你知道弥勒佛在笑什么吗?大肚能容天下难容之事,此言可笑世上可笑之人——他们教育我要大度。

(2)身教

母亲后来退出教育行业,改学裁缝,父亲是木匠。父母两个每天都是在我的面前做手工,我就在旁边观看,询问父母为什么要这样做,他们都会给我耐心地解答。

父母的字体很优美,虽是农民,但是父亲还是喜欢读书和练字。受家庭环境的熏陶,这也让我从小耳濡目染,爱好手工,爱好反思,我现在也会做一些简单的裁缝活儿、接水架电、各种美食,也喜欢去修一些小家电。

可是在我接触的一些学生中,他们的父母喜欢搓麻将、看电视、玩手机,我想,这样的家庭熏陶无疑会让孩子去模仿,所以要想根治孩子的不良行为习惯,还是需要家庭教育中的言传身教。

2. 德育

曾看过这样一个故事:印度人在大象很小的时候就将他们拴在一棵小树上,小象在挣扎几次后,感觉无法摆脱束缚就放弃了。等到小象变成大象,即使有能力挣脱,但是也不会再去挣脱了,因为它已经习惯了被约束。

著名的教育家皮亚杰提出:10岁是儿童从他律道德向自律道德转化的分水岭。也就是说,在小学三年级以后,孩子基本都有了独立的思维意识,如果孩子在三年级之前没有接受过良好的德育,那么他就会像一头失控的野生大象。

需要强调的是,很多家长总是以孩子还小为托词,并没有对孩子的错误行为进行道德教育和约束,心里总是想着:等孩子长大了自己就懂事了,可是却不知道,野生的大象,越大越难约束。

著名的教育心理学家康罗德·洛伦兹曾提出心理发展的关键期概念,并且已经有研究指出:2.5岁~3.5岁是教育孩子遵守行为规范的关键期。

而中国有句俗语:"三岁看大,六岁看老",也印证了这一研究成果,就是说孩子的性格在三岁就基本定型了,3至6岁的幼儿已经对自我形成一定的认知。

我想起了从小我的父母对我的家庭教育和熏陶,对我现在性格的养成起了关键性的作用。

3. 孩子

"我这都是为了你好!"

"你怎么又退步了?"

"你能不能长点心?"……

以上是我们各位老师或者家长经常对孩子说的话,我们可以想象一下,如果每次领导都是这样对我们成人说话:"我让你努力工作都是为了你好!"

我们成人听到这样的话尚且不舒服,更何况是一个孩子?

我觉得我有一个很大的优点,就是爱记事,爱回忆,所以小时候的很多事情和感受我都记得。

就这样,我在每次和孩子交流的时候,都会先想想自己当初听到这句话的时候是什么感受?当时喜欢吗?如果不喜欢的话,我就会换一个说话来和孩子沟通,就这样,孩子们都觉得我很懂他们,喜欢和我交流、说话。我也不再觉得他们做的那些事、说的那些话是幼稚的,因为曾经的我也是那样,就像于永正老师说的:把自己教成了孩子!

【评析】

任明杰老师是河南省新乡市封丘县一名90后特岗教师,他的一篇网络图文《90后特岗教师的生活记录》曾火遍全网。作为到乡村小学就业的年轻教师,面临生活中的困难,他耐心、细致,靠自己的努力将教学生活过成了诗。他分享的图片记录了很多与学生交往的故事,他的德育叙事能联系自己的家庭教育和小时候的亲身体会,所以更加打动人心。

(四) 生活叙事

从小风习习到一羽在天[①]

1. 风行,从博客出发

2006年春天,我因为参加郑州教育博客大赛,随手给自己起了一个网名:小风习习。无心之举,却成为一个新的传奇故事的开始。

那个春天,本是我生命的低谷:拿着微薄的工资,夫妻二人却同时替亲戚做九万元担保,几个月后,借款人拒不还贷,银行冻结了我们的工资卡,每月绝大部分工资被扣抵债。说是晴天霹雳绝不夸张,我们原本平静的生活,一下子天翻地覆。

万念俱灰之际,恰逢郑州教育局组织第一届教育博客大赛。校长看我万念俱灰,几近癫狂,就给我布置了任务:参加教育博客大赛。当时还没有个人电脑,我到镇上网吧里注册了账号,起了一个昵称,写下了第一篇博客:大家好,我来了。寥寥数字,就不知道该如何写下去。

后来,就很随意地写一些文字,也把网络当成了情绪宣泄口,把自己的痛苦遭遇变成文字,一一道来。

后来,遇到了很多热情善良的博友,从网络上走到我面前,给我带来温暖、带来礼物,也带来真诚友善的新世界。

后来,一发不可收拾,疯狂写博,用文字证明自己的存在,用文字塑造新的自我,也用文字打开新的世界。

2007年春节期间,我是郑州教育博客不折不扣的"网红"博友:短短一年多时间,访问量近十万人次。(小风习习 http://blog.zzedu.net.cn/xiaofengxixi)人在生活的低谷,就格外敏感,一丁点小事,也会被我用文字放大,用文字装点,用文字呐喊。博友们说,我的每一篇文字,都像催泪弹。以至于,我到现在都不怎么敢回头看那些文字。

博友们有人叫我小风,这称呼,沿用到现在;也有博友亲昵地叫我习习,渐渐地,我的网名取代了真实姓名。

特别特别感谢我的这些博友,他们中的一部分,已经变成了我的亲人,兄弟姐妹,十年的岁月,一直鼓励我,支持我,帮助我。正是他们,在我生命最低谷,让我感受到了温情,感受到了希望;也带着能量和满满的祝福,穿越阴霾,往前行。

如果说,我是一缕小风,博客,是风起的地方,是聚集能量的地方,也是出发的地方。风行,从博客出发,我开始在网络上四处游荡,追逐、寻找、徜徉……

2. 小风,是蒲公英的翅膀

2008年秋天,我无意间闯进了"新教育实验"发起人朱永新老师的博客,看到了记录

[①] 转自故事主人公的微信公众号,生活叙事可以是成长经历回顾。

焦作新教育人的一篇文章,又顺着这篇帖子,走进了教育在线论坛的毛虫与蝴蝶版块,一头扎进去,如饥似渴地看来自全国各地的实验记录。

先是很好奇:怎么人家的教育生活如此诗意,如此与众不同?进而痴迷:帖子里的每一天,就像诗一样;每个帖子里的每一天,都是崭新的,令人迷醉的。和我干巴巴的教学生活一比,简直是两个世界。

在第一时刻,我就做了决定,我要加入新教育实验,享受幸福完整的新生活。我是那样想的,也是那样做的。

从2008年秋季开始,我差不多全身心都投入新教育实验中去了。平时,晨诵、午读、暮省,晚上第一时间记录课程内容、孩子们的情况、来自家长的反馈;周六周日,绞尽脑汁想着如何影响家长加入实验,带动孩子成长;无论遇到什么样的困难,都坚定信心,一往无前。

幸运的是,我也在第一时间被当时的新教育研究中心团队看见了。干国祥老师、魏智渊老师、马玲老师在学术上予以指导,引领我更快更好地开展课程……

新教育实验发起人朱永新老师看到了我为班级买书的经过,用他个人稿费给我捐赠了60套儿童阶梯阅读丛书:一套包含低中高精选图书各12本,可以让一到六年级的孩子都有充足的图书读。2 160册崭新的图书,无论是经济价值还是精神价值,对当时的我,都是巨大的财富。十年过去了,这套书还在不断漂流,来自全国各地的孩子轮流浏览,感受着知识,也传递着爱。

著名儿童文学作家童喜喜,是我生命中的重要他人,亦师亦友,用她个人稿费资助我学习、成长,不遗余力帮助我,从村小老师,成长为儿童阅读推广人、公益项目组织者、传播者……

李镇西老师、陈东强院长、李西西所长、蓝玫所长、硕果、飓风……一大批新教育师友关注我、支持我、鼓励我、帮助我……

短短的几行字,背后是近十年的时光、无数个故事和无限的感激。向下扎根,向上生长,草根出身的我在新教育的沃土里拔节向上。

朱永新老师说过:小风是蒲公英的翅膀。传播新教育的美好是我的使命,也是我一直努力的方向。

3. 一羽在天,我渴望余生辽阔高远

其实,有一段时间,我的世界是分裂的。

在网络上,我执着、坚定、充满力量,自带光芒,沉醉于"网红"老师的光环中,沾沾自喜。

在生活中,我迷茫、困顿。对工作的倾情投入和因此而带给自家孩子的不可逆转的不良影响也如阴云挥之不去。

我享受着网络上大家的赞誉;也感受着生活中的冷漠和排斥。

网络上,小风习习温和、坚定;生活中,时朝莉冷漠、孤独、不合群……

2012年4月30号,跟随童喜喜老师率领的新教育团队参加北川开放周。在崭新的北川新县城,遥望着汶川地震遗址,看着北川师生一大早盛装相迎;看着一群小女孩穿着白纱裙捧着蜡烛,唱着"向着明亮那方"步入会场,我忍不住泪流满面,哭着又笑着做了两个小时的讲述。

我是谁？褪却外在的光环,我究竟是谁？我的存在,对谁而言,无可替代？我该站在哪里？我要朝向何方？北川之行,改变了我的人生足迹。我逐渐明白,家,不在外地,不在他乡。

于是,我走上了一条回家的路:告别网红,告别虚拟空间,找到我心安的方向,认真耕耘脚下的土地,泪、痛并踏实着。

于是,从唯唯诺诺听权威的观点,到忐忐忑忑坚持自己的主张,内在那个自卑又自大的我,开始成长,开始变得有力量。

我终于明白:我们在各自的枝头开着各自的花,每个生命都特别,每朵花都不同。

2015年8月,我接触到了"互联网+教育"这一新兴的模式,也打开了新世界的大门。

我第一次发现,我不用跋山涉水,走到云南、贵州的山区,也能和孩子们直接接触;我第一次发现,同样是二十分钟,我的时间效能被无限放大;我第一次发现,原来,世界很大,又非常小。

2015年11月,我在沪江CCtalk平台上开设了我的公益网络晨读课:彩虹花和阅汇晨读。我想,我要汇聚一批有爱心、有能量的志同道合的朋友,温和而坚定地把美好的公益课程呈现给更多孩子们,发挥我们的特长,也让更多孩子受益。2017年我走进三门峡、洛阳,传递"互联网+乡村教育"理念,走近乡村教师和在校公费师范生;2019年我走进濮阳县"农村小规模学校联盟",指导乡村教师利用互联网公益资源进行课程开发和教学;2020年1月24日,我应邀参加了深圳卫视知识春晚,进行了"怎样教更多的娃"主题分享。五年,从郑州市一名班主任到网络名师,网络拓展了生命的长宽高。

【评析】

河南省的时朝莉老师,从一个乡村教师,逐渐成长为网络名师,并且一直"不忘初心"给乡村教育做着贡献。通过她的成长历程,我们可以发现教育叙事写作的重要性。在参与"新教育实验"的过程中,她除了阅读课程开发与实施,还积极做着"缔造完美教室"的探索,并曾在一次研讨会上受到时任教育部基础教育一司司长王定华教授的赞扬。

第二节 教育叙事研究的特征

梳理教育叙事的特征,可以让我们大致明确该研究方法的特点以及与其他研究的不同。我们可以从教育叙事的特征和教育叙事研究的特征两个方面进行认识和理解。

一、教育叙事的特点

(一) 亲历性

教育叙事的内容是研究者已经历过或正在经历的事件。亲历性表明教育叙事是实际发生的教育事件,而不是研究者的主观想象或编造的故事。教育叙事尤其关注教师的生活体验和实践价值。在教育叙事中,教师通过说故事来讲述自己的教育生活以及人生经历,表明自己的教育理想和信念,表达自己对教育教学的理解和感受,倾诉自己的酸甜苦辣以及心得体会,教师既是说故事的人,也是别人故事里的角色。在叙事中,教师忠实地记录言行,认真地审视实践,冷静地反思经验,自觉地改善教学行为。这种立足于实践的研究,具有很强的针对性和适切性。

(二) 生动性

教育叙事往往将"教育生活"还原为"教育冲突",把教育场景和教育事件情节化、故事化,对事件、人物、环境和情景的描述总是显示或暗示了某种矛盾和冲突。这种冲突越宏大,越深刻,越不可调和,故事就越可读,越动听,越迷人,越感人。教育叙事的基本精神是"面向教育事实本身"或"面向教育日常生活",但不是对教育生活本身简单地铺叙或描述,所叙之事必须生动具体,具有一定的感染力。在这里,多元生动的叙事样式取代了抽象枯燥的推理逻辑,成为其迥异于思辨研究的基本特征,而这也正是教育叙事所具有的独特价值和功能所在。

(三) 典型性

新颖典型的教育事件是开展教育叙事研究的核心要素,教育叙事讲的是特别的人或特别的事件,这种"特别"反映了教育的深层矛盾和问题,凸显了教育的价值和意义。所以,叙事不能记成流水账,而是挖掘教育实践中的典型事件,记述有场景、有情节、有意义的相对完整的故事。这些基于真实、新颖、典型的教育事件而生发出来的教育智慧往往具有鲜明的原创性和较强的实用性,对于改进教育教学行为、提升教育教学质量有着不可估量的作用。

二、教育叙事研究的特点

教育叙事研究的基本诉求在于,它不只是关注教育"理"与"逻辑",而是更关注教育的"事"与"情节"。它强调与教育经验的联系,希望直接呈现教育故事的内在情节,充分体现教育生活的情趣。其实,在某种意义上,教育叙事研究是沟通教育理论与教育实践的最佳途径。这是因为,教育叙事研究既接近教育实践,又接近教育理论,它以实践的视域推进理论向实践的渗透,又以理论的视域推进实践向理论的跃升,它促进了教育实践与教育理论视界融合,在教育实践与教育理论之间建构起了一个发展的空间。①

教育叙事研究的特征:

其一,教育叙事研究的主角是教师,可以是记录自己的故事,也可以是教育同行故事的记述与研究者。在叙事研究中,研究者本人是研究工具,他通过自身长期在教育教学的实际生活体验中,在与研究对象的直接互动与实际交往中,发生了各种生活故事和教育教学事件,对这些事件,教师们通过观察、分析、反思,而获得一些简介或解释性的意见,这就

---

① 王枬,王彦.教师叙事:在实践中体悟生命[J].教育研究,2005(2):58-61.

是行动者自身作为主体并直接介入其中的行动研究。①

其二,教育叙事研究的方法是反思和归纳。教育叙事研究以叙事为载体,将教育经验和讲故事这两者结合起来,但也不是简单地为叙事而叙事。和其他研究方法一样,教育叙事研究也以探索教育规律为目标,其研究方法就是对故事的反思。教育叙事研究者,就是要对整个事件的过程进行回溯,用某种教育理论或观念来鉴定、评价故事中教师的教育行为,提出问题解决的设想。在事件回溯中,一种常见的思考方式就是从不同的角度设想故事发展可能的不同进程和结果,从而比较不同教育行为的优劣利弊。如果要形成具有广泛意义的理论性成果,叙事研究的成果还需要经受其他方法(特别是实验法)以及实践的检验。②

其三,教育叙事研究的基本追求是教师教育教学的改进。教育叙事研究为教师审视、反思自己提供了新的视角和有力的工具,促使教师重温自己的教学故事,反省自己的行为和态度。由于有了同事或教育研究者的参与,会促进教师体验新的思想、观点和方法,获得新的教育经验,从而改进教师的教育教学策略。实际上,教师每天的生活都和叙事交织在一起,教师就是在叙事中学习的。叙事给教师每日看似平凡普通、单调琐碎的活动赋予新异的体验和韵味,将教师看似平淡的教育教学经验构成具有现实意义和理论意义的"项链",教师教学经验得到升华。教师写教育事件实际上是转化教师的教学观念和教学行为的突破口。如果教师不行动,不改变自己的教学习惯和教学行为,教师的叙说将尤为困难。不少教师之所以感到无话可说,原因在于写作之前没有改变自己的教学行为。教师能够叙说的与值得叙说的,不过是在改变了自己的教学活动之后产生的"记录"和"反思"冲动。

第三节 教育叙事研究的过程

从教育叙事发展历史来看,起初教育叙事就是教育研究者深入教育现场,寻求教育意义的研究方法。由于教师的合作参与以及教师叙事给教师自身带来的重要影响,教师教育研究者开始鼓励教师主动叙事,探究自身教育经验的意义。人们认为,教育叙事的研究主体既可以是研究者,也可以是教师。关于两种功能的教育叙事研究过程,下文将逐一分析:

一、教师本人的教育叙述研究

有研究者提出,所谓叙事研究也就是研究本人在叙述自己的研究过程中,所发生的一系列教育事件,包括:所研究的问题是怎样提出来的?这个问题提出来后,我是如何想方

---

① 欧群慧,刘瑾.小学教育研究方法[M].北京:北京师范大学出版社,2013:193.
② 刘志军.教育研究方法基础[M].北京:人民教育出版社,2006:193.

设法去解释问题的?设计好解决问题的方案后,我在具体的解决问题过程中遇到了什么障碍问题?问题真的被解决了吗?如果问题没有被解决或没有很好地被解决,我后来又采取了什么新的策略,或者我又遭遇了什么新的问题?① 这个过程记述下来,就是一个很好的自我教育叙事。

教育叙事要对整个事件的过程进行回溯,用某种理论或观念来鉴定、评价故事中的教育行为,提出问题解决的设想。在事件回溯中,一种常见的思考方式就是从不同的角度设想故事发展可能的不同进程和结果,从而比较不同教育行为的优劣利弊。在教育叙事报告中,我们常可以看到"当时我想……""假如我……事情就会……""今后再遇到……我会……""现在想起来,我应该……"等表达方式,都反映了教师对故事中教育行为的反思。但教育叙事的"主题"应该是故事自然包含的、生产的那个教育认识或观念,而不是将某个理论作为"帽子"先确定下来,再选择几个教育案例为例证。

二、研究者与教师合作的教育叙事研究

研究者张希希认为,虽然教育叙事研究的形式或类型不同,如常见的教育叙事研究形式就有自传、传记、生活随笔、个人纪事、个人叙事、叙事访谈等16种之多,但教育研究者从事教育叙事研究所采用的基本操作步骤却是相似的。②

第一,发现一个值得探究的内隐教育问题的教育现象,例如1999年哈勃尔的论文《作为希望之家的故事:专业知识视野下的自我超越》就是用教育叙事研究的方式完成的。③

第二,有目的地选取一个或几个作为研究参与者的个体并透过其去认识拟研究的教育现象,虽然大多数教育叙事研究只调查一个个体,但一个研究项目有时可以调查几个个体,且每个个体都拥有各自不同的经历故事,它们之间可能彼此冲突,也可能相互支持。

第三,从所选取的研究参与者身上搜集故事,搜集能够提供个体经历故事的田野文本数据。这个过程可以是通过私人对话或访谈请研究参与者讲述其经历,也可通过下列途径搜集,如:请研究参与者用日记的方式记录其故事,观察研究参与者,记录田野笔记,搜集研究参与者写给他人的信件,从其亲戚朋友处搜集研究参与者的故事,搜集研究参与者的备忘录和业务函件,搜集照片、纪念品和其他个人、家庭或社会物品,录下研究参与者生活经历。其实,对很多教师,包括乡村资深教师的访谈,就可以形成很有价值的教育故事。

第四,重新叙说研究参与者的故事。这一过程包括检查原始数据、编码故事、重新组织故事和呈现一个经过重新叙说的、言说研究参与者经历的故事,即按一定逻辑顺序组织后使得研究参与者讲述的故事可以被更好地理解。

第五,与讲述故事的研究参与者合作。这种合作可能有不同的表现形式,如:协商入场许可,预约见面时间,直接与研究参与者合作以获取有关其个体经历的田野文本数据,用研究者的话语撰写和叙说基于研究参与者的个体经历故事的叙事研究报告等。

第六,撰写基于研究参与者经历的教育叙事研究报告。教育叙事研究报告的撰写迄

---

① 欧群慧,刘瑾.小学教育研究方法[M].北京:北京师范大学出版社,2013:193.
② 张希希.教育叙事研究是什么[J].教育研究,2006(2):56-57.
③ 该文聚焦的故事就内隐着一个值得探究的问题——哈勃尔和实习教师肖恩在课堂教学过程中所遇的难以应对儿童的不同需要的问题。

今仍是个见仁见智的问题,还未形成统一的标准格式。

第七,检验教育叙事研究报告的效度。即验证教育叙事研究报告的正确性程度。只要与研究参与者之间存在合作关系,那么,检验研究工作的正确性程度的行为就应当贯穿于整个教育叙事研究过程。常见的验证手段有研究参与者检核、数据资料三角交叉验证、外部检核以及寻找反证。

在新中国成立70周年之际,北京师范大学中国民族教育与多元文化研究中心出版的《乡村教师口述史》丛书发布,丛书包括《开拓者的足迹——新中国第一代乡村教师口述史》《泥土上的脚印——新中国第二代乡村教师口述史》《大山里的开拓与守护——少数民族形成教师口述史》《撑起教育的半边天——乡村教师口述史》《回归与希望——乡村青年教师口述史》,该丛书就是由北京师范大学乡村教师口述史研究团队深入基层,历经五年访谈、打磨而成。河南省乡村青年教师代表时想、任明杰的故事,包括我们身边的"马云乡村师范生/乡村校长/乡村教师"获得者,都是值得研究者挖掘的。

第四节 教育叙事研究案例与分析

研究者杨洲曾与中小学教师就教育叙事进行访谈。有教师谈道:"刚开始写教育叙事很兴奋,恨不得将自己多年教学中的各方面都讲述出来,在叙述中,对过去的思考对我们接下来的教学有很大帮助。""现在也有一些杂志会接受叙事类的文章,我们也有过发表,这对我们是一种鼓励。我写作叙事有6年,如今最大的感受是总将老问题不断地诉说,却没有找到很好的解决方法。比如在师生关系这个问题上,从我开始写作教育叙事时就有提出,到现在,这些问题依然困惑着我。""还有一些东西总感觉存在脑袋里,若隐若现,但我还是无法将其叙述出来。其实有一些教学经验、成功之处,特想分享出来,但总处于'可意会不可言传'的阶段,想表达的时候却找不到合适的表达方式。""现在写作叙事的激情已经逐渐减退,对于我来说,感觉自己处于一个高原期,就像学生学习一样,如果能够突破,可能会有一个质的成长。"

从这些访谈中,我们发现,教育叙事是教师的一种很好的表达方式,但同时也有一定的限度。它能够让教师在专业成长中提高自己,也会使教师进入成长高原期,正如被访谈者所说,叙事无法将一些深层次的东西分享出来,让教师会在一个阶段上停滞不前。而且,综观教师叙事内容,也多是表面而无为。

在教育叙事研究中,经常存在两方面的问题。一方面,大多数教师将教育叙事写成肤浅的散碎叙事。教育叙事并不是简单地将发生的教育事件记录下来,它有自身的特点,如讲究深描、挖掘教育事件中的碎片、寻求对教育实践的反思等。教育叙事对叙事有一定的要求,需要事件立体全面、条分缕析、深入透彻,但这恰恰是大多教师所缺乏的。教师擅长的一是家常闲聊,这是未经深思熟虑的日常生活闲话;二是轻易对事件下结论,缺少对事件做深层次的分析,往往得出浅显的结论。如,有的教师将整个事情直接用"流水账"形式记录下来,他们认为事情就是这样,已经很清楚了,也无须进行更深的探究,就是这样的结论。这种叙事算不上是真正的教育叙事,仅仅是教师在记录教育事件。另一方面,"罗曼蒂克"的叙事无处不在。① 教师在进行教育叙事时,总会自定一个套路:面对一个在某一方面有所缺陷的学生,这名学生经常犯一些错误,由于教师的几次正确引导,对待他犯的错误没有发脾气,而是给予关心,过了一段时间,他改正了自身的缺点,成为好学生。这种叙事是一种虚假的教育结果,而非教育叙事追求的是对教育事件的透彻分析,它对教师自身进行了虚假拔高,将复杂的教育简化为"一枚橡皮就能改变孩子一生"的教育。这样的"罗曼蒂克"的叙事相较于肤浅的散碎叙事更是一无是处,对教师的反思探究不起任何作用,也就无法实现助推教师专业成长的作用。

下面这则苏霍姆林斯基在《把整个心灵献给孩子》一书中撰写的故事片段,既有理论思考,叙事内容又典型,是难得的教育叙事。

案例:苏霍姆林斯基:我们欣赏大自然的音乐

音乐、旋律、乐音之美是人的德育和智育的重要手段,是心灵高尚和精神纯洁的源泉。音乐能使人看到大自然的美、道德关系的美、劳动的美。人借助音乐不仅可以认识周围世界的美,而且也可以认识自身的崇高、壮丽和美好。音乐是自我教育的有力手段。

对同一批学生从幼年到成熟期的多年观察使我确信,电影、广播、电视对儿童的那种自发的、无组织的影响,不利乃至有害于正常的审美教育。大量自发性的音乐印象则尤其有害。我认为教育儿童的重要任务之一是,要使音乐作品的感知同那种能够使人借以理解和感受到音乐美的背景的感知交替进行,也就是同感知田野和草原的寂静、树林的飒飒声响、晴空云雀的鸣唱、成熟麦穗的窃窃私语、蜜蜂和熊蜂的嗡嗡,等等,交替进行。这一切也就是大自然的音乐,就是人在创作音乐旋律时从中摄取灵感的那个源泉。

一般在审美教育中,尤其在音乐教育中,心理目标是很重要的。教育者在让儿童接触美的世界时就要掌握这个目标。我所定的目标是培养饱含情感地对待美的那种能力和获得美学性的印象的那种需求。我认为整个教育体系的重要目的是使学校教会人在美的世界中生活,使他离开美就不能生活,使美的世界能在人身上创造美。

"快乐学校"很重视听音乐,听音乐作品和自然的音乐。这里提出的首要任务是,引起对旋律的情绪反应,尔后使儿童确信,音乐美的源泉在于周围世界的美;音乐旋律好像在召唤人:你停下来,听听大自然的音乐,欣赏欣赏世界上的美,要爱护这种美,增添这种美。多年的经验证实,人只有在孩提岁月才既能学会语言,又能掌握初步的音乐素养,也就是掌握感知、理解、感受、体验旋律美的能力。凡在童年错过的,很难乃至几乎不可能在成年岁月中去弥补。儿童的心灵对本族语言、对大自然的美和对音乐旋律,其敏感程度是相同的。如果在很早的童年能使他从内心感受到音乐作品的美,如果孩子能从乐声中领略到人在情感上的多种多样的细微变化,他就会提高到用任何其他手段都不可能达到的文化修养水平。对音乐旋律美的感受会向孩子揭示他自身的美——小小的人会意识到自己的长处。音乐教育——这不是培养音乐家,而首先是培养人。

---

① 杨洲. 从教育叙事到教育叙事研究:教师叙事的范式转换[J]. 当代教育科学,2016(22):4.

初秋,当清澈的大气中能清晰地听到每一种声响时,一到傍晚时刻,我就和孩子们坐在碧绿的草地上,我让他们听了H.里姆斯基-科尔萨科夫的歌剧《苏丹王的故事》中的"熊蜂飞舞"的旋律。音乐引起孩子们情感上的反响。他们说:"熊蜂一会儿近了,一会儿又远了。还能听见小鸟在叫……"我们又听了一遍旋律,然后去到正在开花的含蜜草地。孩子们听到蜜蜂的竖琴在演奏,熊蜂嗡嗡地叫个不停。瞧,这就是那个毛茸茸的大熊蜂,时而在花上飞舞,时而落在花上。孩子听了很高兴:这差不多就是录在唱片上的那个旋律,但是音乐作品里有一种特殊的美,这是作曲家从大自然中听来而又表现给我们听的。孩子们还想再听一听唱片上的旋律。

过了一天,我们清早又到繁花似锦的蜜源地段去。孩子们倾听蜜蜂的竖琴声,试图捕捉到熊蜂的嗡鸣。在此之前他们觉得很平常的东西,现在显示出美来——这就是音乐的魅力。

我选来供欣赏用的乐曲,都以儿童理解的鲜明形象来表达他们在周围经常听到的那些声音:小鸟啾啾、树叶飒飒、雷声隆隆、流水潺潺、风声呼啸,等等。同时我还防止他们感受过多的印象。我要再说一遍,音乐形象过多,对儿童有害无益;它可能使心绪惶惶不安,继而使情绪反响迟钝起来。我在一个月使用的乐曲不超过两首,但是配合每首曲子都要做大量的教育工作,目的是唤起孩子希望再听那支乐曲的愿望,并做到让孩子每次都能在作品中发现新的美。很重要的一点是,在聆听那些对掌握初步音乐修养具有特定作用的乐曲之间不要夹杂任何自发的、杂乱无章的印象。听过乐曲之后,孩子们应当细细听听宁静的原野,并在接受两首乐曲之间去认识大自然的美。

有一天我们去橡树林。这是初秋一个阳光明媚的日子,阳光下的树木绚丽多姿,秋天的小鸟在歌唱,远处传来拖拉机的轰鸣声,雁群在晴朗的碧空中列队南归。我们聆听了柴可夫斯基的《秋歌(十月)》。乐曲帮助孩子去感受在此之前未察觉到的周围自然界中无与伦比的美——橡树的黄叶在微微颤动,清新的空气散发着馨香,道边野菊在凋谢。

孩子们情绪很高,心情很愉快,但是欢乐的曲子也引起了淡淡的愁意。孩子们已预感到秋雨绵绵的连阴天、寒风呼啸的暴风雪、夜长黄昏早的日子又快来临了。根据音乐曲调的印象,他们谈到了夏日的美好,谈到金色的初秋季节。每个人都记住了一些鲜明突出的东西,这时他们意识中的夏季和秋季的形象已是十分优美的了。如拉丽莎说:"我跟爸爸去峡谷,山坡上是一堵大绿墙——树林,树林,尽是树林,到处都有阳光普照。不知哪里还有一只斑鸠在咕咕地叫。树林子里真美,真美……真想走啊走,让太阳总是那么明亮地照着。斑鸠咕咕叫的时候,树上的叶子好像都安静下来在倾听。"

舒拉回忆道:"妈妈带我到地里去过。她跟着联合收割机干活。我和联合收割机手叔叔坐在上面。后来我困了,妈妈把我抱上了新麦秸垛。我仰望蓝天,一会儿我觉得麦秸垛飘了起来,飘得很高很高。我一会儿来到一只小鸟跟前,可是小鸟还是在天上飞着,一会儿我就离它远了。小蚂蚱也跟着一起飞,它们成群地唱着,迎着小鸟飞去。我就这样睡着了。醒来的时候,小鸟还在天上飞着,小蚂蚱唱得更响了。"

我们又欣赏了一遍柴可夫斯基的乐曲。我觉察到孩子们已经能从曲子中听出他们记忆中感到亲切的那些不可忘怀的盛夏和秋色美的景象。孩子们还听出了新近的情景。

"我跟着父亲拉了一车干草。我躺在干草上,满天星星在眨眼。旷野里只有鹌鹑在叫。星星变得那么近,好像伸手就能搞到,像小灯笼一样。"

这是尼娜的回忆。我听着这女孩的追述感到万分惊喜。要知道,济娜向来少言寡语,很难让她说上一句话。可是现在音乐使她开口了。

真令人高兴,音乐使得情绪反应更加敏锐了,它唤起了由音乐形象美所引起的想象。真想让每个孩子都能在音乐的影响下去想象,去幻想。音乐能增强儿童天性中诗情的和想象的成分,这是多好的事。使我高兴的是,不论科利亚还是托利亚,在听了塔尼娅和拉里莎兴奋的讲述后也在那里沉思起来,他们也在回忆着什么。

音乐——这是强大的思想源泉。没有音乐教育就不可能使儿童得到长足的智力发展。音乐的最初本源不仅仅是周围世界,还有人本身,他的精神世界、思想和言语。音乐形象按新的方式向人们揭示现实事物和现象的特点。孩子像是把注意力集中在了音乐从另一种角度展现在他面前的那些事物和现象上,于是他的思想便描绘出一幅鲜明的图画:这幅图画又要求用语言来描述。孩子从世间为新的想象和思考摄取素材,并用语言进行创作。

音乐—想象—幻想—童话—创作,孩子就是按照这样一条途径发展他的精神力量的。音乐旋律能唤起孩子一些鲜明的表象。它是培养理智创造力的无与伦比的手段。孩子们一面听着格里格的乐曲,一面在自己的想象中描绘神奇的山洞、茂密的森林以及善良和凶恶的人物。最不爱说话的也想说话了;孩子们把手伸向了笔和画本,要把童话形象留在纸上。音乐甚至把最消极的孩子的思维能力也激发起来了。似乎音乐给思维物质的细胞注入了一种能产生奇效的力量。我认为音乐影响下的这种智力高涨,就是思维的情感源泉。

思考训练

1. 相比其他研究方法,教育叙事研究的特点是什么?
2. 教育叙事在教师专业发展中的作用有哪些?
3. 结合案例,请思考做好教育叙事的教师具备哪些共同品质?

第十章
教育研究成果的表述与规范

※ 学习目标

1. 知道教育研究成果的类型。
2. 掌握论文、课题的基本写作方法。
3. 了解教育教学成果的来源与重要性。
4. 清楚教育研究成果表述的基本规范。

※ 本章导语

前面,我们学习了多种教育研究方法,在学习过程中,可能已经积累了很多想法并撰写了出来。最后一章,我们系统了解一下这些"劳动成果"如何表达。事实上,无论是我们大学生完成毕业论文,还是毕业后撰写教研论文和申报科研课题,都需要掌握教育研究成果表述的形式及相应规范。规范的研究成果更有利于我们进行交流与发表,正确标注参考文献既是成果规范表达的要求,也是研究伦理的规定。

第一节 教育研究成果的表述形式

教育研究成果的表述形式是指研究成果的写作者对研究成果在写作上的布局、谋划与安排。对于不同的研究工作,由于研究方法和研究过程的不同,在具体表述教育研究成果时,所采用的格式、体例、写法可以有不同的侧重。

一、教育研究的一般依托——课题

当前,我们提倡"教师成为研究者",研究性反思是教师专业成长的重要途径。课题研究也是教师职称评定的条件之一,从国家到省、市、县(区)都有针对教育的课题申报机会,有的学校甚至有校本课题立项。这些课题在申报过程中,有的是逐级积累推荐才拥有申报资格,有的要求有相关论文发表作为研究基础才能申报。省级层面的课题,有省教育科学研究院每年发布的立项通知,可研究领域相对比较宏观;还有省基础教育教学研究室的每年的立项申报要求,一般有分学科教学研究的选题指南。当然,为支持农村教师发展,河南省教育科学研究院还会发布"应用性农村教育研究"课题;还有联合电化教育研究部门每年发布的课题。这些课题的申报,我们可以从实践中发现并提出问题进行研究,也可以根据各级各类课题发布部门给出的立项指南。由于课题研究的创新性要求,这就要求我们经常关注教育教学政策类改革文本,在网络时代,我们要充分利用网络平台(包括教育行政部门的官方网站、各地教育电视台、相关部门的微信公众号等)接触较为先进的教育教学改革思想。郑州教育电视台和郑州市教育科学研究所联合拍摄了系列《聚焦教科研》电视节目,该节目有一些示范的课题研究项目和研究方法指导。河南项城市教研员胡新颖老师发起的"项城课题群"作为教师草根教研交流组织,也有不少开放的相关教学培训视频。

根据课题申报条件,一般年轻老师没有做主持人的资格,但刚完成本科毕业论文撰写的毕业大学生在撰写课题申报书的规范掌握、获取网络文献等方面有着一定优势。因此,本科生撰写毕业论文时一定要格外认真,提高自己撰写研究性文本的能力。随着网络申报与评审系统的兴起,很多操作都是在网上进行,比如课题申报书、开题报告、中期检查、结项鉴定书、结项报告提交等环节,年轻教师对类似操作也有一定的优势。因此,新入职年轻教师要积极参与相关课题研究,在教育科学研究实践中提高。有些地区教研室也会组织"课题研究成果汇报课"观摩活动,年轻教师也可积极参与学习。

课题结项的成果可以是研究论文,也可以是结项报告。结项报告是研究者在课题研究结束对课题研究过程和研究成果进行客观、全面、实事求是的描述。课题报告不同于调查报告和实验报告,后者侧重研究成果的表述,而结项报告则侧重于回顾过程和评价成果。结项报告一般包括课题研究的背景、缘由或起因;研究的理论依据、目标、内容、方法、步骤,以及研究的主要过程;课题研究取得了哪些成果。其中,研究目标不能太过于空泛,要注意结题报告结构的内在联系。研究的内容应紧扣研究目标,也可以将子课题表述成研究的内容。研究的步骤,一般可以分为准备、实施研究和总结三个阶段,明确每个阶段做什么工作。课题研究成果是结题报告中最为重要的部分,要体现研究成果的推广价值和借鉴价值,一般占到整篇结项报告的一半左右。结项报告的最后,像本科毕业论文的"结语"一样,需要说明课题研究存在的主要问题以及今后的设想。课题结项报告后的"附件",包括一些不便列入正文的原始材料。如测量工具(调查问卷、检测试卷等)、统计过的数据、一些典型的案例和一些照片等材料。参考文献也要附在报告后面。

二、教育研究成果——论文和报告

1. 学术论文

在教育科学研究领域,学术论文的范围不仅包括论述创新性研究成果的理论性文章或学术专著,也包括某些实验性或观测性的新知识的科学记录、某些科学原理应用于实验取得新进展的科学总结。学术论文类型有很多。根据学科特点,学术论文的写法多种多样,无严格的界限。但总的来说,可以分为三种基本类型:理论探讨性、论证性论文;综合论述性论文;预测性论文。

虽然学术论文形式各异,写法多样,但无论哪一类学术论文,都要遵循"绪论—本论—结论"的逻辑顺序。从学术论文的框架结构上看,一般都包括题目、摘要、引言、正文、结论、引文注释和参考文献六个组成部分。论文题目一般不超过20个字;摘要以200~400字为宜,不是论文写作思路,而应是将二、三级标题用陈述句式表达出来;关键词3~5个。一般研究报告和论文的撰写要求如下:在科学性基础上创新、观点和材料的一致性、在独立思考的基础上借鉴吸收、书写格式符合规范,文字精练、简洁,表达准确、严谨。

层次标题在结构形式上可使整片内容层次分明。研究论文的结构层次序号要求:第一层用"一",后加点,第二层用"(一)",后不加点,第三层"1.",后面加点,第四层用"(1)",后不加点,以上各层次的标题序号均居左空两格书写。再往下可用"①""第一,"等层次,但一般一万字左右的论文最多用前四层,不宜使用过多的层次。在应用中,一般也会出现乱加点、超前使用、层次混淆、提纲与正文内容的小标题序号不符等问题。

注释,指对文字作品中的字、词、句进行解释,是为了让别人一看就知道这段代码是做什么用的,对书籍或文章的词汇、内容、背景、引文做解释、评议的文字。常用的有:题注,引文出处注,引文原作者注,作者注。

参考文献是指撰写或编辑论著而引用的有关图书资料,凡引用或他人的观点、数据和材料都要在文中出现的地方标明,如果是转引,一定要说明是"转引自"或"参见"等等。论文写作中引用的文献资料分为直接引用和间接引用两种:直接引用原文,需要加上引号;间接引用,只是转述大意,不加引号。参考文献的格式规则为:J——期刊文章,M——专著,C——论文集,N——报纸文章,D——硕博学位论文,R——调研报告,S——技术标准,P——专利等。譬如参考文献应写成:[序号]作者. 书名[M]. 出版地(城市):出版社,年代:起止页码;[序号]作者. 论文题目[J]. 期刊名称,年代(卷、期):起止页码。

大学生所面对的主要是毕业论文,包括开题报告、毕业论文(或设计)。根据当下的情况,小学教育专业的毕业论文主要是对某一教育问题的调研,或教学方法的优缺点与应用分析,简单理解整体框架就是"缩小版"的硕士论文(中国知网可查阅),但摘要一般又是学术期刊论文的格式,如一般不得出现"笔者""本人""本文"等词汇。还容易出现问题的是"无效关键词",论文关键词中一般不应出现"现状""问题""对策"等字眼。事实上,笔者认为,教育学类专业毕业论文可以更突出设计取向,比如记录校本课程的开发历程或特定教学模式的提炼改进等。

适合小学老师读的杂志有省内的《小学教学》(语文版和数学版),还有期刊《教学与管理》《小学数学教师》《现代中小学教育》《教学月刊》(小学版)《中小学外语教学》《基础教育课程》等,教育理论和管理类期刊有《人民教育》《中小学管理》等。这些杂志上的文章,有一定学术性,以学科教学研究为主,有教学案例分析,还有教师成长叙事。当下,很多研究期刊和报纸都有自己的微信公众号,可以供老师们学习,其中有学术研究论文,也有教育类新闻,这些内容都可以是供教师撰写论文参照的素材。

2. 教育调查报告

教育调查报告是一种特殊形式的论文,有时可以直接发表于学术期刊或报纸,有时可以作为课题研究报告,有时也可以作为政策建议使用。教育调查报告是在一定教育思想指导下,在对教育调查材料的整理、分析基础上写成的有事实、有分析、有理论观点的文章。教育调查报告一般由题目、概要、正文、结论和建议、附录五部分构成。常见的题目有"河南省小学教师专业发展状况的调查报告""家长关注网络教学——对小学生家长的调查报告"等。在前言中,主要交代调查的目的、意义、任务与方法。在正文撰写中,要把调查中搜集到的材料通过调查图表美观、有条理地展现出来。在做出结论和提出建议时应注意,所提出的观点应言之有据,观点要从事实中引出,提出的建议要谨慎,同时要考虑其他社会因素的影响,应全面衡量建议的合理性和可行性。在撰写教育调查报告时,应注意材料与观点结合,夹叙夹议、叙议结合。①

教育调查报告的写作要点有:① 主题鲜明,清晰聚焦。把调查的问题、调查的对象、调查的结果说清楚。② 标题新颖,吸引读者。比如一篇题为《打骂体罚学术现象剖析》报告的三个小标题分别为:临床表现,病因探寻,对症施治。③ 导语(引言)多样,直奔主题。常见的导入方式有提问导入,结论导入,调查过程导入。④ 精心选材,合理布局。主体部分一般有三种写法:并列结构,纵式结构,递进结构。⑤ 语言简明,意尽即止。调查报告不能讲空话、大话、套话,用语要准确、简洁、到位,还要注意语言的形象性和生动性。

3. 教育实验报告

教育实验报告是以书面形式反映教育实验过程和实验结果的一种研究报告。教育实验报告非常严谨,实验过程中获得的数据都是真实的,不管实验结论是否能达到预期的结果,实验报告都能简明扼要、如实地反映出来。教育实验报告主要由题目、前言(含问题与假设)、实验的方法与步骤、实验结果、实验结论与讨论、注释和参考文献、附录等部分构成。其中,实验结论与讨论需要说明开始提出的假设是否成立,并提出一些值得研究和讨论的问题。在实验结果与讨论中,要尤其注意:对实验结果进行理论上的分析和论证,对本实验研究方法的科学性和局限性的探讨,提出可供深入研究的问题以及本实验研究中尚未解决或需要进一步解决的问题,并对未来的研究以及如何推广提出建议。

实验报告首先要说明所研究问题的性质、实验的范围、研究的基本假设,使读者概括性地了解研究课题的主要内容。在报告中要重点说明实验的假设,包括说明实验研究要解决的主要问题,建立研究假设的主要理论依据,明确研究中的自变量和因变量。实验研究始于"问题和假设"。比如,袁老师说遇到一个问题——学生不喜欢写作文,写作水平不高。于是,他有一个假设——仿写、改写课文可以提高学生的写作水平。于是,教育实验

---

① 刘志军. 教育研究方法基础[M]. 北京:人民教育出版社,2006:283.

研究的主题就可以拟定为:通过仿写、改写课文可以提高学生作文水平的实验研究。在提出问题与假设后,还需要交代一下"已有的研究对这个问题解决到了什么程度?"这样,"问题和假设"就主要表现为:一是"我遇到了什么困难?"(问题的提出);二是"别人是怎样解决这个问题的?"(文献综述);三是"我打算这样解决我的问题(研究的假设)"。

三、新时期教育研究成果表述的形式——图像和声音

随着现代科学技术的发展,在教育教学过程中越来越多地运用现代科学技术,因此,音像出版物越来越多地成为教育研究成果的表述形式。这一类教育成果主要是指以磁带、录像、光盘为载体的教育情境实录、活动评析、课件等。① 河南省电教馆等部门每年会评选信息技术应用成果。

四、教育研究成果的升华——教育教学研究成果奖

近些年,为推进教育研究成果的实践转化,国家逐渐重视教学成果的评选,包括从2014年开始的国家级基础教育教学成果奖评选。教育教学成果是指对提高教学水平和教育质量产生明显效果的教育教学方案,通常涉及课程建设、课堂教学、质量评价和教育资源建设等方面。针对教育教学成果,当下主要有教育科学研究成果评选(主要是以省教科院课题或论文为依托)、教育信息化研究成果评选,各级教育教学成果奖评选(省基础教育教学研究室主要参与)等。其申报格式与课题研究结项报告类似,主要包括问题、过程、内容和效果部分。教学研究类成果的评选,一般强调实践积累,因此作为老师要保存好自己进行教育教学改革的过程性材料,并注意将其提升到理论层次。当然,作为年轻教师,想有"原创性"研究成果很难,一般是从理论中来,付诸实践,再到理论中。这就要求师范生在高校期间,认真学习教育学、心理学等理论性课程,保存相关教材到毕业后重新翻看,一定有更深的感悟。当前,很多民间或半官方性质的教育智库(如北京师范大学教育创新研究院、中国教育智库网等)也在积极评选各类教育教学改革(创新)成果,教师一定要多关注类似在网上公布的优秀成果。

研究者罗滨、林秀艳等人在与中小学校接触的过程中,发现很多校长、教师在参与课题研究中比较突出的一个问题,即实践结果卓有成效,但梳理提炼出的成果却质量不高。问题主要表现在对于成果的提炼停留在现象描述和实施罗列层面,观点不鲜明,研究要素缺乏;没有理清核心要素的关系结构,对相关研究成果的分析与借鉴不到位。针对这种情况,她们提出了以下建议:① 题目精准,揭示问题,直达主题;② 结构严谨,搭好框架,注重逻辑;③ 言之有物,观点新颖,支撑有力;④ 呈现有法,术语专业,图表发力。②

---

① 欧群慧,刘瑾. 小学教育研究方法[M]. 北京:北京师范大学出版社,2013:232.
② 罗滨,林秀艳. 如何梳理与提炼教育教学成果[J]. 教学与管理,2019(6):15-16.

第十章 教育研究成果的表述与规范

第二节 教育研究成果的学术规范

学术规范是当下学界的一个热点话题,对学术规范的遵守,目的在于提高研究成果的质量。一般包括写作的规范,发表与出版的规范等,如一稿多投、不经他人同意署名等等,注意研究报告中的保密和匿名性,尽可能尊重知情权和署名权等等。在这里仅讨论教育研究成果的写作规范,重点关注引用的规范和注释规范以及相关的"学术失范"和"学术不端"。

一、引用的规范

引用是教育学术研究的必不可少的要素。内容包括引用别人的概念、措辞、数据、观点等。某些公认的事实,家喻户晓的谚语、格言等无须标注。类型包括直接引用、间接引用和转引三种,最常见的是直接引用。教育学术研究不仅需要引用,而且需要注释。学术研究如果没有自己的观点,这是一种遗憾,但是如果说话没有根据或者参考了他人的观点,不注释就成了学术失范,甚至学术不端。在文中标注使用过程中的基本要求:

(一)原则上使用直接引用,也可以使用间接引用,不得已采用转引

直接引用是作者将他人的原话引用到自己的文章中,未有任何的增删和演绎。但是如果感觉原作者的话语表述不太清晰或者比较啰唆,可以采用间接引用。直接引用须加双引号" ",且用脚注或尾注或夹注的方式准确注明出处。间接引用就是用自己的话概括原文的观点,并在概括的观点之上加注释。若经过努力后仍然找不到原始文献,则可以采用转引的方式,一般注明"转引自……"或"详见……"。

(二)引用文献忠实于文献内容

直接引用尽可能保持引文的原貌,如有增删则必须在括号或注释中注明"对原文略有删改"或"对译文略做调整"。① 删减的部分一般采用省略号连接上下文。"被省略号连接的部分一般应在同一段落中,超过同一段落的应分两段引用。"②如果删减较多的内容,则可以采用复述、概述等方式转换成间接引用。间接引用必须用自己的语句概括原文。"如果只是对原文做轻微的改写,而完全没有概括,就采用间接引用,则有'抄袭'的嫌疑。"③

(三)文中标注规定使用的顺序编码制

文中标注形式上相对简单,也需合理、明确的标注。这样才能体现引用他人研究成果

---

① 刘良华. 教育研究方法[M]. 上海:华东师范大学出版社,2014:192.
② 王宁. 高校人文社会科学学术规范指南[M]. 北京:高等教育出版社,2009:23.
③ 刘良华. 教育研究方法[M]. 上海:华东师范大学出版社,2014:193.

在文中的作用,区分自己的观点内容与引文内容。采用顺序编码制,按引用文献出现的先后顺序,在文献的著者或成果叙述文字的右上角括号标注阿拉伯数字编排序号,然后,在文后依次列出他人文章的出处,便于追踪查阅。常用的标注方式有 3 种:① 引用他人研究结果在句内标注。如张米多等[1]人(Chang et al.,2015)采用对比实验设计检验了数学 App 游戏对学生学习分数概念的影响效果。它是一种综合某一主题多项实验与准实验研究成果,获取其平均效应值,并在此基础上对整体研究状况进行系统分析与评价的统计分析方法[2]。② 直接引用原文。例如:沙利耶和别克等人"利用随机实验分析与验证教育游戏对学生学习'急救'知识的影响"[1]。③ 在句内作为文句的组成部分。如拉索(Russo)于 2007 年开发了专门用于评价元分析研究质量的"元分析审查表"[1],详细阐述元分析过程及其具体内容[2],证明了教育游戏对学生学业成就具有显著正向影响效应的论断。

(四)文中引用表述流畅自然

若正文中连续使用直接引用出现两个以上的引号,则引号之间需要用一句话使之连贯流畅。一般采用"据说""有研究者证明"等作为引导语,引导语的作用在于区分开自己的话语和引用的话语。也即可以让读者知道哪些地方属于引用他人观点。

(五)原则上引用比较权威的文献

引用文献具有代表性、可靠性和科学性,尤其是出现观点雷同,最好引用原始文献且已出版发表,不要二次引用;多引用期刊文献,少或不引用书籍文献,谨慎使用网络电子文献。

二、注释与参考文献著录的规范

注释与参考文献著录统称文后著录,需要按照同行的规范著录。研究者可以根据需要选择不同类型的注释和参考文献规范。一般依据我国国家标准《信息与文献 参考文献著录规则(GB/T 7714—2015)》、美国心理协会制订的规范手册的 APA 格式。我国绝大多数教育研究期刊、专著等文后著录通常采用顺序编码制。顺序编码制是按论文的正文部分(包括图、表及其说明)引用的文献首次出现的先后顺序连续编码,参考文献的序号均用阿拉伯数字标明。

➢扫描目录页二维码,参看《信息与文献 参考文献著录规则(GB/T 7714—2015)》。

三、学术失范与学术不端

(一)学术失范

学术失范指轻微违反学术规范的行为。《学术出版规范——期刊学术不端行为界定(CY/T174—2019)》标准(简称《标准》)中的学术失范行为包括:数据核实不足;文献引用出处注释不全等;其他轻微违反学术规范的失范行为,如过度引用、列举未阅读的文献等。在此介绍一下过度引用:

过度引用,说明引用的程度已经超过了一个标准——法律的或学术道德层面的。"过度引用"有人认为就是抄袭的代名词,或者说是抄袭的另类解释。《著作权法》规定作者在引用时"所引用部分不能构成引用人作品的主要部分或实质部分"。一般包括观点引用过度、字数引用过度、结构引用过度、注释引用过度。孔乙己说:"窃书不能算偷,窃书!读书人的事,能算偷么?"这话是对那些把抄袭行为解释为引用过度行为者的最好讽刺。①

(二)学术不端

2019年3月5日上午,李克强总理在十三届全国人大二次会议上做的政府工作报告中明确指出,"要加强科研伦理和学风建设,惩戒学术不端,力戒浮躁之风"。这是政府工作报告中首次出现"学术不端"表述,也体现了政府对学术不端行为及其引发的恶劣影响的关注和重视。

一般所说的学术不端是指在申请、执行或者审核研究中,或对研究结果进行报告中出现的捏造、伪造或者剽窃。②《高等学校科学技术学术规范指南(第二版)》指出学术不端行为:抄袭和剽窃;伪造和篡改;一稿多投和重复发表。且要求高等学校对下列学术不端行为,必须进行严格处理:① 抄袭、剽窃、侵吞他人学术成果;② 篡改他人学术成果;③ 伪造或者篡改数据、文献,捏造事实;④ 伪造注释;⑤ 未参加创作,在他人学术成果上署名;⑥ 未经他人许可,不当使用他人署名;⑦ 其他学术不端行为。

还有设计研究参与者的伦理问题。《标准》指出:论文所涉及的研究中存在不当伤害研究参与者,虐待有生命的实验对象,违背知情同意原则等违背研究伦理的问题。论文泄露了被试者或被调查者的隐私。论文未按规定对所涉及研究中的利益冲突予以说明。

思考训练

1. 学术论文和教育叙事的区别有哪些?
2. 教育调查报告的构成部分和写作要点分别是什么?
3. 什么是学术规范?学术失范的表现形式有哪些?
4. 结合自己的学习经历,如何做到学术规范?

---

① 李法惠.学术论文评价中"过度引用"质疑[J].出版发行研究,2009(12).
② 王大鹏.惩戒学术不端,媒体应有所作为[J].青年记者,2019(3).

参考文献

【著作类】

[1] 郑金洲.学校教育研究方法[M].北京:教育科学出版社,2003:16.
[2] 温忠麟.教育研究方法基础[M].2版.北京:高等教育出版社,2009:2.
[3] 郝德元,周廉.教育科学研究方法[M].北京:教育科学出版社,1990:16.
[4] 李春萍.教育研究方法[M].长春:东北师范大学出版社,2001:9-16.
[5] 裴娣娜.教育研究方法导论[M].合肥:安徽教育出版社,1995:22.
[6] 陈向明.教育研究方法[M].北京:教育科学出版社,2013:8-9.
[7] 徐红.教育科学研究方法[M].武汉:华中科技大学出版社,2013:21.
[8] 陈时见.教育研究方法[M].北京:高等教育出版社,2009:17-18.
[9] 钱兵.教育科学研究:过程与方法[M].徐州:中国矿业大学出版社,2017:8.
[10] 袁振国.教育研究方法[M].北京:高等教育出版社,2010:11.
[11] 朱德全.教育研究方法[M].重庆:重庆出版社,2006:6.
[12] 杨小微.教育研究的理论与方法[M].北京:北京师范大学出版社,2008:69.
[13] 爱因斯坦,英费尔德.物理学的进化[M].上海:上海科技出版社,1962:66.
[14] 陈向明.教育研究方法[M].北京:教育科学出版社,2013:26-27.
[15] 钱兵.教育科学研究:过程与方法[M].徐州:中国矿业大学出版社,2017:5-7.
[16] 陈向明.质的研究与社会科学研究[M].北京:教育科学出版社,2000:10.
[17] 和学新,徐文彬.教育研究方法[M].北京:教育科学出版社,2013:34-36.
[18] 郑金洲.教师如何做研究[M].上海:华东师范大学出版社,2005:46.
[19] 唐顺之.唐顺之集:上册[M].马美信,黄毅,点校.杭州:浙江古籍出版社,2014:294-295.
[20] 曾小洁.小学教育研究方法[M].北京:高等教育出版社,2015:13.
[21] 刘良华.教育研究方法[M].上海:华东师范大学出版社,2014:56-58.
[22] [英]W.C.丹皮尔.科学史及其与哲学和宗教的关系[M].李珩,译.北京:商务印书馆,1975:191.
[23] 孟凡芹.高等教育人才培养质量标准体系[M].北京:科学出版社,2019:20.
[24] 邢以群.管理学[M].3版.杭州:浙江大学出版社,2013:118,325.
[25] 方秋明.汉斯·约纳斯的责任伦理学研究[M].北京:光明日报出版社,2009:5-6.

[26] 阎凤娇.建立高校问责制的有效途径[M]//教育部政务公开办公室.《高等学校信息公开办法》读本.北京:高等教育出版社,2011:245-247.

[27] 叶澜.教育研究及其方法[M].北京:中国科学技术出版社,1990:175.

[28] 贺修铭,李必祥,邓光汉,等.社会科学文献检索教程[M].长沙:湖南人民出版社,1986:1.

[29] 陈光祚.科技文献检索[M].武汉:武汉大学出版社,1987:17.

[30] 丘东江.新编图书馆学情报学辞典[M].北京:科学技术文献出版社,2006:661.

[31] 赖茂生,徐克敏.文献检索[M].北京:北京大学出版社,1985:17.

[32] 黄宗忠.文献信息学[M].北京:科学技术文献出版社,1992:47.

[33] 曹培根,王荣清,钱文明,等.文献检索知识概要[M].南京:南京大学出版社,1992:34.

[34] 和学新,徐文彬.教育研究方法[M].北京:教育科学出版社,2013:66-69.

[35] 邵光华,张振新.教育研究方法[M].北京:高等教育出版社,2012:69-70.

[36] 杨小微.教育研究的原理与方法[M].上海:华东师范大学出版社,2002:216.

[37] 陈氢,陈梅花.信息检索与利用[M].北京:清华大学出版社,2012:13.

[38] 孙杰远.教育研究方法[M].北京:高等教育出版社,2016:64-66.

[39] [美]威廉·威尔斯马,斯蒂芬·G.于尔斯.教育研究方法[M].袁振国,主译.北京:教育科学出版社,2010:50-69.

[40] 郝艳海,孟宪乐,赵平.教育科学研究方法[M].郑州:郑州大学出版社,2018.

[41] 窦桂梅.清华附小的德育细节[M].上海:华东师范大学出版社,2013.

[42] 华国栋.教育研究方法[M].南京:南京大学出版社,2017.

[43] 李昌连,朱扬寿.小学教育研究方法[M].南京:南京大学出版社,2014.

[44] 江芳,王国英.教育研究方法[M].上海:华东师范大学出版社,2009.

[45] 靳玉乐,和学新.教育实验论[M].重庆:西南师范大学出版社,1994.

[46] 坎特威茨,罗迪格,埃尔姆斯.实验心理学[M].9版.郭秀艳,等译.上海:华东师范大学出版社,2010.

[47] 林崇德.心理学大辞典[M].上海:上海教育出版社,2003.

[48] 伯克·约翰逊,拉里·克里斯腾森.教育研究定量、定性和混合方法[M].重庆:重庆大学出版社,2015.

[49] 胡义秋.教育与心理研究方法[M].湘潭:湘潭大学出版社,2015:202.

[50] 郭淑芬,王晨霞.学前教育科学研究方法[M].南京:东南大学出版社,2015:102.

[51] 汝茵佳.小学教师教育研究[M].长春:吉林大学出版社,2009:73.

[52] 肖云龙.创造学[M].长沙:湖南大学出版社,2004:12.

[53] 季正泉.中小学个案教育[M].2版.南京:南京师范大学出版社,2003:77-78.

[54] 刘志军.教育研究方法基础[M].北京:人民教育出版社,2006.

[55] 郑金洲.行动研究指导[M].北京:教育科学出版社,2004.

[56] 陈桂生.到中小学去研究教育——"教育行动研究"的尝试[M].上海:华东师范大学

出版社,2000.

[57] 袁玥.教师微型课题研究指南[M].上海:华东师范大学出版社,2011.

[58] 徐光艳.教师如何写教育叙事[M].天津:天津教育出版社,2012.

[59] 欧群慧,刘瑾.小学教育研究方法[M].北京:北京师范大学出版社,2013.

[60] 王宁.高校人文社会科学学术规范指南[M].北京:高等教育出版社,2009.

【期刊论文等】

[1] 陈学飞.试谈"什么是好的教育研究"[J].现代教育论丛,2016(6):2-5.

[2] 迟景明.资源与能力视角的大学组织创新模式研究[D].大连理工大学,2012:6-7.

[3] Buckland M K. Information as Thing[J]. Journal of the American Society for Information Science,1991,42(5):351-360.

[4] Buckland M K. What Is a "Document"? [J]. Journal of the American Society for Information Science,1997,48(9):804-809.

[5] Lund W N. Document, Text and Medium: Concepts, Theories and Disciplines[J]. Journal of Documentation,2010,65(5):734-749.

[6] 朱娜娜,马海群,张智钧.文献的现象学定义[J].图书情报知识,2019(2):74-80.

[7] Buckland M K. Document Theory[J]. Knowledge Organization,2018,45(5):425-436.

[8] 林申清.文献概念的发展与演变[J].图书情报工作,1989(5):22-25.

[9] 傅荣贤,马海群.从文献的本质看图书馆的使命和图书馆学的学科取向[J].情报资料工作,2011(6):5-10.

[10] 张欣毅.关于文献本质及其定义的再认识[J].图书与情报,1992(3):1-6,34.

[11] 朱建亮.论文献观[J].图书情报工作,1986(6):5-11.

[12] 高家望.文献的认识论及其定义[J].图书馆理论与实践,1998(1):3-8.

[13] 陈界."文献"定义的几个问题[J].中华医学图书情报杂志,2015,24(4):51-55.

[14] 韩建萍.文献研究法在高校历史教学中的运用[J].喀什大学学报 2017,38(6):106-109.

[15] 王学艳.我国少数民族文献研究的现状与展望[D].东北师范大学,2006:2.

[16] 朱姝晓.小学生生态文明行为培养现状及对策研究[D].鲁东大学,2019:4-6.

[17] Hines J. M., Hungerford H. R., Tomera A. N. Analysis and Synthesis of Research on Responsible Environmental Behavior: A Meta-Analysis[J]. The Journal of Environmental Education,1986,18(2):1-8.

[18] 李志义.重构中国高等教育质量标准体系[J].中国大学教学,2013(1):4-8.

[19] 孙正聿.真理观的哲学视野[J].天津社会科学,1998(4):12-15.

[20] 苗培周.新时代乡村小学教师科研能力提升策略研究[J].石家庄学院学报,2020(1).

[21] 左埒莲,姜志胜等.青年教师科研和教学能力的培养[J].教育教学论坛,2019(12).

[22] 郝玉梅,滕衍平.读,依然是课文学习的主线——《狐狸分奶酪》(第一课时)教学录评[J].语文教学通讯,2019(12).

[23] 埃莉·布劳恩·哈利.《华盛顿邮报》在美国地铁里的一个实验[J].陈荣生,译.青年文学家,2011(5).

[24] 王成.科研基石:做适合自己的课题研究——小学一线教师如何做科研[J].教育视界,2019(51).

[25] 程江平.梅伊曼和拉伊实验教育思想的分歧及对教育实验的启示[J].教育研究,1997(9).

[26] 王飞.新中国成立70年教育实验回眸[J].中国人民大学教育学刊,2019(3).

[27] 宋楚主,苏建华.教育行动研究概说[J].江西教育,2003(15):6-7.

[28] 张民选.对"行动研究"的研究[J].华东师范大学学报(教育科学版),1992(1):63-70.

[29] 刘铁芳.教育叙事与教师成长[J].河北师范大学学报(教育科学版),2005(1).

[30] 王鉴,杨鑫.近十年来我国教育叙事研究评析[J].当代教育与文化,2009(2).

[31] 王枬,王彦.教师叙事:在实践中体悟生命[J].教育研究,2005(2).

[32] 张希希.教育叙事研究是什么[J].教育研究,2006(2).

[33] 杨洲.从教育叙事到教育叙事研究:教师叙事的范式转换[J].当代教育科学,2016(22):10.

[34] 罗滨,林秀艳.如何梳理与提炼教育教学成果[J].教学与管理,2019(6).

[35] 张献伟.课堂观察中的伦理初探[J].现代中小学教育,2012(5).

[36] 李法惠.学术论文评价中"过度引用"质疑[J].出版发行研究,2009(12).

[37] 王大鹏.惩戒学术不端,媒体应有所作为[J].青年记者,2019(3).

[38] 2020年度全国教育科学规划国家重大招标和重点课题指南[EB/OL]. http://www.eol.cn/news/yaowen/202002/t20200211_1711189.shtml,2020-03-30.

[39] 张献伟.大学生的写作是能力如何变差的?[EB/OL]. https://www.sohu.com/a/120448613_387110,2016-12-2.

[40] 张辉蓉,朱德全.初中数学主题式教学实验研究[J].中国教育学刊,2007(12):64-66.